Familienrechtliche Ansprüche gegen den Selbständigen in der Insolvenz

Schriften zum Zivilverfahrensrecht und Insolvenzrecht

Herausgegeben von Martin Ahrens

Band 3

PL ACADEMIC RESEARCH

Gabriele Janlewing

Familienrechtliche Ansprüche gegen den Selbständigen in der Insolvenz

PL ACADEMIC RESEARCH

Bibliografische Information der Deutschen Nationalbibliothek
Die Deutsche Nationalbibliothek verzeichnet diese Publikation in der Deutschen Nationalbibliografie; detaillierte bibliografische Daten sind im Internet über http://dnb.d-nb.de abrufbar.

Zugl.: Göttingen, Univ., Diss., 2013

Gedruckt auf alterungsbeständigem,
säurefreiem Papier.

D 7
ISSN 2192-4953
ISBN 978-3-631-65141-4 (Print)
E-ISBN 978-3-653-04314-3 (E-Book)
DOI 10.3726/ 978-3-653-04314-3

PL Academic Research ist ein Imprint der Peter Lang GmbH.

Peter Lang – Frankfurt am Main · Bern · Bruxelles · New York · Oxford · Warszawa · Wien

Dieses Buch erscheint in einer Herausgeberreihe bei PL Academic Research und wurde vor Erscheinen peer reviewed.

www.peterlang.com

Inhaltsverzeichnis

Literaturverzeichnis

Ahrens, Martin/Gehrlein, Markus/Ringstmeier, Andreas
Fachanwaltskommentar Insolvenzrecht, 1. Auflage, 2012 (zit.: A/G/R-*Bearbeiter*)

Ahrens, Martin
Anm. zu OLG Brandenburg NZI 2013, 650 f., NZI 2013, 651 f.
Leistungspflicht nach einer Negativerklärung, NJW-Spezial 2013, 85 f.
Selbständige Tätigkeit im Insolvenzverfahren, KSzW 2012, 303 ff.
Strukturen und Strukturbrüche des geplanten GNeuMoP, NZI 2011, 265 ff.
Veränderter Vollstreckungsschutz aus § 850 i ZPO, ZInsO 2010, 2357 ff.
Antragsobliegenheit und Unterhalt in der Insolvenz, NZI 2008, 159 f.
Keine privilegierte Vollstreckung für Unterhaltsgläubiger, NZI 2008, 24 f.
Negativerklärung zur selbständigen Tätigkeit, NZI 2007, 622 ff.
Pfändungsgrenzen bei eigenen Einkünften Unterhaltsberechtigter, NJW-Spezial 2007, 613 ff.

Albers, Marion
Gleichheit und Verhältnismäßigkeit, JuS 2008, 945 ff.

Alff, Erhard/Hintzen, Udo
Die wiederauferstandene Zwangshypothek, ZInsO 2006, 481 ff.

Andres, Dirk
Die geplante Neuregelung des Neuerwerbs des sebständigen Schuldners in der Insolvenz, NZI 2006, 198 ff.

Andres, Dirk/Leithaus, Rolf
Kommentar zur InsO, 2. Aufl., 2011 (zit.: Andres/Leithaus/*Bearbeiter*)

Andres, Dirk/Pape, Gerhard
Die Freigabe des Neuerwerbs als Mittel zur Bewältigung der Probleme einer selbständigen Tätigkeit des Schuldners, NZI 2005, 141 ff.

App, Michael
Anmerkung zu BGH, DZWIR 2006, 343 ff., DZWIR 2006, 345 f.

Arend, Friedrich
Die Insolvenzrechtliche Behandlung des Zahlungsanspruchs in fremder Währung, ZIP 1988, 72 ff.

Arens, Wolfgang/Spieker, Ulrich
Die Maßgeblichkeit steuerlicher Unterlagen und steuerlicher Ansätze für familienrechtliche Ansprüche, FamRZ 1985, 121 ff.

Bamberger, Heinz Georg/Roth, Herbert (Hrsg.)
Beck'scher Online-Kommentar BGB, Stand: 01.08.2013 (zit.: Beck-OK/*Bearbeiter*)
Kommentar zum BGB, 3. Aufl., 2012 (zit.: Bamberger/Roth/*Bearbeiter)*

Baumbach, Adolf/Lauterbach, Wolfgang/Albers, Jan/Hartmann, Peter (Hrsg.)
Kommentar zur ZPO, 68. Aufl., 2009 (zit.: Baumbach/Lauterbach/*Bearbeiter*)

Berger, Christian
Die unternehmerische Tätigkeit des Insolvenzschuldners im Rahmen der Haftungserklärung nach § 35 Abs. 2 InsO, ZInsO 2008 1101 ff.

Bergschneider, Ludwig
Der Tod der Unterhaltspflichtigen – Praktische Anmerkungen zu § 1586 b BGB, FamRZ 2003, 1049 ff.

Berlit, Uwe/Conradis, Wolfgang/Sartorius, Ulrich
Existenzsicherungsrecht, Handbuch, 2. Aufl., 2013 (zit.: *Bearbeiter*, in: Berlit/Conradis/Sartorius)

Bömelburg, Regina
Die gesteigerte Erwerbsobliegenheit gegenüber dem ehelichen Kind bei gleichzeitiger Betreuung eines weiteren ehelichen Kindes und eines nichtehelichen Kindes, FF 2007, 270 f.

Braun, Eberhard (Hrsg.)
Kommentar zur InsO, 5. Aufl., 2012 (zit.: Braun/*Bearbeiter*)

Büttner, Helmut/Niepmann, Birgit/Schwamb, Werner
Die Rechtsprechung zur Höhe des Unterhalts, 11. Aufl., 2010 (zit.: *Bearbeiter*, in: Büttner/Niepmann/Schwamb)

Dahl, Michael
Rechtsprechungsübersicht zum Insolvenzrecht, NJW-Spezial 2007, 453 ff.

Ehinger, Ute/Griesche, Gerhard/Rasch, Ingeborg
Handbuch Unterhaltsrecht, 6. Aufl., 2010 (zit.: *Bearbeiter*, in: Ehinger/Griesche/Rasch)

Epping, Volker/Hillgruber, Christian (Hrsg.)
Beck'scher Online-Kommentar GG, Stand: 15.05.2013 (zit.: Beck-OK/*Bearbeiter*)

Erman, Walter/Westermann, Harm Peter (Hrsg.)
Handkommentar zum BGB, 13. Aufl., 2011 (zit.: Erman/*Bearbeiter)*

Foerste, Ulrich
Die unterhaltsrechtliche Obliegenheit zum Insolvenzantrag - Fürsorge für Schuldner ?, ZInsO 2010, 1961 ff.

Frege, Michael/Keller, Ulrich/Riedel, Ernst
Handbuch der Rechtspraxis, Band 3, Insolvenzrecht, 1. Aufl., 2008 (zit.: *Frege/ Keller/Riedel)*

Fritz, Christian
Begründungspflicht für einen Antrag nach § 35 II 3 InsO, NZI 2011, 801 ff.

Frotscher, Gerrit
Besteuerung bei Insolvenz, 7. Aufl., 2010

Fuchs, Karlhans/Vallender, Heinz
Die Bestimmung der „Pfändungsfreigrenzen" im (Verbraucher-)Insolvenz- und Restschuldbefreiungsverfahren, ZInsO 2001, 681 ff.

Göppinger, Horst/Wax, Peter
Unterhaltsrecht, 9. Aufl., 2008 (zit.: Göppinger/Wax/*Bearbeiter)*

Gottwald, Peter (Hrsg.)
Insolvenzrechtshandbuch, 4. Aufl., 2010 (zit.: *Bearbeiter*, in: Gottwald, Insolvenzrechtshandbuch)

Götz, Isabell/Brudermüller, Gerd
Grenzen richterlicher Rechtsfortbildung im nachehelichen Unterhaltsrecht, NJW 2011, 801 ff.

Graf-Schlicker, Marie-Luise (Hrsg.)
Kommentar zur InsO, 3. Aufl., 2012 (zit.: Graf-Schlicker/*Bearbeiter)*

Grandel, Mathias/Stockmann, Roland (Hrsg.)
Stichwortkommentar Familienrecht, 1. Aufl., 2012 (zit.: *Bearbeiter*, in: Stichwortkommentar Familienrecht

Grote, Hugo
§ 35 Abs. 2 und § 295 Abs. 2 - Echte oder scheinbare Probleme nach der Freigabe der Selbständigkeit, ZInsO 2011, 1489 ff.
Zur Abführungspflicht des Selbstständigen gem. § 295 Abs. 2 InsO in der Wohlverhaltensperiode, ZinsO 2004, 1105 ff.
Anm. zu BGH, Beschl.v. 20.3.2003, IX ZB 338/02, ZInsO 2003, 416 f.
Anhebung der Pfändungsfreigrenzen zum 1.1.2002, ZInsO 2001, 1139 ff.

Erhöhung der Pfändungsgrenzen nach § 850 f ZPO im Insolvenzverfahren, Anm. zu OLG Köln, ZInsO 2000, 499 ff., ZInsO 2000, 490 f.
Einkommensverwertung und Existenzminimum des Schuldners in der Verbrauchersinolvenz, 2000

Grothe, Helmut
Fremdwährungsverbindlichkeiten, 1999

Grub, Volker
Die Stellung des Schuldners im Insolvenzverfahren, in: Kölner Schrift zur Insolvenzordnung, 2. Aufl., 2000, S. 671 ff.

Grund, Andreas
Anm. zu LG Düsseldorf NZI 2012, 970 f, NZI 2012, 971 f.

Grziwotz, Herbert
Pflichtteilsverzicht und nachehelicher Unterhalt, FamRZ 1991, 1258 f.

Haarmeyer, Hans/Wutzke, Wolfgang/Förster, Karsten (Hrsg.)
Präsenzkommentar zur InsO (zit.: PK-H-W-F/*Bearbeiter)*

Hahn, Carl/Mugdan, Benno
Die gesamten Materialien zu den Reichs-Justizgesetzen, Band 7, 1898

Hambitzer, Ulrich M.
Die Vererblichkeit von Unterhaltsansprüchen gemäß § 1585 b BGB und ihre vertragliche Abdingbarkeit, FPR 2003, 157 ff.

Häsemeyer, Ludwig
Insolvenzrecht, 4. Aufl., 2007

Hauß, Jörn/Eulering, Ruth-Maria
Versorgungsausgleich und Verfahren in der Praxis, 2009 (zit.: *Bearbeiter*, in: Hauß/Eulering)

Heinze, Harald
Die neue Freigabe des Unternehmens aus der Insolvenzmasse, ZVI 2007, 349 ff.

Henckel, Wolfram
Vom Wert und Unwert juristischer Konstruktionen im Insolvenzrecht, in: Festschrift für Friedrich Weber, 1975, S. 237 ff.

Henrich, Dieter (Hrsg.)
Familienrecht, 5. Aufl., 2010 (zit.: *Bearbeiter*, in: Johannsen/Henrich, Familienrecht)

Hess, Harald
Insolvenzrecht, Großkommentar in drei Bänden, Bd. 1, 1. Aufl., 2007 (zit.: Hess/*Bearbeiter)*

Holzwarth, Andreas
Anm. zu BGH FamRZ 2011, 1938 ff., FamRZ 2011, 1940 f.

Hoppenz, Rainer
Verbindlichkeiten im Unterhaltsrecht - allgemeine Grundsätze, FPR 2006, 97 ff.

Ipsen, Jörn
Staatsrecht II, Grundrechte, 15. Aufl., 2012

Jaeger, Ernst/Henckel, Wolfram/Gerhard, Walter (Hrsg.)
Großkommentar zur InsO, Bd. 1 (§§ 1–55 InsO) 1. Aufl., 2004, Bd. 2 (§§ 56–102 InsO), 1. Aufl., 2007 (zit.: Jaeger/*Bearbeiter)*

Janlewing, Gabriele
Keine Restschuldbefreiung für „deliktische" Unterhaltsrückstände i.S.v. § 170 Abs. 1 StGB, FamRB 2012, 155 ff.

Jauernig, Othmar (Hrsg.)
Kommentar zum BGB, 14. Aufl., 2011 (zit.: Jauernig/*Bearbeiter)*

Kaiser, Dagmar/Schnitzler, Klaus/Friederici, Peter (Hrsg.)
Nomos - Kommentar zum BGB, Bd. 4, Familienrecht, 2. Aufl., 2010 (zit.: NK-BGB/*Bearbeiter)*

Keller, Ulrich
Der Unterhaltsanspruch als Insolvenzforderung und die Stellung des Unterhaltsgläubigers im Insolvenzverfahren, NZI 2007, 143 ff.
Die Wirkungen der Rückschlagsperre des § 88 InsO auf die Sicherungshypothek nach §§ 866, 867 ZPO, ZIP 2006, 1174 ff.
Strukturprobleme und Systembrüche des neuen Insolvenzrechts bei Einbeziehung des Arbeitseinkommens des Schuldners in die Insolvenzmasse, NZI 2001, 449 ff.

Kilger, Joachim
Beck'scher Kurzkommentar zur KO, 15. Aufl., 1987

Kindl, Johann/Meller-Hannich, Caroline/Wolf, Hans-Joachim (Hrsg.)
Gesamtes Recht der Zwangsvollstreckung, 2. Aufl., 2013 (zit: *Bearbeiter*, in: Kindl/Meller-Hannich/Wolf)

Kindler, Peter/Nachmann, Josef (Hrsg.)
Handbuch Insolvenzrecht in Europa, Stand: 2. Ergänzungslieferung 2013 (zit.: *Bearbeiter*, in: Kindler/Nachmann, Handbuch Insolvenzrecht in Europa)

Kirchhof, Hans-Peter/Eidenmüller, Horst/Stürner, Rolf (Hrsg.)
Münchener Kommentar zur InsO, Bd. 1 (§§ 1–79 InsO) 3. Aufl., 2013, Bd. 1 (§§ 1–102 InsO) 2. Aufl., 2007, Bd. 2 (§§ 103–269 InsO) 2 Aufl., 2008; Bd. 3 (§§ 270–359 InsO) 2. Aufl., 2008 (zit.: MükO-InsO/*Bearbeiter*)

Kleffmann, Norbert
Der unterhaltsrechtliche Auskunfts - und Beleganspruch, FuR 1999, 403 ff.

Kohte, Wolfhard
Die Behandlung von Unterhaltsansprüchen nach der Insolvenzordnung, in: Kölner Schrift zur InsO, 2. Aufl., 2000, S. 781 ff.

Konecny, Andreas
Das Insolvenzrechtsänderungsgesetz 2010, ZIK 2010, 82 ff.

Krause, Lambert
Unterhalt und Insolvenz, FamRZ 2005, 1735 ff.

Kreft, Gerhart (Hrsg.)
Heidelberger Kommentar zur InsO, 6. Aufl., 2011 (zit.: HK-InsO/*Bearbeiter*)
Insolvenzrechtliche Unwirksamkeit - Gedanken zu §§ 88, 96 Abs. 1 Nr. 3, 103 Abs. 1 InsO, in: FS für Gero Fischer, 2008

Kübler, Bruno M./Prütting, Hanns/Bork, Reinhard (Hrsg.)
Kommentar zur InsO, Stand: 53. Ergänzungslieferung 2010 (zit.: *Bearbeiter*, in: Kübler/Prütting/Bork)

Küpper, Norbert/Heinze, Frank-Rüdiger
Zu den Risiken und Nebenwirkungen der Abführungspflicht aus selbstständiger Tätigkeit des Insolvenzschuldners, ZInsO 2009, 1785 ff.

Mai, Vera
Die selbstständig tätige natürliche Person im Insolvenzverfahren - Besonderheiten im Hinblick auf Pfändungsschutz und Unternehmensfortführung, Kölner Schrift zur InsO, 3. Aufl., 2009, Kap. 19

Maus, Karl Heinz
Der Insolvenzplan, in: Kölner Schrift zur InsO, 2. Aufl., 2000, S. 931 ff.

Maunz, Theodor/Dürig, Günther (Hrsg.)
Kommentar zum GG, Bd. I, Stand: 68. Ergänzungslieferung 2013 (zit.: Maunz/Dürig/*Bearbeiter)*

Melchers, Gunnar
Zur Einleitung eines Verbraucherinsolvenzverfahrens bei Unmöglichkeit der Unterhaltszahlung, Anm. zu AG Nordenham, FamRZ 2002, 896 f, FamRZ 2002, 897 f.

Melchers, Gunnar/Hauß, Jörn
Unterhalt und Verbraucherinsolvenz - Neue Wege der Mangelfallberechnung, 2003 (zit.: *Bearbeiter*, in: Melchers/Hauß, Unterhalt und Verbraucherinsolvenz)

Menn, Florian
Rechtsfolgen der Negativerklärung nach § 35 Abs. 2 Satz 1 InsO im Insolvenzverfahren, ZVI 2011, 197 ff.

Mugdan, Benno
Die gesamten Materialien zum Bürgerlichen Gesetzbuch, Bd. 4, Familienrecht, Berlin 1899

Musielak, Hans-Joachim (Hrsg.)
Kommentar zur ZPO, 10. Aufl., 2013 (zit.: Musielak/*Bearbeiter)*

Nerlich, Jörg/Römermann, Volker (Hrsg.)
Kommentar zur InsO, Stand: 24. Ergänzungslieferung 2012 (zit.: Nerlich/Römermann/*Bearbeiter)*

Niepmann, Birgit
Die Rechtsprechung zur Bedeutung der Verbraucherinsolvenz im Unterhaltsrecht - ein Überblick, FPR 2006, 91 ff.

Otte, Karsten/Wiester, Roland
Nachmeldungen im Planverfahren, NZI 2005, 70 ff.

Paul, Uwe
Die Rechtsstellung des Unterhaltsgläubigers im Insolvenz(plan-)verfahren, DZWIR 2009, 186 ff.

Palandt, Otto
Kurzkommentar zum BGB, 71. Aufl., 2011 (zit.: Palandt/*Bearbeiter)*

Pape, Gerhard/Uhlenbruck, Wilhelm/Voigt-Salus, Joachim
Insolvenzrecht, 2. Aufl., 2010 (zit.: *Bearbeiter*, in: Pape/Uhlenbruck/Salus)

Pentz, Adolf
Nachehelicher Unterhalt trotz Pflichtteilsverzichts, FamRZ 1998, 1344 ff.

Pech, Janine
Die Einbeziehung des Neuerwerbs in die Insolvenzmasse, 1999

Prütting, Hanns/Gehrlein, Markus (Hrsg.)
Kommentar zur ZPO, 4. Aufl., 2012 (zit.: PG/*Bearbeiter)*

Priebe, Klaus
Das GNeuMoP: Gesetz zur Neustrukturierung und Modernisierung des Pfändungsschutzes, ZInsO 2011, 11 ff.

Rauscher, Thomas
Trifft den Unterhaltsschuldner eine Obliegenheit zur Einleitung der Verbraucherinsolvenz? Anm. zu BGH JR 2009, 63 ff., JR 2009, 65 ff.

Ries, Stephan
Die Praxis des Vertragsarztes in der Insolvenz; die Masse zahlt alle Betriebskosten und die Bank kassiert das Honorar? Zugleich Anm. zu *Uhlenbruck*, Insolvenzrechtliche Probleme der vertragsärztlichen Praxis, ZVI 2002, 49 ff., ZInsO 2003, 1079

Rohleder, Sandra
Unterhaltsansprüche in der Insolvenz, 2005

Saecker, Franz Jürgen/Rixecker, Roland (Hrsg.)
Münchener Kommentar zum BGB, Bd. 5 und 7, 6. Aufl., 2013 (zit.: MüKo-BGB/*Bearbeiter*)

Saenger, Ingo/Ullrich, Christoph/Siebert, Oliver
Kommentar zur ZPO, 2. Aufl., 2012 (zit.: Saenger/*Bearbeiter)*

Schmerbach, Ulrich
Rechtliche Aspekte der Selbstständigkeit natürlicher Personen im Insolvenzverfahren und in der Wohlverhaltensperiode, ZVI 2003, 256 ff.

Schmidt, Andreas (Hrsg.)
Hamburger Kommentar zum Insolvenzrecht, 4. Aufl., 2012 (zit.: HambK-InsO/*Bearbeiter)*

Schmidt, Karsten (Hrsg.)
Beck'scher Kurzkommentar zur InsO, 18. Aufl., 2013 (zit.: Karsten Schmidt/*Bearbeiter)*
Insolvenzordnung und Unternehmensrecht - Was bringt die Reform? in: Kölner Schrift zur InsO, 2, Aufl., 2000, S. 1199 ff.

Schmidt-Räntsch, Ruth
InsO mit Einführungsgesetz, 1995

Scholz, Andreas
Versorgungsausgleich und Konkurs, 1986

Scholz, Harald/Kleffmann, Norbert/Motzer, Stefan (Hrsg.)
Praxishandbuch Familienrecht, Stand: 24. Ergänzungslieferung 2013 (zit.: *Bearbeiter*, in: Scholz/Kleffmann/Motzer)

Schürmann, Heinrich
Obliegenheit zur Einleitung der Verbraucherinsolvenz zur Sicherstellung des Unterhalts minderjähriger Kinder, Anm. zu BGH FamRZ 2005, 608 ff., FamRZ 2005, 887 ff.

Schuschke, Winfried/Walker, Wolf-Dietrich (Hrsg.)
Vollstreckung und vorläufiger Rechtsschutz, 5. Aufl., 2011 (zit.: *Bearbeiter*, in: Schuschke/Walker, Vollstreckung und vorläufiger Rechtsschutz)

Schwab, Dieter (Hrsg.)
Handbuch des Scheidungsrechts, 7. Aufl., 2013 (zit.: Schwab/*Bearbeiter*, Handbuch des Scheidungsrechts)

Smid, Stefan
Freigabe des Neuerwerbs in der Insolvenz selbständig tätiger Schuldner, DZWIR 2008, 133 ff.

Staudinger, Julius
Kommentar zum BGB mit Einführungsgesetz und Nebengesetzen, §§ 741–764 (Neubearbeitung 2008), §§ 840–853 (Neubearbeitung 2007) §§ 1601–1615 o (Neubearbeitung 2000), §§ 1618–1625 (Neubearbeitung 2007) (zit. Staudinger/*Bearbeiter)*

Stein, Friedrich/Jonas, Martin (Hrsg.)
Kommentar zur ZPO, Bd. 7, 22. Aufl., 2002, Bd. 8, 22. Aufl. 2004 (zit.: Stein/Jonas/*Bearbeiter)*

Sternal, Werner
Neuregelungen zum Unternehmensinsolvenzrecht: Die geplanten Neuerungen im Entwurf eines Gesetzes zur Vereinfachung des Insolvenzverfahrens vom 8.2.2006, NZI 2006, 185 ff.

Stiller, Jörn U.
Wirkung der Negativerklärung gem. § 35 Abs. 2 Satz 1 InsO auf bei Insolvenzeröffnung bestehende Arbeitsverhältnisse, ZInsO 2010, 1374 ff.

Stöber, Kurt
Forderungspfändung, 15. Aufl., 2010

Tetzlaff, Christian
Rechtliche Probleme in der Insolvenz des Selbstständigen, ZInsO 2005, 393 ff.
Entstehung von Masseverbindlichkeiten durch das Handeln des Schuldners in der Insolvenz der natürlichen Person?, ZVI 2002, 309 ff.

Thamm, Florian
Unterhalt für die Vergangenheit, 2002

Thietz-Bartram, Jochim
Keine Sperre durch die Rückschlagsperre - Zur Heilung der Unwirksamkeit von gegen § 88 InsO verstoßenden Vollstreckungen, ZInsO 2006, 527 ff.

Thomas, Heinz/Putzo, Hans
Kommentar zur ZPO, 33. Aufl., 2012 (zit.: *Bearbeiter*, in: Thomas/Putzo)

Trendelburg, Hortense
Restschuldbefreiung, 2000

Uhlenbruck, Wilhelm (Hrsg.)
Kommentar zur InsO, 13. Aufl., 2010 (zit.: Uhlenbruck/*Bearbeiter)*
Familienrechtliche Aspekte der Insolvenzordnung, KTS 1999, 413 ff.
Insolvenzrechtsreform: Flucht des Schuldners aus dem „Modernen Schuldturm“ auf Kosten der Unterhaltsberechtigten? FamRZ 1998, 1473 ff.
Unterhaltsansprüche nach dem Entwurf einer Insolvenzordnung, FamRZ 1993, 1026 ff.

Vallender, Heinz
Aufgaben und Befugnisse des Treuhänders im vereinfachten Insolvenzverfahren, InVo 1999, 334 ff.

van Els, Hans
Unterhaltsrechtliche Obliegenheiten, FPR 2005, 348 ff.

Voigt, Joachim/Gerke, Lars
Die insolvenzfreie selbstständige Arbeit, ZInsO 2002, 1054 ff.

Vorwerk, Volkert/Wolf, Christian (Hrsg.)
Beck'scher Online-Kommentar ZPO, Stand: 15.07.2013 (zit.: Beck-OK/*Bearbeiter*)

Wendl, Philipp/Dose, Hans-Joachim (Hrsg.)
Das Unterhaltsrecht in der familienrichterlichen Praxis, 8. Aufl., 2011 (zit.: *Bearbeiter*, in: Wendl/Dose)

Wenzel, Frank
Die Erwerbsobliegenheit des Schuldners während der Wohlverhaltensperiode, NZI 1999, 15 ff.

Wimmer, Klaus (Hrsg.)
Frankfurter Kommentar zur InsO, 7. Aufl., 2012 (zit.: FK-InsO/*Bearbeiter)*
Verbraucherinsolvenzen und Restschuldbefreiung nach der Insolvenzordnung, BB 1998, 386 ff.

Wischemeyer, Markus
Die Zahlungspflicht des selbstständig tätigen Schuldners im eröffneten Insolvenzverfahren gem. §§ 35 Abs. 2 Satz 2, 295 Abs. 2 InsO, ZInsO 2010, 2068 ff.
Freigabe einer selbstständigen Tätigkeit nach § 35 Abs. 2 InsO - Praxisfragen und Lösungswege, ZInsO 2009, 2121 ff.
Die Freigabe der selbstständigen Tätigkeit des Schuldners gem. § 35 Abs. 2 InsO - eine „kleine" übertragende Sanierung?, ZInsO 2009, 937 ff.

Wischemeyer, Markus/Schur, Wolfgang
Zur Reichweite der Freigabeerklärung des Insolvenzverwalters nach § 35 Abs. 2 InsO bei bereits ausgeübter selbstständiger Tätigkeit des Schuldners, ZInsO 2007, 1240 ff.

Wohlgemuth, Gisela
Unterhalt und Insolvenz, FamRZ 2005, 2035 f.

Zöller, Richard (Hrsg.)
Kommentar zur ZPO, 29. Aufl., 2012 (zit.: Zöller/*Bearbeiter)*

Abkürzungsverzeichnis

a.A.	anderer Ansicht
a.a.O.	am angegebenen Ort
a.F.	alte Fassung
A/G/R	Ahrens/Gehrlein/Ringstmeier
abl.	ablehnend
Abs.	Absatz
AcP	Archiv für die civilistische Praxis
AG	Amtsgericht
Alt.	Alternative
Anm.	Anmerkung
AO	Abgabenordnung
Art.	Artikel
Aufl.	Auflage
BaföG	Bundesausbildungsförderungsgesetz
BAG	Bundesarbeitsgericht
BB	Der Betriebs-Berater
Bd.	Band
Beck-OK	Beck`scher Online-Kommentar
BeckRS	Beck-Rechtsprechung
Begr.	Begründung
BFH	Bundesfinanzhof
BGB	Bürgerliches Gesetzbuch
BGH	Bundesgerichtshof
BGHZ	Entscheidungen des Bundesgerichtshofes in Zivilsachen
BMJ	Bundesministerium der Justiz
BR-Drucks.	Drucksache des Bundesrates
BSG	Bundessozialgericht
BT-Drucks.	Drucksache des Bundestages
BVerfG	Bundesverfassungsgericht
BVerfGE	Entscheidungen des Bundesverfassungsgerichts
BVerwG	Bundesverwaltungsgericht
bzw.	beziehungsweise
d.h.	das heißt
ders.	derselbe

Diss.	Dissertation
DZWIR	Deutsche Zeitschrift für Wirtschafts- und Insolvenzrecht
EGInsO	Einführungsgesetz zur Insolvenzordnung
EheG	Ehegesetz
EStDV	Einkommensteuer-Durchführungsverordnung
EStG	Einkommensteuergesetz
f./ff.	folgende (Singular/Plural)
FamFG	Gesetz über das Verfahren in Familiensachen und in den Angelegenheiten der freiwilligen Gerichtsbarkeit
FamRB	Der Familienrechtsberater
FamRZ	Zeitschrift für das gesamte Familienrecht
FF	Forum Familienrecht
FK	Frankfurter Kommentar
Fn.	Fußnote
FPR	Familie-Partnerschaft-Recht
FS	Festschrift
FuR	Familie und Recht
GG	Grundgesetz
ggf.	gegebenenfalls
GNeuMoP	Gesetz zur Neustrukturierung und Modernisierung des Pfändungsschutzes
h.M.	herrschende Meinung
HaftpflichtG	Haftpflichtgesetz
HambK	Hamburger Kommentar
HK	Heidelberger Kommentar
Hrsg.	Herausgeber
HS	Halbsatz
i.d.F.	in der Fassung
i.S.v.	im Sinne von
i.V.m.	in Verbindung mit
InsO	Insolvenzordnung
InVo	Insolvenz & Vollstreckung
JR	Juristische Rundschau
JuS	Juristische Schulung
Kap.	Kapitel
KfzPflichtVersG	Gesetz über die Pflichtversicherung für Kraftfahrzeughalter
KG	Kammergericht
KindUG	Kindesunterhaltsgesetz

KO	Konkursordnung
KS	Kölner Schrift
KSzW	Kölner Schrift zum Wirtschaftsrecht
KTS	Konkurs, Treuhand, Sanierung
LG	Landgericht
m.w.N.	mit weiteren Nachweisen
MüKo	Münchener Kommentar
n.F.	neue Fassung
NJW	Neue Juristische Wochenschrift
NJW-RR	NJW-Rechtsprechungs-Report Zivilrecht
NK	Nomos Kommentar
Nr.	Nummer
NZI	Neue Zeitschrift für das Recht der Insolvenz und Sanierung
OLG	Oberlandesgericht
PG	Prütting/Gehrlein
PK-H-W-F	Präsenzkommentar Haarmeyer/Wutzke/Förster
Prot.	Protokolle der Kommission zur Ausarbeitung eines Bürgerlichen Gesetzbuches
Rdnr.	Randnummer
RefE	Referentenentwurf
RegE	Regierungsentwurf
RG	Reichsgericht
RGBl.	Reichsgesetzblatt
Rspr.	Rechtsprechung
S.	Seite
SGB	Sozialgesetzbuch
sog.	sogenannte(r)
StGB	Strafgesetzbuch
str.	streitig
StVG	Straßenverkehrsgesetz
u.a.	unter anderem
Urt.	Urteil
UVG	Unterhaltsvorschussgesetz
v.	vom
VerglO	Vergleichsordnung
VersausglG	Versorgungsausgleichsgesetz
VVG	Versicherungsvertragsgesetz
WuM	Wohnungswirtschaft und Mietrecht

ZIK	Zeitschrift für Insolvenzrecht und Kreditschutz
ZInsO	Zeitschrift für das gesamte Insolvenzrecht
ZIK	Zeitschrift für Insolvenzrecht und Kreditschutz
ZIP	Zeitschrift für Wirtschaftsrecht
zust.	Zustimmend
ZVI	Zeitschrift für Verbraucher- und Privat-Insolvenzrecht

Einführung

I. Problemstellung

Die Insolvenzeröffnung über das Vermögen einer natürlichen Person hat Auswirkungen auf die familienrechtlichen Anspruchsberechtigten. Bestimmten das Verhältnis der Beteiligten bislang die Regelungen des Familienrechts, so tritt - als weiteres Ordnungsprinzip - das Insolvenzrecht auf den Plan. Dies führt naturgemäß zu Konkurrenzfragen. Für familienrechtliche Gläubiger des Schuldners ergeben sich durch die Eröffnung des Insolvenzverfahrens über das Vermögen des Berechtigten verschiedene ungelöste Probleme. Zunächst stellt sich die Frage, welche familienrechtlichen Ansprüche allein nach den Regelungen des Insolvenzrechts gemäß § 87 InsO geltend zu machen sind und dem insolvenzrechtlichen System der Gläubigergleichbehandlung und Restschuldbefreiung unterfallen. Von besonderem Interesse sind hierbei Ansprüche, die wiederkehrend geschuldet werden, da das Insolvenzrecht auch für nach Insolvenzeröffnung fällig werdende, wiederkehrende Leistungen die Teilnahme am Verfahren gemäß §§ 38, 41, 45, 46 InsO vorsieht. Im Gegensatz dazu bestimmt § 40 Satz 1 InsO, dass familienrechtliche Unterhaltsansprüche, soweit der Schuldner für sie nicht als Erbe haftet, für die Zeit nach der Eröffnung des Insolvenzverfahrens gerade nicht im Insolvenzverfahren geltend gemacht werden können. Es bedarf daher zunächst einer Einordnung, welche familienrechtlichen Ansprüche von den Normzwecken der beiden unterschiedlichen Zuweisungen erfasst sind und welche Rechtsfolgen sich hieraus für die Gläubiger ergeben.

Der selbständige Schuldner verdient hier eine besondere Beachtung, da diese Erwerbsform im Insolvenzverfahren in zwei verschiedenen Konstellationen möglich ist und dies verschiedenartige Auswirkungen für den Schuldner und seine Berechtigten nach sich zieht. Durch die Einbeziehung des Neuerwerbs in die Insolvenzmasse gemäß § 35 Abs. 1 2. Alt. InsO sind die Einkünfte aus selbständiger Tätigkeit *de lege lata* ausschließlich den Insolvenzgläubigern zugewiesen, wenn der Insolvenzverwalter keine anderweitige Erklärung i.S.v. § 35 Abs. 2 Satz 1 InsO abgibt. Zwar steht seit der Klarstellung des Gesetzgebers durch die Ergänzung des § 850 i ZPO in § 36 Abs. 1 Satz 2 InsO außer Frage, dass der Schuldner im Wege des Pfändungsschutzes durch einen entsprechenden Antrag auch an seinem Neuerwerb partizipieren kann. Im Gegensatz zum nicht selbständigen Schuldner erhält der Selbständige jedoch keinen „ex ante-Schutz“, sondern muss um ein vergleichbares, unpfändbares Einkommen i.S.v. §§ 850 Abs. 2, 850 c ZPO „kämpfen". Es gilt daher zu untersuchen, wie sich diese Ungleichbehandlung der Einkunftsarten auch auf die von Art. 6 Abs. 1 GG geschützten Berechtigten auswirkt und ob dies möglicherweise eine Verfassungswidrigkeit i.S.v. Art. 3 Abs. 1 GG begründet.

Der BGH hat mit der Entscheidung vom 23.02.2005 (FamRZ 2005, 608 ff.) die Obliegenheit des (gesteigert) Unterhaltsverpflichteten zur Stellung eines Verbraucherinsolvenzantrages aufgestellt. Wenig aufgearbeitet ist aber die dogmatische Herleitung einer solchen Obliegenheit, weswegen umstritten ist, in welchen Fällen eine solche Obliegenheit zu fordern ist und welche Konsequenzen sich hieraus ergeben. Hierauf wird es aber auch zur Beantwortung der Frage ankommen, ob den Berechtigten die Obliegenheit trifft, seine Leistungsfähigkeit durch entsprechende Pfändungsschutzanträge gemäß §§ 36 Abs. 1, 4 InsO i.V.m. § 850 i ZPO im Insolvenzverfahren sicher zu stellen.

Hat der Insolvenzverwalter die Erklärung gemäß § 35 Abs. 2 Satz 1 InsO abgegeben, wonach der Neuerwerb des Schuldners nicht Bestandteil der Insolvenzmasse wird, so sieht § 35 Abs. 2 Satz 3 InsO für diesen Fall die entsprechende Anwendung des § 295 Abs. 2 InsO vor. Demnach obliegt es dem Schuldner, die Insolvenzgläubiger durch Zahlungen so zu stellen, als wenn er ein angemessenes Dienstverhältnis eingegangen wäre. Für die Berechtigten ist in diesem Zusammenhang einerseits von Belang, wie sich das unterhaltsrechtlich relevante Einkommen des Verpflichteten darstellt. Zur Beantwortung wird es darauf ankommen, wie die „entsprechende" Anwendung des § 295 Abs. 2 InsO auszulegen ist und wie der abzuführende Betrag zu ermitteln ist. Andererseits stellt sich die Frage, inwiefern die unterhaltsrechtlichen Neugläubiger vollstreckungsrechtlich auf den Neuerwerb zugreifen können.

In der Treuhandperiode ordnet § 295 Abs. 2 InsO für den Fall der Ausübung einer selbständigen Tätigkeit an, dass es dem Schuldner obliegt, die Gläubiger durch Zahlungen an den Treuhänder so zu stellen, als wenn er ein angemessenes Dienstverhältnis eingegangen wäre. Wenn der Verpflichtete aufgrund der Obliegenheit des § 295 Abs. 2 InsO „fiktive" Beträge zu leisten hat, er anderenfalls seine Restschuldbefreiung gefährdet, ist für die Berechtigten von Bedeutung ob und ggf. wie sich diese zu leistenden Beträge auf die unterhaltsrechtliche Bedarfsberechnung auswirken. Insofern bedarf es einer Gegenüberstellung der insolvenzrechtlichen Obliegenheit gemäß § 295 Abs. 2 InsO mit den unterhaltsrechtlichen Obliegenheiten. Ebenso ist von Belang, wie die unterhaltsrechtlichen Nachinsolvenzgläubiger in der Treuhandperiode ihre Ansprüche vollstreckungsrechtlich durchsetzen können.

Für den Fall der Regelabwicklung sieht § 100 InsO die Unterhaltsgewährung durch die Gläubigerversammlung (§ 100 Abs. 1 InsO) bzw. durch den Insolvenzverwalter (§ 100 Abs. 2 InsO) vor. Bei der Eigenverwaltung ist der Schuldner gemäß § 278 Abs. 1 InsO berechtigt, Mittel aus der Insolvenzmasse für sich und seine Angehörigen zu entnehmen. Fraglich ist aber, welche Bedeutung die Unterhaltsgewährung aus § 100 InsO bzw. die Mittelentnahme gemäß § 278 Abs. 1 InsO für den Schuldner und seine Angehörigen hat, insbesondere, ob sich aus dieser Vorschrift ein gebundener Anspruch auf Gewährung des Existenzminimums ergeben kann.

Im Insolvenzplanverfahren gemäß §§ 217 ff. InsO stellt sich für die Berechtigten die Frage, in wiefern ein Insolvenzplan - auch gegen ihren Willen - unterhaltsrechtliche Regelungen - möglicherweise auch für die Zukunft - verbindlich treffen kann.

II. Aufbau der Untersuchung

In Teil 1 der Arbeit geht es, nach der Qualifizierung familienrechtlicher Ansprüche, darum, wie familienrechtliche Insolvenzgläubiger an der Insolvenzmasse partizipieren und in wiefern sie der Restschuldbefreiung unterliegen.

Teil 2 der Arbeit widmet sich den familienrechtlichen Neugläubigern. Hierbei wird einerseits behandelt, wie diese mit ihren nach Insolvenzeröffnung entstehenden Ansprüchen befriedigt werden können. Andererseits wird aufgezeigt, wie sich die Selbständigkeit des insolventen Verpflichteten in materiell-rechtlicher und verfahrensrechtlicher Hinsicht auswirkt.

In Teil 3 der Arbeit werden die Unterhaltsansprüche gegen die Masse behandelt (§§ 100, 278 Abs. 1 InsO).

Teil 4 widmet sich den familienrechtlichen Gläubigern im Insolvenzplanverfahren gemäß §§ 217 ff. InsO.

In Teil 5 werden die Ergebnisse zusammengefasst.

Teil 1: Familienrechtliche Insolvenzgläubiger

Das Familienrecht regelt die personen- und vermögensrechtlichen Beziehungen der durch Ehe, Verwandtschaft und Partnerschaft miteinander verbundenen Personen.[1] Das Unterhaltsrecht, als Teilgebiet des Familienrechts, hat die Sicherstellung des Lebensbedarfs dieser familiär miteinander verbundenen Personen zum Gegenstand. Da die handelnden Personen naturgemäß in ihren persönlichen und wirtschaftlichen Verhältnissen ständiger Entwicklung unterliegen, muss das Unterhaltsrecht die Verhältnisse adaptieren und den im Fluss befindlichen Lebenssachverhalt quasi „einfangen". Die Insolvenzeröffnung trifft auf diesen, stetiger Veränderungen unterworfenen Lebenssachverhalt. Betrachtet man die Insolvenzeröffnung als Einschnitt in die unterhaltsrechtlichen Rechtbeziehungen, so wird man die Gläubiger, entsprechend der insolvenzrechtlichen Terminologie, in Insolvenz, – Neu - sowie Massegläubiger einteilen müssen.

I. Qualifizierung familienrechtlicher Gläubiger

Gemäß § 1 Satz 1 HS 1 InsO dient das Insolvenzverfahren dazu, die Gläubiger eines Schuldners gemeinschaftlich zu befriedigen. Der gemeinschaftlichen Gläubigerbefriedigung dient die Insolvenzmasse, die in § 35 InsO definiert wird. Während in § 1 Satz 1 HS 1 InsO allgemein von *den Gläubigern* gesprochen wird, wird durch § 38 InsO die Insolvenzmasse ausschließlich denjenigen Gläubigern zugewiesen, die *einen zur Zeit der Eröffnung des Insolvenzverfahrens begründeten Vermögensanspruch* haben. Diese, durch § 38 InsO als *Insolvenzgläubiger* bezeichneten Gläubiger, werden zugleich dem insolvenzrechtlichen System der gemeinschaftlichen Befriedigung (durch die Verteilung und Verwertung des aus der Insolvenzmasse erzielten Erlöses, § 1 Satz 1 InsO), der ausschließlichen Geltendmachung ihrer Forderungen durch die Vorschriften des Insolvenzverfahrens, § 87 InsO sowie ggf. der Restschuldbefreiung, § 301 InsO, unterworfen. Zur Beantwortung der Frage, in wiefern familienrechtliche Gläubiger diesen Rechtsfolgen unterliegen, erscheint der alleinige Bezug auf § 38 InsO hingegen zu kurz gegriffen. Dies ergibt sich aus der Tatsache, dass

---

1 MüKo-BGB/*Koch* Einleitung zu Buch 4 des BGB Rdnr. 38; Palandt/*Brudermüller* vor § 1297 BGB Rdnr. 2.

familienrechtliche Ansprüche, soweit es sich um wiederkehrende Ansprüche handelt, auch nach dem Zeitpunkt der Insolvenzeröffnung fällig werden können. Dies unterscheidet familienrechtliche Gläubiger zunächst nicht von den übrigen Gläubigern wiederkehrender Leistungen. Für diese bestimmen §§ 45, 46 InsO, dass auch die nach Insolvenzeröffnung fällig werdenden Forderungen dem insolvenzrechtlichen System unterworfen werden, da für die zur Zeit der Insolvenzeröffnung noch nicht fällige Forderungen gemäß § 41 Absatz 1 InsO die Fälligkeit fingiert wird. Im Gegensatz dazu bestimmt § 40 InsO Satz 1 HS 1 InsO für „familienrechtliche Unterhaltsgläubiger" eine andere Rechtsfolge als §§ 38, 45, 46, 41 Absatz 1 InsO: diese Gläubiger können ihre Ansprüche für die Zeit „nach der Insolvenzeröffnung" nur dann im Insolvenzverfahren geltend machen, soweit der Schuldner als Erbe des Verpflichteten haftet.

1. Begriffsbestimmung „Familienrechtlicher Unterhaltsanspruch"

Die Bestimmung eines „familienrechtlichen Unterhaltsanspruches" i.S.v. § 40 Satz 1 InsO ist eine Kernfrage, da hiervon abhängt, welche familienrechtlichen Gläubiger ihre nach Insolvenzeröffnung entstehenden Forderungen auch im Insolvenzverfahren geltend machen können und hinsichtlich welcher Forderungen eine Geltendmachung im Insolvenzverfahren ausgeschlossen ist.

a) Meinungsstand

§ 40 Satz 1 InsO verwendet den Begriff *familienrechtliche* Unterhaltsansprüche, eine Terminologie, die eigenständig ist,[2] denn die Bestimmungen des materiellen Unterhaltsrechts im vierten Buch des BGB sehen für verschiedene Arten der familiären Verbundenheit (z.B. Abstammung, Ehe, nicht hingegen geschwisterliche Verbundenheit) einen unterhaltsrechtlichen Tatbestand vor, dessen Verwirklichung an weitere Voraussetzungen (Bedarf, Bedürftigkeit, Leistungsfähigkeit) geknüpft wird. Die Definition eines *familienrechtlichen* Unterhaltsanspruches enthält das BGB jedoch nicht. Die vollstreckungsrechtlichen Bestimmungen sehen ausschließlich für *gesetzliche* Unterhaltsansprüche eines Verwandten, des Ehegatten bzw. früheren Ehegatten, des Lebenspartners bzw. früheren Lebenspartners oder hinsichtlich eines Unterhaltsanspruches gemäß § 1615 l und § 1615 n BGB eine

2 A/G/R-*Ahrens* § 40 InsO Rdnr. 10.

bevorrechtigte Vollstreckung gemäß § 850 d ZPO vor. Ebenso wird dem Schuldner im Rahmen einer Pfändung gemäß § 850 c ZPO nur dann ein erhöhter Pfändungsfreibetrag zugebilligt, wenn dieser aufgrund einer *gesetzlichen* Unterhaltsverpflichtung dieser berechtigten Person Unterhalt gewährt (§ 850 c Abs. 1 Satz 2 ZPO).

Nach einhelliger Auffassung in Literatur und Rechtsprechung fallen unter den Anwendungsbereich des § 40 Satz 1 InsO *jedenfalls* die gesetzlichen Unterhaltsansprüche des vierten Buches des BGB (Familienunterhalt und Unterhalt wegen Getrenntlebens, §§ 1360 ff. BGB, Geschiedenenunterhalt, §§ 1569 ff. BGB, Unterhalt nach aufgehobener Ehe, §§ 1318 Abs. 2, 1320 Abs. 2 i.V.m. 1569 ff. BGB, Verwandtenunterhalt, § 1601 BGB, Unterhalt eines nicht ehelichen Elternteils, § 1615 l BGB, Unterhalt des Adoptivkindes, § 1754, 1770 Abs. 3 BGB) sowie die unterhaltsrechtlichen Tatbestände des Lebenspartnerschaftsgesetzes (§§ 5, 12, 16 LPartG). Nach herrschender Ansicht wird auch ein vertraglicher Unterhaltsanspruch hiervon erfasst, wenn dieser einen dem Grunde nach bestehenden gesetzlichen Anspruch lediglich näher ausgestaltet bzw. modifiziert.[3] Überwiegend wird zur Begründung auf den Regelungsgehalt zu § 3 Abs. 1 KO bzw. § 25 Abs. 2 VerglO verwiesen, da § 40 Satz 1 InsO nahezu wortgleich sei.[4]

Schumann[5] verweist in diesem Zusammengang auf den historischen Gesetzgeber. Dieser habe auf die Bezeichnung „familienrechtliche" Ansprüche verzichtet und die einzelnen Anspruchsnormen jeweils aufgezählt. Dies habe den Nachteil gehabt, dass die einzelnen Bestimmungen wegen zahlreicher Änderungen im Unterhaltsrecht nicht immer den aktuellen Stand gehabt hätten[6]. Diese Unstimmigkeiten sollten durch die Änderung und den Terminus „familienrechtliche" Ansprüche beseitigt werden[7]. Da § 3 Abs. 2 KO weder Anwendung fand für rechtsgeschäftlich begründete Unterhaltsansprüche, für Leibrentenverträge i.S.v. 759 ff. BGB, für familienrechtlich nicht geschuldete Kapitalabfindungen noch für Unterhaltsansprüche, die dem Recht der unerlaubten Handlung zuzuordnen waren - mit Ausnahme des sittenwidrigen Entzuges der Unterhaltsverpflichtung[8] - solle dies auch nach Inkrafttreten der Insolvenzordnung weiter gelten. Der

---

3 A/G/R-*Ahrens* § 40 InsO Rdnr. 10; FK-InsO/*Bornemann* § 40 Rdnr. 4; Nerlich/Römermann/*Andres* § 40 InsO Rdnr. 3; MüKo-InsO/*Schumann* § 40 Rdnr. 14.

4 Uhlenbruck/*Hirte* § 40 InsO Rdnr. 2; Jaeger/*Henckel* § 40 InsO Rdnr. 2; Andres/Leithaus/*Leithaus* § 40 Rdnr. 1.

5 MüKo-InsO/*Schumann* § 40 InsO Rdnr. 6 ff. sowie eingehend in der 1. Aufl., § 40 InsO Rdnr. 5 ff.

6 MüKo-InsO/*Schumann* § 40 Rdnr. 6.

7 MüKo-InsO/*Schumann* § 40 Rdnr. 6.

8 KS- InsO/Kohte, 2. Aufl., S. 781, 784 Rdnr. 11 m.w.N.

historische Gesetzgeber habe durch § 3 Abs. 2 KO nur solche Unterhaltsgläubiger privilegieren wollen, die auch nach Insolvenzeröffnung das vermögensrechtliche Schicksal des Unterhaltsverpflichteten teilten. Der Unterhaltsanspruch sei ein monatlich neu entstehender Anspruch, der aufgrund eines verhältnismäßigen Ausgleiches von Bedarf und Leistungsfähigkeit entstehe. Der Berechtigte solle daher nicht auf die Masse verwiesen werden, sondern - in Abhängigkeit zum vermögensrechtlichen Schicksal des Verpflichteten - Befriedigung aus dem Neuerwerb erlangen. Dieser habe unter Geltung der Konkursordnung nicht als Bestandteil der Insolvenzmasse den Insolvenzgläubigern gedient sondern zur Befriedigung der nach Insolvenzeröffnung neu entstehenden Unterhaltsverbindlichkeiten. Auch nachdem der Reformgesetzgeber den Neuerwerb gemäß § 35 Abs. 1 2. Alt. InsO ebenfalls den Insolvenzgläubigern zuerkannt habe, sei der Grundsatz von der „vermögensrechtlichen Verknüpfung des Unterhaltsgläubigers mit dem Unterhaltsschuldner“ Grund dafür, dass die vom wirtschaftlichen Schicksal des Verpflichteten abhängigen Berechtigten nicht an der Insolvenzmasse partizipierten. Eine Privilegierung dieser, dem Normbereich des § 40 Satz 1 InsO unterstellten Gläubiger, zeige sich seit Geltung der Insolvenzordnung jedoch nur noch darin, dass diese Gläubiger mit ihren nach Insolvenzeröffnung entstehenden Verbindlichkeiten über § 89 Abs. 2 Satz 2 InsO im Wege einer bevorrechtigten Pfändung gemäß § 850 d ZPO vollstrecken könnten.

Auch *Kohte*[9] versteht unter den „familienrechtlichen Ansprüchen“ des § 40 Satz 1 InsO diejenigen Ansprüche, die aufgrund einer gesetzlichen Verpflichtung zu zahlen sind. *Kohte* möchte sich bei der Auslegung des Terminus jedoch weniger an der Auslegung zu § 3 Abs. 2 KO orientieren. Er verweist vielmehr in diesem Zusammenhang darauf, dass die familienrechtlichen Neugläubiger nach Insolvenzeröffnung gemäß § 89 Abs. 2 Satz 2 InsO in den Vorrechtsbereich des § 850 d ZPO vollstrecken könnten, so dass diejenigen Gläubiger, die grundsätzlich eine Pfändung nach § 850 d ZPO für sich beanspruchen könnten, auch diejenigen Gläubiger sein müssen, zu deren Gunsten neue Verbindlichkeiten entstehen, die sie dann vollstrecken können.

Schumacher[10] gibt zu bedenken, dass § 850 d ZPO nur als Grenze verstanden werden könne und nicht der Schluss gezogen werden dürfe, dass *alle* von § 850 d ZPO erfassten Ansprüche auch solche seien, die eine „familienrechtliche Natur“

---

9 KS-InsO/*Kohte*, 2. Aufl., S. 781, 798 f. Rdnr. 61–63; ebenso: HK-InsO/*Eickmann* § 40 Rdnr. 2.

10 FK-InsO/*Schumacher*, bis zu 6. Aufl., § 40 Rdnr. 2; FK-InsO/*Bornemann*, ab der 7. Aufl., § 40 Rdnr. 2.

i.S.v. § 40 Satz 1 InsO hätten. Fallen jedoch Ansprüche bereits nicht unter den Anwendungsbereich des § 850 d ZPO, so würden diese *erst Recht* vom Anwendungsbereich des § 40 Satz 1 InsO ausgenommen sein.

Auch *Ahrens*[11] teilt die Auffassung, dass § 850 d ZPO nur ein „Orientierungsmuster" darstelle und ergänzt diese Argumentation mit dem Hinweis auf § 850 c Abs. 1 Satz 2 ZPO. Demnach werde bei der Pfändung des Arbeitseinkommens dem Schuldner ein erhöhter Freibetrag nur dann zugebilligt, wenn dieser aufgrund einer *gesetzlichen Verpflichtung* Unterhalt bezahle.

Einigkeit besteht, dass die Vorschrift grundsätzlich restriktiv auszulegen ist, um den Verteilungskonflikt der Neugläubiger möglichst zu begrenzen.[12] Die Einordnung bestimmter Ansprüche ist jedoch umstritten. So wird der Anspruch auf den schuldrechtlichen Versorgungsausgleich teilweise als familienrechtliche Unterhaltsforderung i.S.v. § 40 Satz 1 InsO angesehen,[13] ebenso die im Wege des gesetzlichen Forderungsübergangs gemäß §§ 33 SGB II, 72 Abs. 2 Satz 1 SGB III, 95 SGB VIII, 116 f. SGB X, 93 f. SGB XII, 37 BAföG, 7 Abs. 1 UVG übergegangenen Ansprüche.[14] Auch ist umstritten, ob eine Kapitalabfindung, die an die Stelle eines Unterhaltsanspruches tritt, unter den Anwendungsbereich des § 40 Satz 1 InsO fällt.[15] Die deliktischen Ansprüche auf eine Unterhaltsleibrente wegen einer Körper - oder Gesundheitsverletzung bzw. Tötung einer unterhaltsverpflichteten Person (z.B. gemäß §§ 843, 844 BGB) werden überwiegend als von § 40

---

11 A/G/R-*Ahrens* § 40 InsO Rdnr. 10.

12 A/G/R-*Ahrens* § 40 InsO Rdnr. 7.

13 Dafür: KS-InsO/*Kohte*, 2. Aufl., S. 781, 798 Rdnr. 61 unter Hinweis auf *Scholz*, Versorgungsausgleich und Konkurs, S. 100 ff.; HK-InsO/*Eickmann* § 40 Rdnr. 3; Uhlenbruck/*Knof* § 40 InsO Rdnr. 5; HambK-InsO/*Lüdtke* § 40 Rdnr. 8; dagegen: BGH ZInsO 2011, 2184, 2185.; A/G/R- *Ahrens* § 40 InsO Rdnr. 14; FK-InsO/*Bornemann* § 40 Rdnr. 7a; MüKo-InsO/*Schumann* § 40 Rdnr. 12; Karsten Schmidt/*Thonfeld* § 40 InsO Rdnr. 10.

14 Dafür: KS-InsO/*Kohte*, 2. Aufl., S. 781, 800 Rdnr. 67; Uhlenbruck/*Knof* § 40 InsO Rdnr. 9; HK-InsO/*Eickmann* § 40 Rdnr. 5; MüKO-InsO/*Schumann* § 40 Rdnr. 12; Braun/*Bäuerle* § 40 InsO Rdnr. 6; Karsten Schmidt/*Thonfeld* § 40 InsO Rdnr. 11; dagegen: A/G/R-*Ahrens* § 40 InsO Rdnr. 13; FK-InsO/*Bornemann* § 40 Rdnr. 7; HambK-InsO/*Lüdtke* § 40 Rdnr. 12; Graf-Schlicker/*Kexel* § 40 InsO Rdnr. 6.

15 Überwiegend wird dies verneint, wenn der Anspruch vor Insolvenzeröffnung fällig geworden ist, vgl. A/G/R-*Ahrens* § 40 InsO Rdnr. 14; Braun/*Bäuerle* § 40 InsO Rdnr. 7; Jaeger/*Henckel* § 40 InsO Rdnr. 7; KS-InsO/*Kohte*, 2. Aufl., S. 781, 799 Rdnr. 62; HambK-InsO/*Lüdtke* § 40 InsO Rdnr. 11; Karsten Schmidt/*Thonfeld* § 40 InsO Rdnr. 8; differenzierend *Häsemeyer*, Insolvenzrecht, Rdnr. 16.19.

Satz 1 InsO nicht erfasst angesehen[16]. Im Falle des sittenwidrigen Entzuges der Unterhaltspflicht ist dies jedoch wiederum streitig[17].

b) Stellungnahme

aa) Einschränkungen der Übertragbarkeit der Regelung des § 3 Abs. 2 KO

Die konkursrechtliche Auslegung führt zu dem Ergebnis, dass diejenigen familienrechtlichen Gläubiger mit ihren nach Insolvenzeröffnung entstehenden Forderungen nicht an der Insolvenzmasse partizipieren, die zur Zeit der Geltung der Konkursordnung jedoch auf den Neuerwerb zugreifen konnten. Im Konkursrecht war der Neuerwerb gemäß § 1 KO konkursfrei und konnte daher dem Unterhalt des Schuldners und seiner Angehörigen nach Konkurseröffnung dienen. Die Gesetzesbegründung zur Novelle 1898 zur Konkursordnung[18] führt hierzu aus, dass diese Ansprüche nicht eine einheitliche Rechtsfolge eines endgültig abgeschlossenen Tatbestandes darstellten. Sie entstünden vielmehr fort und fort neu „mit dem Eintreten des jeweiligen Bedürfnisses"[19]. Von anderen Wiederkehrschuldverhältnissen unterschieden sich familienrechtliche Unterhaltsansprüche dadurch, dass Berechtigter und Verpflichteter durch das Kriterium der Leistungsfähigkeit - als Voraussetzung eines Unterhaltsanspruches - das vermögensrechtliche Schicksal miteinander teilten. Der Berechtigte sollte daher nicht an der Masse teilhaben, sondern, ebenso wie der Schuldner selbst, am Neuerwerb partizipieren[20].

Diese Auslegung wird dem Willen des historischen Gesetzgebers insofern gerecht, als eine vermögensrechtliche Verbundenheit zwischen Berechtigtem und Verpflichtetem anhand des Kriteriums der Leistungsfähigkeit auch im heutigen

---

16 A/G/R-*Ahrens* § 40 InsO Rdnr. 14; FK-InsO/*Bornemann* § 40 Rdnr. 6.

17 A/G/R-*Ahrens* § 40 InsO Rdnr. 12 m.w.N.

18 *Hahn/Mugdan*, Materialien zu den Reichsjustizgesetzen, Band 7, S. 230 ff.

19 *Hahn/Mugdan*, Materialien zu den Reichsjustizgesetzen, Band 7, S. 234 § 2: „Indessen ist davon auszugehen, daß, wenngleich das Verhältniß, vermöge dessen der Gemeinschuldner unterhaltspflichtig ist, schon vor der Konkurseröffnung begründet war, doch der Unterhaltsanspruch selbst, mit dem jedesmaligen Eintreten des Bedürfnisses neu entsteht."

20 RT-Drucks. 9/100 S. 25, abgedruckt bei *Hahn/Mugdan*, Materialien, Band 7 S. 234 § 2: „Andererseits widerspricht es auch der Natur und dem Zwecke der Unterhaltspflicht, wenn der Berechtigte gehindert wird, während des Konkursverfahrens seinen Anspruch gegen den Gemeinschuldner insoweit geltend zu machen, als dieser, namentlich durch neuen Erwerb, zur Gewährung des Unterhalts im Stande ist."

Recht gegeben ist, denn der Berechtigte hat - ebenso wie der Schuldner selbst - die Einbeziehung des Neuerwerbs in die Insolvenzmasse hinzunehmen. Dem Schuldner als Arbeitnehmer verbleibt gemäß §§ 36 Abs. 1 Satz 2 InsO i.V.m. § 850 c ZPO der der Pfändung nicht unterworfene Teil seines Arbeitseinkommens. Die Berechtigten können gemäß § 89 Abs. 2 Satz 2 InsO i.V.m. § 850 d ZPO auf den Teil der Bezüge zugreifen, der für andere Gläubiger nicht pfändbar ist. Beim selbständigen Schuldner zeigt sich die Verbundenheit mit der Leistungsfähigkeit des Schuldners darin, dass dieser ebenfalls *ipso iure* nicht auf seinen Neuerwerb zugreifen kann, sondern, will er einen dem Arbeitnehmer vergleichbaren Pfändungfreibetrag erlangen, dies beim Insolvenzgericht gemäß § 36 Abs. 1 Satz 2, 4 InsO i.V.m. 850 i ZPO beantragen muss.

Die konkursrechtliche Auslegung ist aber insofern zu hinterfragen, als die in § 3 Abs. 2 KO genannten unterhaltsrechtlichen Wiederkehrschuldverhältnisse zur Zeit der Geltung der Konkursordnung gegenüber den übrigen Gläubigern von wiederkehrenden Leistungen privilegiert wurden[21]. Die zuletzt genannten Gläubiger wurden ausschließlich auf die Insolvenzmasse verwiesen, die nicht den Neuerwerb umfasste, während die Unterhaltsgläubiger auf den Neuerwerb zugreifen konnten. Dieser Wegfall des Zugriffsobjektes „Neuerwerb“ für die Gläubiger laufender Unterhaltsansprüche wird daher ganz überwiegend als wesentliche Schlechterstellung der Unterhaltsberechtigten durch die Insolvenzordnung angesehen[22]. Die Schlechterstellung der Unterhaltsberechtigten wurde vor Inkrafttreten der Insolvenzordnung bereits kritisiert[23], gleichwohl hat dies in der Debatte zur Einführung einer Insolvenzordnung kaum eine Rolle gespielt[24]. So sah § 1 Abs. 2 Satz 1 des Regierungsentwurfes einer Insolvenzordnung noch eine Berücksichtigung der Interessen der Familie des Schuldners im Insolvenzverfahren vor; diese Passage wurde jedoch durch den Rechtsausschuss gestrichen.[25] Ebenso sah der ursprüngliche Entwurf noch einen Rechtsanspruch der Bedürftigen auf den notwendigen Unterhalt aus der Insolvenzmasse vor, welcher ebenfalls gestrichen wurde,[26] mit dem Argument, dass sich der durch die Einbeziehung des Neuerwerbs für die Berechtigten ergebende Nachteil wegen der Möglichkeit der bevorrechtigten

---

21 MüKo-InsO/*Schumann*, 1. Aufl., § 40 Rdnr. 24.

22 MüKo-InsO/*Schumann*, 1. Aufl., § 40 Rdnr. 32; *Uhlenbruck*, FamRZ 1998, 1473, 1474; KS/*Kohte*, 2. Aufl., S. 781, 791 Rdnr. 35; Uhlenbruck/*Hirte* § 40 Rdnr. 2; Jaeger/*Henckel* § 40 Rdnr. 5; FK-InsO/*Bornemann* § 40 Rdnr. 1.

23 *Uhlenbruck*, FamRZ 1998, 1473, 1474.; *ders.*, KTS 1999, 413, 415.

24 KS-InsO/*Kohte*, 2. Aufl., S. 781 Rdnr. 1.

25 BR-Drucks. 1/92, S. 26, 143; BT-Drucks. 12/2443, S. 143.

26 BR-Drucks. 1/92, S. 26, 143; BT-Drucks. 12/2443, S. 143.

Pfändung gemäß § 89 Abs. 2 Satz 2 InsO i.V.m. § 850 d ZPO nicht erheblich auswirken werde[27]. Dies wurde nach überwiegender Auffassung jedoch nicht als angemessener Ausgleich für den Wegfall des Zugriffsobjektes „Neuerwerb“ angesehen[28]. Während der Arbeiten an dem Regierungsentwurf zu Beginn der 90er Jahre des letzten Jahrhunderts, lagen die Pfändungsgrenzen typischerweise unter denen des Sozialhilfeniveaus[29]. Es war also für den Gesetzgeber absehbar, dass nicht nur der Schuldner, sondern auch die Unterhaltsberechtigten auf öffentliche Mittel angewiesen sein werden, „was nahezu vierzig Sachverstände bei ihrer Anhörung vor dem Rechtsausschuss des Deutschen Bundestages auch zu Protokoll gegeben hätten“.[30] Der Gesetzgeber hat durch die Einbeziehung des Neuerwerbs in die Insolvenzmasse somit bewusst die Stellung der Insolvenzgläubiger stärken wollen[31]. Begründet wurde dies vor allem mit der Möglichkeit der Restschuldbefreiung für natürliche Personen[32]. Die dadurch bedingte Benachteiligung der Unterhaltsgläubiger wurde somit in Kauf genommen. Da seit der Geltung der Insolvenzordnung - im Gegensatz zur Konkursordnung - nicht mehr von einer vom Gesetzgeber beabsichtigten „Privilegierung“ der familienrechtlichen Unterhaltsgläubiger gesprochen werden kann, kann die konkursrechtliche Auslegung, die den zu „privilegierenden“ Personenkreis bestimmen möchte, nicht zur Bestimmung des Begriffes „familienrechtliche Unterhaltsgläubiger“ herangezogen werden.

bb) Grenzen der Auslegung i.S.v. § 850 d ZPO

Die Auslegung, die sich bei der Abgrenzung der familienrechtlichen Ansprüche an § 850 d ZPO orientieren möchte, führt zu dem Ergebnis, dass auch nur solche familienrechtlichen Gläubiger ihre nach Insolvenzeröffnung entstehenden Forderungen nicht als Insolvenzforderung geltend machen können, die auch eine bevorrechtigte Pfändung nach § 850 d ZPO erwirken können und somit nach Insolvenzeröffnung entstehende Forderungen auch außerhalb des Insolvenzverfahrens durchsetzen können. Würden auch andere Gläubiger als „familienrechtliche Unterhaltsgläubiger“ i.S.v. § 40 Satz 1 InsO angesehen werden, so könnten sie ihre Forderung weder im Insolvenzverfahren anmelden, noch, wegen § 89 Abs. 1 InsO bzw. § 294 InsO, im Insolvenz – und Restschuldbefreiungsverfahren gegen

27 BT-Drucks. 12/7302, S. 167.
28 *Uhlenbruck*, KTS 1999, 413, 414.
29 MüKo-InsO/*Schumann*, 1. Aufl., § 40 Rdnr. 24.
30 MüKo-InsO/*Schumann*, 1. Aufl., § 40 Rdnr. 24.
31 Ebenso: BGH ZInsO 2010, 2184, 2185; Jaeger/*Henckel* § 40 Rdnr. 11.
32 BT-Drucksache 12/2443, S. 122.

den Schuldner vollstrecken. Da diese Forderungen beim Schuldner neu entstehen, jedoch nicht vollstreckt werden können, würden sie nach Ablauf der Laufzeit der Abtretungserklärung beim Schuldner einzufordern sein, was gegen den Willen des Gesetzgebers, dem Schuldner durch die Erteilung der Restschuldbefreiung einen „fresh start" zu ermöglichen,[33] spricht. Der alleinige Bezug auf die vollstreckungsrechtliche Vorschrift des § 850 d ZPO vermag aber nicht zu erklären, *warum* welche Gläubiger mit ihren nach Insolvenzeröffnung entstehenden Forderungen *nicht* an der Masse partizipieren sollen. Denn diese Auslegung rekurriert auf § 89 Abs. 2 InsO, der eine Unterhaltspfändung für Nachinsolvenzgläubiger in den Teil der Bezüge für zulässig erachtet, der für andere Gläubiger *nicht* pfändbar ist. Zur Insolvenzmasse gehören aber die pfändbaren Bezüge (§§ 35, 36 InsO). Die Vorschriften der §§ 89 Abs. 2 Satz 2 InsO, 850 d ZPO treffen daher keine Massebestimmung, sondern setzen voraus, dass eine Bestimmung darüber, welche Gläubiger an der Masse partizipieren, bereits getroffen wurde. Daher führt die Auslegung, die allein auf § 850 d ZPO zurückgreifen will, zu divergierenden Ergebnissen, denn der Streit, der im Rahmen der Auslegung des § 850 d ZPO bei der Einzelzwangsvollstreckung geführt wird, wird bei der Pfändung nach Insolvenzeröffnung gemäß § 89 Abs. 2 Satz 2 InsO i.V.m. § 850 d ZPO ebenfalls geführt[34]. Eine Lösung, die der insolvenzrechtlichen Massebestimmung gerecht wird, kann hierdurch jedoch nicht erreicht werden.

cc) § 40 Satz 1 InsO als Masseausschlussregelung

Ausgangpunkt der Überlegungen, welche Gläubiger mit ihren nach Insolvenzeröffnung entstehenden Forderungen nicht als Insolvenzgläubiger anzusehen sind, ist zunächst der systematische Zusammenhang des § 40 Satz 1 InsO mit der Regelung des § 35 Absatz 1 InsO. Wenn § 35 Absatz 1 InsO als Regelung zu begreifen ist, die bestimmten Gläubigern die Insolvenzmasse zuweist, dann kann dies Bedeutung für die Frage nach der Funktion des § 40 Satz 1 InsO haben, da nach dem Wortlaut dieser Norm - im Gegensatz zum Wortlaut der § 35 Abs. 1 InsO - bestimmten, nämlich den familienrechtlichen Unterhaltsgläubigern, die Insolvenzmasse gerade nicht zugewiesen werden soll. § 35 InsO bestimmt den Umfang der Insolvenzmasse und legt ihre gegenständlichen Grenzen fest[35].

---

33 BGH ZInsO 2011, 2184, 2186.

34 Z.B. die Frage, ob Ansprüche aus dem schuldrechtlichen Versorgungsausgleich oder im Wege des gesetzlichen Forderungsübergangs übergegangene Ansprüche bevorrechtigt gepfändet werden können; vgl. Fn. 13–15.

35 Jaeger/*Henckel* § 35 InsO Rdnr. 2.

aaa) Die Theorie der haftungsrechtlichen Zuweisung der Insolvenzmasse

Aus § 1 und § 38 InsO ergibt sich die Funktion der Masse im Insolvenzverfahren. Sie dient der gleichmäßigen und gemeinschaftlichen Gläubigerbefriedigung[36]. Nach heute vorherrschendem Verständnis wird die Insolvenzmasse den Insolvenzgläubigern haftungsrechtlich zugewiesen[37]. Mit Insolvenzeröffnung verliere der Schuldner die außerhalb des Insolvenzverfahrens mit der Eigentümerschaft verbundenen Befugnisse, § 80 Abs. 1 InsO. Nach der Eröffnung verdränge die Haftungsfunktion diese Befugnisse, um dem Zweck der Insolvenzgläubigerbefriedigung zu dienen. Der Schuldner bleibe zwar Eigentümer, verliere aber mit Insolvenzeröffnung die Möglichkeit, zu Lasten der Insolvenzmasse Rechtshandlungen vorzunehmen. Dies gelte auch im Fall der Eigenverwaltung, §§ 270 ff. InsO. Auch wenn dem Schuldner hier die Vermögens - und Verfügungsbefugnis verbliebe, unterscheide sich diese von seinen außerhalb der Eigenverwaltung zustehenden Eigentümerrechten. Er stehe unter Aufsicht eines Sachwalters; auch im Falle der Eigenverwaltung dürfe der Schuldner seine Eigentumsrechte nur zum Zwecke der Befriedigung der Insolvenzgläubiger einsetzen[38]. Nach diesem haftungsrechtlichen Verständnis muss § 40 Satz 1 InsO als im Verhältnis zu § 35 Abs. 1 InsO spezielle Massezuordnungsregelung, im Sinne einer Masseausschlussregelung, zu verstehen sein. Denn wenn § 35 InsO den Insolvenzgläubigern gemäß § 38 InsO die Insolvenzmasse zuweist, so trifft § 40 Satz 1 InsO die Bestimmung, dass den familienrechtlichen Unterhaltsgläubigern mit ihren nach Insolvenzeröffnung entstehenden Forderungen die Masse nicht zugewiesen werden soll.

bbb) Die Theorien zum Subjektwechsel und zum Konkurspfandrecht

Eine ältere Lehre nahm an, dass die Masse mit Eröffnung auf die Gläubigergemeinschaft übergehe[39]. Eine weitere, ebenfalls ältere Auffassung, wollte mit der Konkurseröffnung ein pfandrechtsähnliches Recht entstehen lassen[40]. Bereits der Gesetzgeber der Konkursordnung ist beiden Ansätzen nicht gefolgt. Gegen die Theorie des Subjektwechsels spricht, dass sie im Gesetz keine Stütze findet. So

36 Jaeger/*Henckel* § 35 InsO Rdnr. 2.

37 Eingehend: *Henckel*, in: FS Weber, S. 237, 252.

38 Jaeger/*Henckel* § 35 InsO Rdnr. 5; *Häsemeyer*, Insolvenzrecht, Rdnr. 9.03.

39 Jaeger/*Henckel* § 35 InsO Rdnr. 3.

40 *Kohler*, Lehrbuch, S. 99 ff.; *Hellmann*, Deutsches Konkursrecht, S. 622–646; *Seuffert*, Zur Geschichte und Dogmatik des Deutschen Konkursrechts, S. 20–49, 76–182; *ders.*, Deutsches Konkursprozessrecht, S. 151–155, 385, 434, mit Hinweisen auf die Quellen und die Literatur, zitiert nach Jaeger/*Henckel* § 35 Rdnr. 3 Fn.2.

hat sich der Gesetzgeber der Konkursordnung in § 6 KO dafür entschieden, dass der Schuldner mit Konkurseröffnung (lediglich) die Befugnis verlieren solle, über sein Vermögen zu verfügen und dieses zu verwalten. Ein Rechtsträgerwechsel sollte hiermit jedoch nicht einhergehen. Auch die Insolvenzordnung hat hieran nichts geändert, da diese Regelung in § 80 InsO ebenfalls Gesetz geworden ist. Auch die Theorie des Konkurspfandrechts wurde bereits im Entwurf zu Konkursordnung verworfen. Als Argument diente hierbei, dass man die Idee einer Generalhypothek, welche die Theorie verfolge, mit der Konkursordnung habe überwinden wollen[41]. *Jaeger*[42] hat diese Argumentation aufgegriffen und vertieft. Er argumentiert hierbei jedoch ebenfalls mit dem Begriff eines „Pfandrechts". Dieses hätte dem Publikations - und dem Spezialitätsprinzip zu folgen, was im Falle eines Konkurspfandrechts nicht eingehalten werden könne. Hiergegen spricht jedoch, dass der Begriff des „Pfändungspfandrechts" ein Begriff der Einzelzwangsvollstreckung ist, welcher den Fall der Gesamtvollstreckung nicht zu erfassen vermag. Zudem wird die geforderte „Publikation" durch die Bekanntgabe der Verfahrenseröffnung erreicht. Eine Spezialität wird durch die Zuweisung von Vermögen an die Insolvenzgläubiger erreicht.

ccc) Zwischenergebnis

Die Theorie der haftungsrechtlichen Zuweisung der Insolvenzmasse wird dem Unterschied zwischen Einzelzwangsvollstreckung zur Gesamtvollstreckung gerecht. Ebenso ist hiermit die fortbestehende Rechtsträgerschaft des Schuldners zu erklären. Daher ist dieser Auffassung zu folgen. § 40 Satz 1 InsO ist demnach als Massezuordnungsregelung (im Sinne einer „Masseausschlussregelung") zu verstehen, ausschließlich für familienrechtliche Unterhaltsgläubiger.

dd) Von der Insolvenzmasse ausgeschlossene Gläubiger i.S.v. § 40 Satz 1 InsO

Steht fest, dass es sich bei § 40 Satz 1 InsO um eine Masseausschlussregelung handelt, so stellt sich im Anschluss hieran die Frage *welchen* familienrechtlichen Ansprüchen die Masse *nicht* dienen soll. Wie bereits festgestellt, hat der Gesetzgeber der Insolvenzordnung durch die Regelung des § 40 Satz 1 InsO insofern den Willen des historischen Gesetzgebers nicht revidieren wollen, als eine vermögensrechtliche Verbundenheit zwischen Berechtigtem und Verpflichtetem anhand des Kriteriums der Leistungsfähigkeit Voraussetzung eines familienrechtlichen

41 Jaeger/*Henckel* § 40 InsO Rdnr. 4.
42 *Jaeger*, KO, § 3 Rdnr. 7, zitiert nach Jaeger/*Henckel* § 35 Rdnr. 4.

Unterhaltsanspruches ist, denn der Berechtigte hat - ebenso wie der Schuldner selbst - die Einbeziehung des Neuerwerbs in die Insolvenzmasse hinzunehmen. Der Unterschied zum Gesetzgeber der Insolvenzordnung besteht allein darin, dass dieser die familienrechtlichen Unterhaltsgläubiger nicht (mehr) privilegieren wollte. § 40 Satz 1 InsO ist daher - ebenso wie § 3 Abs. 2 KO - als Masseausschlussregelung jedoch (in Abkehr zur Konkursordnung) ohne Privilegierungsabsicht der familienrechtlichen Unterhaltsgläubiger zu verstehen. Vom Masseausschluss betroffen sind und waren diejenigen unterhaltsrechtlichen Gläubiger, die mit dem Verpflichteten durch das Kriterium der Leistungsfähigkeit - als Voraussetzung eines Unterhaltsanspruches - das vermögensrechtliche Schicksal teilten. Dies sind diejenigen Gläubiger, denen nach materiellem Unterhaltsrecht ein Anspruch auf Unterhalt zusteht, welcher als Ergebnis einer Prüfung von Bedarf und Bedürftigkeit des Berechtigten sowie Leistungsfähigkeit des Verpflichteten ermittelt wurde.

c) Zwischenergebnis

Der Begriff „familienrechtliche Unterhaltsansprüche“ hat sich am materiellen Unterhaltsrecht zu orientieren. § 40 Satz 1 InsO stellt sich als spezielle Massezuordnungsregelung im Sinne einer „Masseausschlussregelung“ für familienrechtliche Unterhaltsansprüche dar. Die Masse soll hierbei denjenigen familienrechtlichen Gläubigern *nicht* dienen, deren Ansprüche aufgrund einer Bedarfsberechnung (Bedarf und Bedürftigkeit des Berechtigten und Leitungsfähigkeit des Unterhaltsverpflichteten) ermittelt wurden, soweit diese nach Insolvenzeröffnung entstehen.

2. Familienrechtliche Unterhaltsansprüche im Einzelnen

Ausgehend von dem gefundenen Ergebnis, dass es sich bei einem „familienrechtlichen Unterhaltsanspruch“ um einen solchen handelt, der aufgrund einer materiellrechtlichen Bedarfsberechnung ermittelt wird, ist nun zu untersuchen, auf welche familienrechtlichen Ansprüche dies zutrifft.

a) Gesetzliche Unterhaltsansprüche

Die Unterhaltsansprüche des 4. Buches des BGB sowie des Lebenspartnerschaftsgesetzes werden als gesetzliche Unterhaltsansprüche bezeichnet[43]. Im einzelnen

43 A/G/R-*Ahrens* § 40 InsO Rdnr. 10, 11; FK-InsO/*Bornemann* § 40 Rdnr. 4.

sind hierunter der Anspruch auf Familienunterhalt, §§ 1360, 1360 a BGB, Trennungsunterhalt, § 1361 BGB, Geschiedenenunterhalt, §§ 1569 ff. BGB, Unterhalt nach aufgehobener Ehe, § 1318 i.V.m. §§ 1569 ff. BGB, Unterhalt bei bestehender Lebenspartnerschaft, § 5 LPartG, Unterhalt eines getrennt lebenden Lebenspartners bzw. einer Lebenspartnerin, § 12 LPartG, Unterhalt eines Lebenspartners bzw. einer Lebenspartnerin bei aufgehobener Lebenspartnerschaft, § 16 LPartG, Verwandtenunterhalt, §§ 1601 ff. BGB, Unterhalt der Mutter eines nichtehelichen Kindes und des das Kind betreuenden Vaters nach § 1615 l BGB und der Unterhalt des Adoptivkindes, §§ 1754, 1770 Abs. 3 BGB zu verstehen. Diesen Ansprüchen ist gemein, dass ein Anspruch auf Unterhalt besteht, wenn der Berechtigte bedürftig ist, ein unterhaltsrechtlicher Bedarf dargelegt wurde und die Leistungsfähigkeit des Verpflichteten festgestellt werden kann.[44] Die gesetzlichen Unterhaltsansprüche sind demnach als „familienrechtlicher Unterhaltsanspruch" i.S.v. § 40 Satz 1 InsO zu qualifizieren.

b) Unterhaltsrechtlicher Auskunfts- und Beleganspruch

Zur Ermittlung des unterhaltsrechtlich relevanten Einkommens sind Verwandte in gerader Linie gemäß § 1605 BGB einander verpflichtet, auf Verlangen über ihre Einkünfte und ihr Vermögen Auskunft zu erteilen, soweit dies zur Feststellung eines Unterhaltsanspruchs oder einer Unterhaltsverpflichtung erforderlich ist. Beim Trennungsunterhalt ergibt sich die Auskunftsverpflichtung aus § 1361 Abs. 4 BGB i.V.m. § 1605 BGB, beim Ehegattenunterhalt aus § 1580 i.V.m. § 1605 BGB. Für den Unterhalt der nicht verheirateten Mutter bzw. des betreuenden Vaters besteht die Verpflichtung gemäß §§ 1615l Abs. 3 Satz 1, 1605 BGB. Lebenspartner bzw. Lebenspartnerinnen sind einander gemäß § 12 Abs. 2 Satz 2 LPartG, § 1361 Abs. 4 Satz 4, 1615 sowie § 16 Abs. 2 Satz 2 LPartG, §§ 1580 Satz 2, 1605 BGB zur Auskunft verpflichtet. Bei dem Auskunftsanspruch handelt es sich um einen unselbständigen Hilfsanspruch zum Unterhaltsanspruch bzw. um einen unterhaltsrechtlichen Nebenanspruch.[45] Über die Höhe der Einkünfte sind auf Verlangen Belege, insbesondere Bescheinigungen des Arbeitgebers, vorzulegen. Auskunfts - und Belegpflicht sind selbständige

---

44 *Ehinger*, in: Ehinger/Griesche/Rasch, Handbuch Unterhaltsrecht, Rdnr. 26 ff., 306 ff., 349 ff., 432 ff., 554 ff. m.w.N.

45 BGH FamRZ 1987, 1132, 1133; *Kleffmann*, Der unterhaltsrechtliche Auskunfts – und Beleganspruch, FuR 1999, 403, 405.

Ansprüche, die unabhängig voneinander geltend gemacht werden können.[46] Bei der Auskunft handelt es sich um die Abgabe einer Wissenserklärung.[47] Sie ist schriftlich abzugeben und zu unterzeichnen.[48] Die zu erteilende Auskunft betrifft Einkommen und Vermögen[49] und umfasst auch Ausgaben und Belastungen, um die Leistungsfähigkeit des Verpflichteten ermitteln zu können.[50] Trifft die Insolvenzeröffnung in einen auskunftsrelevanten Zeitraum, so ist fraglich, für welche Zeiträume eine Auskunfts- und Belegverpflichtung besteht und wer diese Verpflichtung ggf. erfüllen muss.

aa) Auskunfts- und Belegverpflichtung des Insolvenzverwalters

Die herrschende Meinung[51] differenziert - im Anschluss an eine von *Häsemeyer*[52] und *Jaeger/Henckel*[53] entwickelte Auffassung - danach, ob Ansprüche auf Auskunfts- und Rechnungserteilung als Nebenforderung einer Insolvenzforderung oder aus einer Masseforderung resultieren. Nur wenn dies der Fall sei, treffe den Insolvenzverwalter die Verpflichtung. Sonst sei der Anspruch gegen den Schuldner persönlich zu richten. Dementsprechend würde der Auskunfts- und Beleganspruch, wenn er Zeiträume bis zur Insolvenzeröffnung betrifft, vom Treuhänder bzw. Insolvenzverwalter zu erfüllen sein, da in diesem Fall der unterhaltsrechtliche Hauptanspruch eine Insolvenzforderung darstellt.

bb) Auskunfts- und Belegverpflichtung des Schuldners

Nach anderer Ansicht ist die Auskunftsverpflichtung, auch wenn die Auskunft Zeiträume betrifft, die vor Insolvenzeröffnung liegen, ein vom Schuldner persönlich zu erfüllender Anspruch.[54] Das Insolvenzverfahren könne seiner Konzeption nach dem Gläubiger nur eine Befriedigung in Geld vermitteln. Ansprüche, die jedoch nicht auf Zahlung einer Geldsumme gerichtet seien oder die sich nach

46 OLG München FamRZ 1996, 307.

47 BGH FamRZ 2008, 600, 602.

48 OLG München FamRZ 1996, 738, 740.

49 Beck-OK/*Schlünder* § 235 FamFG Rdnr. 10.

50 OLG Köln FamRZ 2000, 622; OLG Brandenburg FamRZ 2003, 239, 240.

51 A/G/R-*Ahrens* § 38 InsO Rdnr. 22; MüKo-InsO/*Ehricke* § 38 Rdnr. 46; HK-InsO/*Eickmann* § 38 Rdnr. 10.

52 *Häsemeyer*, Insolvenzrecht, Rdnr. 16.05.

53 Jaeger/*Henckel* § 38 InsO Rdnr. 74.

54 Nerlich/Römermann/*Andres* § 38 InsO Rdnr. 10; Uhlenbruck/*Uhlenbruck* § 38 InsO Rdnr. 20.

§ 45 InsO nicht in einen Geldanspruch umwandeln ließen, könnten daher nicht als Insolvenzforderungen verfolgt werden. Der Anspruch auf Vornahme einer unvertretbaren Handlung im Sinne von § 888 ZPO sei daher keine Insolvenzforderung und daher vom Schuldner persönlich zu erfüllen, da er nicht auf eine aus seinem Vermögen beitreibbare Handlung gerichtet sei.[55]

cc) Stellungnahme

Der Frage, in wiefern die Insolvenzeröffnung über das Vermögen des Unterhaltsverpflichteten an der (unterhaltsrechtlichen) Verpflichtung des Schuldners zur Auskunftserteilung und Belegvorlage etwas ändert, ob diese möglicherweise auf den Insolvenzverwalter übergeht, ist in der insolvenzrechtlichen Literatur bislang kaum Beachtung geschenkt worden. So berücksichtigt die unter aa) genannte Auffassung nicht, dass es sich bei der unterhaltsrechtlichen Auskunfts - und Belegverpflichtung um eine Verpflichtungen handelt, die aufgrund eines Ehe - oder Verwandtschaftsverhältnisses entsteht. Die Ansicht, die den Schuldner auch nach Insolvenzeröffnung als zur Auskunft verpflichtet ansieht, soweit Zeiträume vor Insolvenzeröffnung betroffen sind, sieht jeden Auskunftsanspruch - und somit auch solche, die sich aus einer unterhaltsrechtlichen Verpflichtung ergeben - als nicht vermögensrechtlichen Anspruch an. Hiergegen lässt sich jedoch einwenden, dass sich der unterhaltsrechtliche Auskunftsanspruch als Annex eines Anspruches auf Zahlung von Unterhalt darstellt und somit ein vermögensrechtlicher Zusammenhang gegeben ist. Denn nach einhelliger Ansicht kann eine unterhaltsrechtliche Auskunft dann nicht mehr verlangt werden, wenn diese den auf Zahlung gerichteten Hauptanspruch nicht mehr beeinflussen kann.[56]

Eine unverändert den Schuldner treffende Verpflichtung dürfte möglicherweise dann anzunehmen sein, wenn es sich bei der unterhaltsrechtlichen Auskunfts - und Belegverpflichtung um eine höchstpersönliche, ausschließlich im familienrechtlichen Verhältnis begründete Verpflichtung handelt. So geht nach der herrschenden Meinung in der Literatur[57] und der Rechtsprechung[58] mit der Insolvenzeröffnung

---

55 Ebenso: OLG Sachsen-Anhalt FamRZ 2008, 620, 621; LG Düsseldorf InstGE 3, 229, 230; *Kleffmann*, in: Scholz/Kleffmann/Motzer, Praxishandbuch Familienrecht, Teil G Rdnr. 192.

56 BGH FamRZ 1994, 1169, 1171; OLG Düsseldorf FamRZ 1998, 1191, 1192; MüKo-BGB/*Born* § 1605 Rdnr. 37; Beck-OK/*Reinken* § 1605 BGB Rdnr. 12; *Kleffmann*, in: Scholz/Kleffmann/Motzer, Praxishandbuch Familienrecht, Teil G Rdnr. 192.

57 *Frotscher*, Besteuerung in der Insolvenz, S. 97.

58 BFHE 77, 754, 755 f; 81, 236, 239; BGH ZInsO 2007, 656, 658.

das Veranlagungswahlrecht des § 26 EStG auf den Insolvenzverwalter über, da es sich um ein vermögensrechtliches Verwaltungsrecht und *nicht* um ein höchstpersönliches, ausschließlich im ehelichen Verhältnis begründetes Recht handele. Im Gegensatz zum Recht auf Annahme oder Ausschlagung der Erbschaft gemäß § 83 InsO, welches als höchstpersönlich anzusehen sei, stelle sich das Veranlagungswahlrecht zwar als an die Ehe anknüpfend dar, wirke sich aber nur vermögensrechtlich auf diese aus.[59] Möglicherweise kann dieses Abgrenzungskriterium der „Höchstpersönlichkeit aufgrund familiärer Verbundenheit“ nicht nur zur Beurteilung der Frage, ob auf den Insolvenzverwalter mit Insolvenzeröffnung das Veranlagungswahl*recht* des Schuldners übergeht, sondern auch, ob die Auskunfts - und Beleg*verpflichtung* mit Insolvenzeröffnung auf den Insolvenzverwalter übergeht, herangezogen werden. Nach überwiegendem Dafürhalten in der unerhaltsrechtlichen Literatur und Rechtsprechung wird die unterhaltsrechtliche Verpflichtung zur Auskunft als höchstpersönliche Wissenserklärung angesehen und sei daher als nach § 888 ZPO zu vollstreckende unvertretbare Handlung von dem Auskunftspflichtigen in Person zu erfüllen.[60] Hierfür spricht, dass sich der Auskunfts - und Beleganspruch als Nebenanspruch eines gesetzlichen Unterhaltsanspruches darstellt, welcher an eine ehebedingte oder abstammungsbedingte Verbundenheit anknüpft und daher ausschließlich diese hierdurch verbundenen Personen, als Ausfluss des Grundsatzes von Treu und Glauben (§ 242 BGB)[61] trifft.[62]

Zu beachten ist aber, dass mit Insolvenzeröffnung gemäß § 80 Abs. 1 InsO die Vermögens - und Verfügungsbefugnis des Schuldners auf den Insolvenzverwalter übergeht. Auch treffen den Insolvenzverwalter mit Insolvenzeröffnung die Pflichten nach § 34 Abs. 3 AO.[63] Zur Berechnung des Unterhaltsanspruches bedarf es auch der Vorlage von Einkommensteuerbescheiden.[64] Selbständige sind zudem zur Vorlage von Gewinn- und Verlustrechnungen und Einkommensteuererklärungen

---

59 BGH ZInsO 2007, 656, 658.

60 OLG Sachsen-Anhalt FamRZ 2008, 620, 621 m.w.N; *Dose*, in: Wendl/Dose, Das Unterhaltsrecht in der familienrechtlichen Praxis, § 1 Rdnr. 1164; *Kleffmann*, in: Scholz/Kleffmann/Motzer, Praxishandbuch Familienrecht, Teil G Rdnr. 192.

61 BGH FamRZ 2013, 1740, 1741.

62 Beck-OK/*Reinken* § 1605 BGB Rdnr. 2, 3.

63 BGH ZInsO 2007, 656, 658.

64 BGH NJW 1982, 1642, 1645; NJW 1983, 1554, 1555.; *Arens/Spieker*, FamRZ 1985, 121, 122; MüKo-BGB/*Born* § 1605 Rdnr. 23; teilweise wird auch von der Verpflichtung zur Vorlage von Umsatzsteuerbescheiden ausgegangen, vgl. MüKo-BGB/*Born* § 1605 Rdnr. 23.

verpflichtet.[65] Die zur Abgabe der Steuererklärung erforderlichen Unterlagen hat der Schuldner nach Insolvenzeröffnung dem Insolvenzverwalter im Rahmen seiner Mitwirkungspflicht gemäß § 97 InsO vorzulegen.[66] Da der Schuldner durch die Eröffnung des Insolvenzverfahrens seine steuerliche Handlungsfähigkeit verliert, kann nur der Verwalter für ihn eine Steuererklärung gemäß §§ 155 Abs. 1, 313 Abs. 1, 56 Abs. 1 InsO, § 56 EStDV bei dem Finanzamt abgeben.[67] Der Adressat des Steuerbescheides ist der Insolvenzverwalter.[68] Im Rahmen seiner Mitwirkungspflicht gemäß § 97 InsO hat der Schuldner zudem auch Auskunft zu erteilen und Belege vorzulegen, die sein Arbeitseinkommen (§§ 850, 850 c ZPO i.V.m. § 36 Abs. 1 InsO) nach Insolvenzeröffnung betreffen.[69] Mit Insolvenzeröffnung kann jedenfalls die Verpflichtung zur Belegvorlage des Unterhaltsverpflichteten nicht mehr als ausschließlich *höchstpersönliche* Verpflichtung aufgrund eines Unterhaltsverhältnisses miteinander verbundener Personen angesehen werden, da der unterhaltsverpflichtete Schuldner gemäß § 97 InsO dem Insolvenzverwalter ebenfalls zur Vorlage von Belegen verpflichtet ist. Auch der Unterhaltsberechtigte kann Originalbelege verlangen.[70] Im Hinblick auf solche Belege, die der Schuldner dem Insolvenzverwalter im Rahmen seiner Auskunfts - und Mitwirkungsverpflichtung gemäß § 97 InsO vorgelegt hat, kann vom Unterhaltsberechtigten eine Verpflichtung zur Vorlage von Belegen daher nicht mehr verlangt werden, da der Anspruch mit Insolvenzeröffnung seine „Höchstpersönlichkeit" verloren hat. Soweit der Unterhaltsverpflichtete seiner Mitwirkungsverpflichtung gemäß § 97 InsO nachgekommen ist und dem Insolvenzverwalter Belege vorgelegt hat, hat daher der Insolvenzverwalter dem Unterhaltsberechtigten diese vorzulegen, wenn diese für familienrechtliche Unterhaltsforderungen gemäß § 40 Satz 1 InsO Bedeutung haben. Der unterhaltsrechtliche Auskunfts - und Beleganspruch stellt sich zwar möglicherweise als Nebenanspruch einer Insolvenzforderung dar, er ist jedoch relevant für zukünftige Ansprüche auf Unterhaltszahlung gemäß § 40 Satz 1 InsO. Denn die Auskunft muss auf einen entsprechend langen Zeitraum[71] bezogen

---

65 BGH NJW-RR 1993, 898, 901; MüKo-BGB/*Born* § 1605 Rdnr. 7.

66 BGH NZI 2009, 327, 329; HambK-InsO/*Streck* § 290 Rdnr. 34.

67 BGH NZI 2009, 327, 329; *Kübler*, in: Kübler/Prütting/Bork § 155 InsO Rdnr. 81.

68 LG Mönchengladbach ZVI 2005, 142, 143.

69 Jaeger/*Schilken* § 40 InsO Rdnr. 18; Uhlenbruck/*Uhlenbruck* § 97 InsO Rdnr. 7; A/G/R-*Piekenbrock* § 97 InsO Rdnr. 7.

70 OLG Stuttgart FamRZ 1991, 84, 85; MüKo-BGB/*Born* § 1605 Rdnr. 19.

71 Bei nicht Selbständigen ist in der Regel die Darstellung der gesamten Einkünfte für ein Jahr, bei Selbständigen in der Regel für einen Dreijahreszeitraum erforderlich, vgl. Beck-OK/*Reinken* § 1605 BGB Rdnr. 8, 9 m.w.N.

werden, um für eine Durchschnittsberechnung eine ausreichend sichere Grundlage zu erlangen.[72] Daran ändert auch die Insolvenzeröffnung nichts, da die Auskunft und die Belege auch die gemäß §§ 850, 850 c ZPO, 36 Abs. 1 InsO unpfändbaren Einkommensanteile umfassen, welche auch für nach Insolvenzeröffnung entstehende Ansprüche i.S.v. § 40 Satz 1 InsO Bedeutung haben. Insofern können die Auskünfte und Belege für Zeiträume, die vor der Insolvenzeröffnung liegen, eine Relevanz für Unterhaltsansprüche haben, die nach Insolvenzeröffnung entstehen. Hier bleibt daher der Schuldner auch nach Insolvenzeröffnung persönlich zur Auskunft verpflichtet. Soweit der Schuldner im Rahmen seiner Mitwirkungsverpflichtung Belege an den Insolvenzverwalter übergeben hat - unabhängig davon, ob sie Zeiträume vor oder nach Insolvenzeröffnung betreffen - ist dieser dem Berechtigten des Schuldners gegenüber zur Vorlage verpflichtet, soweit diese Unterlagen für Ansprüche i.S.v. § 40 Satz 1 InsO von Belang sind. Dies gilt nicht für Steuererklärungen, die vom Insolvenzverwalter gemäß §§ 155 Abs. 1, 313 Abs. 1, 56 Abs. 1 InsO, § 56 EStDV beim Finanzamt abgegeben wurden oder Steuerbescheide, die ihm bekannt gegeben wurden. Insofern kann vom Unterhaltsberechtigten eine Auskunft nach Insolvenzeröffnung weder vom Schuldner noch vom Insolvenzverwalter verlangt werden, da die Auskunft den Hauptanspruch nicht mehr beeinflussen kann.[73] Denn mit Insolvenzeröffnung fallen Steuererstattungsansprüche und Ansprüche auf Erstattung von Haftungsbeträgen, auf steuerliche Nebenleistungen und auf Steuervergütungen in die Masse,[74] wenn der die Erstattungsforderung begründete Sachverhalt vor oder während des Insolvenzverfahrens verwirklicht wurde.[75] Der familienrechtliche Unterhaltsgläubiger kann hieran im Hinblick auf seine nach Insolvenzeröffnung entstehenden Forderungen wegen der Masseausschlussregelung des § 40 Satz 1 InsO nicht partizipieren. Soweit der Berechtigte Insolvenzgläubiger ist (im Hinblick auf Ansprüche, die vor Insolvenzeröffnung entstanden sind), nimmt er als Insolvenzgläubiger am Verfahren teil. Der Schuldner ist insofern jedoch ausschließlich dem Insolvenzverwalter, nicht jedoch einzelnen Insolvenzgläubigern, zur Auskunft verpflichtet.[76]

---

72 BGH FamRZ 1982, 680, 682; BGH FamRZ 1982, 151, 152.

73 BGH FamRZ 1994, 1169, 1170.

74 BFH NJW-RR 1996, 799, 800.

75 BGH NJW 2006, 1127.

76 Jaeger/*Schilken* § 97 InsO Rdnr. 15; A/G/R-*Piekenbrock* § 97 InsO Rdnr. 5.

dd) Ergebnis

Die unterhaltsrechtliche Auskunfts - und Belegverpflichtung ist grundsätzlich höchstpersönlich vom Unterhaltsverpflichteten zu erfüllen, daran ändert die Insolvenzeröffnung über das Vermögen des Verpflichteten nichts. Hat der Verpflichtete nach der Eröffnung des Insolvenzverfahrens über sein Vermögen jedoch im Rahmen seiner Auskunfts - und Mitwirkungsverpflichtung gemäß § 97 InsO dem Insolvenzverwalter Belege vorgelegt, die im Hinblick auf familienrechtliche Ansprüche gemäß § 40 Satz 1 InsO relevant sind, so ist nach der Insolvenzeröffnung über das Vermögen des Verpflichteten insoweit der Insolvenzverwalter dem Berechtigten gegenüber zur Belegvorlage verpflichtet, unabhängig davon, ob die Belege Zeiträume betreffen, die vor oder nach Insolvenzeröffnung liegen. Durch die Mitwirkungsverpflichtung des § 97 InsO ändert sich die „Höchstpersönlichkeit" der Belegverpflichtung, da der Verpflichtete auch dem Insolvenzverwalter gegenüber verpflichtet ist, über sein Einkommen und Vermögen Originalbelege vorzulegen, die auch Bedeutung für Ansprüche i.S.v. § 40 Satz 1 InsO haben könnten. Diese Verpflichtung betrifft jedoch nicht Belege, die der Insolvenzverwalter gemäß §§ 155 Abs. 1, 313 Abs. 1, 56 Abs. 1 InsO, § 56 EStDV beim Finanzamt abzugeben hat oder Steuerbescheide, die ihm bekannt gegeben wurden. Diese Belege können einen Unterhaltsanspruch i.S.v. § 40 Satz 1 InsO nicht mehr beeinflussen, da ein Steuererstattungsanspruch gemäß § 35 InsO massebefangen ist.

c) Schuldrechtlicher Versorgungsausgleich gemäß §§ 20 Abs. 1 und 2 VersausglG

Umstritten ist, ob der Anspruch auf den schuldrechtlichen Versorgungsausgleich ab Eröffnung des Insolvenzverfahrens über das Vermögen des ausgleichspflichtigen Ehegatten eine Insolvenzforderung gemäß § 38 InsO darstellt oder der Berechtigte wegen seiner nach Insolvenzeröffnung entstehenden Ansprüche gemäß § 40 Abs. 1 InsO nicht an der Masse partizipiert.

aa) Meinungsstand

Zum Teil[77] wird die Anwendung des § 40 Satz 1 InsO mit der Begründung bejaht, dass versorgungsrechtliche Ansprüche gegen den anderen Ehegatten, ebenso wie

---

77 HambK-InsO/*Lüdtke* § 40 Rdnr. 8; Jaeger-*Henckel* § 40 InsO Rdnr. 4; Nerlich/Römermann/*Andres* § 40 InsO Rdnr. 3; *Uhlenbruck*, KTS 1999, 413, 420; Uhlenbruck/*Knof* § 40 InsO Rdnr. 5; HK-InsO/*Eickmann* § 40 Rdnr. 3.

Unterhaltsansprüche, künftig neu entstehende Forderungen seien. Dafür sei anzuführen, dass der schuldrechtliche Versorgungsausgleich unterhaltsähnlichen Charakter habe und der ausgleichsberechtigte Ehegatte in gewissem Umfang von der Versorgungslage des Pflichtigen abhängig sei.[78] Die Ansichten, die die schuldrechtliche Ausgleichsrente als familienrechtlichen Unterhaltsanspruch gemäß § 40 Satz 1 InsO ansehen, verweisen auf *Scholz*.[79] Dieser befürwortete wegen der Strukturgleichheit von Unterhaltsansprüchen und versorgungsrechtlicher Ausgleichrente die Anwendung des § 3 Abs. 2 KO auf die schuldrechtliche Ausgleichsrente, jedoch im Wege eines Analogieschlusses.[80] Die Unterhaltsähnlichkeit der Ausgleichsrente ergebe sich aus dem Gesichtspunkt der Teilhabe an den laufenden Einkünften des Verpflichteten. Dies wiederum ergebe sich aus der Bestimmung des § 1587 k BGB (a.F.),[81] welche die unterhaltsrechtlichen Bestimmungen zur Auskunftspflicht (§ 1580 BGB a.F.) sowie zur monatlichen Zahlweise (§ 1585 Abs. 1 Satz 2 BGB a.F.) für anwendbar erkläre und darüber hinaus die Geltendmachung rückständiger Ausgleichsrentenzahlungen durch die Verweisung auf § 1585 b Abs. 2, 3 BGB a.F., wie im Unterhaltsrecht, weitgehend begrenze.[82]

Nach anderer Ansicht[83] seien Ansprüche aus einem schuldrechtlichen Versorgungsausgleich keine familienrechtlichen Unterhaltsansprüche i.S.v. § 40 Satz 1 InsO und seien diesen auch nicht gleichzustellen. Der Anspruch aus einem schuldrechtlichen Versorgungsausgleich bestehe unabhängig von der Bedürftigkeit des Berechtigten. Er beruhe auf dem Gedanken der hälftigen Teilhabe des einen Ehegatten an der in der Ehezeit erworbenen Versorgung des anderen Ehegatten. Weitere Voraussetzungen gebe es nicht.

bb) Stellungnahme

Da sich die Regelung des § 40 Satz 1 InsO als spezielle Massezuordnungsregelung im Sinne einer „Masseausschlussregelung" für familienrechtliche Unterhaltsansprüche darstellt, welche aufgrund einer Bedarfsberechnung (Bedarf und Bedürftigkeit

---

78 *Scholz*, Versorgungsausgleich und Konkurs, S. 84 bis 101.

79 *Scholz* hat seine Arbeit im Jahr 1986 und somit zur Zeit der Geltung der KO verfasst.

80 *Scholz*, a.a.O., S. 100.

81 *Scholz* hat seine Arbeit vor Inkrafttreten des Versorgungsausgleichsgesetzes (01.09.2009) verfasst, der schuldrechtliche Versorgungsausgleich war zuvor in § 1587 g Abs. 1 Satz 1 BGB geregelt.

82 *Scholz*, a.a.O., S. 99.

83 BGH ZInsO 2010, 2184, 2185; A/G/R-*Ahrens* § 40 InsO Rdnr. 14; FK-InsO/*Bornemann* § 40 Rdnr. 7a; MüKo-InsO/*Schumann* § 40 Rdnr. 12; Karsten Schmidt/*Thonfeld* § 40 Rdnr. 10.

des Berechtigten und Leistungsfähigkeit des Unterhaltsverpflichteten) ermittelt wurden, ist zu untersuchen, ob Ansprüche auf einen schuldrechtlichen Versorgungsausgleich diese Kriterien erfüllen.

Der Anspruch auf den schuldrechtlichen Versorgungsausgleich besteht, im Gegensatz zu einem Unterhaltsanspruch, unabhängig vom Vorliegen der Bedürftigkeit des berechtigten Ehegatten und der Leistungsfähigkeit des verpflichteten Ehegatten.[84] Der Zweck der schuldrechtlichen Ausgleichsrente besteht darin, diejenigen innerhalb der Ehezeit erworbenen Versorgungsanrechte auszugleichen, die vom Wertausgleich nicht erfasst werden oder nicht erfasst werden können. Voraussetzung der schuldrechtlichen Ausgleichsrente ist nicht die Bedürftigkeit des Ausgleichsberechtigten. Voraussetzung ist vielmehr - neben der Voraussetzung, dass das Anrecht bislang nicht ausgeglichen wurde - der Eintritt des doppelten Rentenfalles.[85] Eine direkte Anwendung des § 40 Satz 1 InsO auf die schuldrechtliche Ausgleichsrente scheidet somit aus.

Möglicherweise kann der Anspruch auf die schuldrechtliche Ausgleichsrente im Wege einer erweiternden Auslegung des Begriffes „familienrechtliche Unterhaltsansprüche“ vom Normzweck des § 40 Satz 1 InsO erfasst sein. Dann müsste die schuldrechtliche Ausgleichsrente zunächst eine vergleichbare Interessenlage, wie die von § 40 Satz 1 InsO umfassten Ansprüche, regeln. Hierfür lässt sich anführen, dass dem Ausgleichsrentenanspruch einer schuldrechtlichen Ausgleichsrente ein „unterhaltsähnlicher Charakter“ beigmessen wird.[86] Auch im Versorgungsausgleichsgesetz ist der Bezug zum Unterhaltsrecht durch den Verweis gemäß § 20 Abs. 3 VersausglG auf § 1585 Abs.1 Satz 2 und 3 sowie § 1585 b Abs. 2 und 3 BGB gegeben. Zahlungen müssen wie ein Unterhaltsanspruch monatlich im Voraus entrichtet werden. Wie im Unterhaltsrecht begründet das Auskunftsbegehren nach § 4 VersAusglG den Verzug. Der Verweis auf § 1585 b Abs. 2 BGB macht deutlich, dass rückständige Zahlungen - wie im Unterhaltsrecht - nur in Ausnahmefällen für eine mehr als ein Jahr vor Rechtshängigkeit zurück liegende Zeit verlangt werden können.

Durch den Versorgungsausgleich sollte dem Ehegatten, dem während der Ehe wegen Haushaltsführung und Kinderbetreuung der Aufbau einer eigenen Versorgung nicht möglich war, bei Scheidung eine eigenständige soziale Sicherung verschafft

---

84 MüKo-BGB/*Glockner* § 20 VersausglG Rdnr. 2, 3.

85 MüKo-*BGB/Glockner* § 20 VersausglG Rdnr. 6, 7.

86 MüKo-BGB/*Glockner* § 20 VersausglG Rdnr. 2; *Hauß/Eulering*, Versorgungsausgleich und Verfahren in der Praxis, Rdnr. 333.

werden.[87] Da die Regelungen zum Unterhaltsrecht hiervon nicht berührt wurden, handelt es sich hierbei um einen vom Zweck der unterhaltrechtlichen Bestimmungen unabhängigen Normzweck. Hierfür spricht auch, dass der Altersunterhalt nicht durch den Versorgungsausgleich ausgeschlossen wird.[88] Das heißt, der Berechtigte könnte ggf. sowohl einen Anspruch auf Unterhalt, als auch einen Anspruch auf schuldrechtliche Ausgleichsrente haben. Der Anspruch auf den schuldrechtlichen Versorgungsausgleich ist somit nicht nur im Fall einer Bedürftigkeit des Berechtigten gegeben. Gegen eine Vergleichbarkeit der schuldrechtlichen Ausgleichsrente mit unterhaltsrechtlichen Ansprüchen lässt sich ebenfalls anführen, dass der Ausgleichsrentenanspruch bei einer Wiederheirat des Ausgleichsberechtigten nicht - wie der Unterhaltsanspruch des früheren Ehegatten gemäß § 1586 BGB - wegfällt. Normzweck des § 1586 BGB ist die Tatsache, dass sich der Bedürftige mit der Wiederheirat in eine andere, seine wirtschaftlichen Bedürfnisse prägende Ehe begibt. Er erhält zur Befriedigung seiner Lebensverhältnisse einen neuen Unterhaltsanspruch. Im Verhältnis zum Ex-Partner entfällt daher ein unterhaltsrechtlicher Bedarf.[89]

Es lässt sich eine Strukturgleichheit der Regelungen des schuldrechtlichen Versorgungsausgleiches mit den unterhaltsrechtlichen Bestimmungen nicht feststellen. Eine solche würde voraussetzen, dass eine schuldrechtliche Ausgleichsrente ebenfalls an die Bedürftigkeit des Berechtigten und die Leistungsfähigkeit des Verpflichteten anknüpft. Solche Voraussetzungen sind in den Bestimmungen zur schuldrechtlichen Ausgleichsrente aber gerade nicht zu finden. Die Bestimmungen zur schuldrechtlichen Ausgleichsrente sind daher nicht vom Normzweck des § 40 Satz 1 InsO umfasst. Eine direkte oder analoge Anwendung des § 40 Satz 1 InsO scheidet daher aus.

d) Übergegangene Ansprüche

Es ist umstritten, ob vom Anwendungsbereich des § 40 Satz 1 HS 1 auch Unterhaltsansprüche erfasst werden, die nach §§ 1607 Abs. 2 Satz 2, § 1608 Satz 3, § 1584 Satz 3 oder 1615l Abs. 3 Satz 1 BGB auf einen anderen Unterhaltspflichtigen bzw. nach § 33 Abs. 1 SGB II, §§ 94 bis 96 SGB VIII, § 94 Abs. 1 SGB XII § 7 UVG oder § 37 Abs. 1 BAföG auf einen öffentlichen Träger übergegangen oder übergeleitet sind.

---

87 BT-Drucks. 7/4361.

88 *Bömelberg*, in: Wendl/Dose, Das Unterhaltsrecht in der familienrichterlichen Praxis, § 4 Rdnr. 215.

89 MüKo-BGB/*Maurer* § 1586 Rdnr. 2.

aa) Meinungsstand

Im Hinblick auf die gesetzlichen Unterhaltsansprüche gemäß §§ 1607 Abs. 2 Satz 2, § 1608 Satz 3, § 1584 Satz 3 oder 1615l Abs. 3 Satz 1 BGB wird dies überwiegend für den Fall bejaht, dass ein anderer familienrechtlicher Unterhaltsschuldner den Unterhalt leistet.[90] Die Kollision mit der eigenen Existenzsicherung und die familiäre Nähebeziehung ließen das Privileg nicht entfallen.[91] Im Fall des Überganges auf den Träger der Sozialleistung wird dies überwiegend mit dem Argument bejaht, dass der Übergang bzw. die Überleitung nicht die Rechtsnatur des familienrechtlichen Unterhaltsanspruchs ändere.[92] Die Vorleistungspflicht der öffentlichen Kassen dürfe nicht zu einer endgültigen Lastentragung führen. Eine „Vermögensbildung" des Schuldners auf Kosten der öffentlichen Kassen müsse durch die Anwendung des § 40 Satz 1 InsO verhindert werden.[93] Der Meinungsstreit zum Anwendungsbereich des § 40 Satz 1 InsO auf übergegangene Ansprüche wird parallel zum Meinungsstreit zur Anwendung des § 850 d ZPO auf übergegangene Ansprüche geführt.[94] Im Rahmen des § 850 d ZPO wird von den Befürwortern einer Anwendung des § 850 d ZPO auf die Rechtsnachfolger angeführt, dass der neue Gläubiger neben dem Schuldner, als weiterer Unterhaltsverpflichteter, dem vorherigen Gläubiger Unterhalt geleistet habe oder noch leiste.[95] Auch würde anderenfalls ein böswilliger Schuldner besser gestellt.[96]

Gegen die Anwendung des § 40 Satz 1 HS 1 InsO auf übergegangene Ansprüche wird eingewendet, dass sich der Anspruch nach Übergang in ein Vermögensrecht

---

90 A/G/R-*Ahrens* § 40 InsO Rdnr. 13; HK-InsO/*Eickmann* § 40 Rdnr. 5; differenzierend Uhlenbruck/*Knof* § 40 InsO Rdnr. 9, der eine analoge Anwendung befürwortet, da der Ersatzanspruch nicht mehr als Unterhaltsanspruch zu qualifizieren sei, allerdings ohne Begründung warum § 40 Satz 1 InsO gleichwohl anwendbar sein solle.

91 PG/*Ahrens* § 850 d ZPO Rdnr. 7, 8 zu dem Meinungsstreit im Rahmen des § 850 d ZPO.

92 MüKo-InsO/*Schumann* § 40 Rdnr. 13; Uhlenbruck/*Knof* § 40 InsO Rdnr. 9; HK-InsO-*Eickmann* § 40 Rdnr. 5.

93 MüKo-InsO/*Schumann* § 40 Rdnr. 13.

94 MüKo-InsO/*Schumann* § 40 Rdnr. 13.

95 PG/*Ahrens* § 850d ZPO Rdnr. 7; MüKo-ZPO/*Smid* § 850d Rdnr. 6; *Stöber*, Forderungspfändung, Rdnr. 1082; Musielak/*Becker*, ZPO, § 850 d Rdnr. 3; Saenger/*Kemper*, ZPO, § 850 d Rdnr. 5.

96 BAG ZInsO 2013, 1214, 1219; *Kessal-Wulf*, in: Schuschke-Walker, Vollstreckung und vorläufiger Rechtsschutz, § 850 d ZPO Rdnr. 6.

verwandele[97] und dadurch seinen rechtfertigenden Charakter verloren habe. Hier wird ebenfalls teilweise[98] auf die ablehnenden Argumente zu § 850 d ZPO verwiesen. Das Vollstreckungsprivileg bilde kein Nebenrecht des Unterhaltsanspruches, sondern eine höchstpersönliche Berechtigung. Durch den Übergang des Anspruches verwandele sich dieser in eine Regressforderung, was zu einem Untergang der Privilegierung führe.[99]

Kohte ist der Ansicht, dass sich eine „rechtssystematisch stringente Lösung" eher außerhalb des Insolvenzverfahrens verwirklichen ließe. Hierbei hält er die nach gesetzlichen Vorschriften übergegangenen Forderungen grundsätzlich vom Anwendungsbereich des § 40 Satz 1 InsO umfasst. Nach Erteilung der Restschuldbefreiung müsse Rechtsschutz im Wege des Verwaltungsrechtsweges gesucht werden. Da die Restschuldbefreiung auch im öffentlichen Interesse liege, sei dem Schuldner ein Anspruch auf ermessensfehlerfreie Bescheidung eines Erlassgesuches gegenüber dem öffentlichen Träger zuzubilligen.[100]

Rohleder[101] sieht im Falle eines gesetzlichen Anspruchsüberganges grundsätzlich den Anwendungsbereich des § 40 Satz 1 InsO eröffnet. Zu kritisieren sei aber, dass der Schuldner hierdurch weitere Schulden aufbaue. Es müsse aber „verhindert werden, dass Neuverbindlichkeiten durch den Übergang von Unterhaltsansprüchen entstünden". Dies müsse auf einer Basis geschehen, die alle Sachverhalte erfasse. Dies könne daher nicht im Wege einer Abänderungsklage gemäß § 323 ZPO a.F. erreicht werden,[102] sondern dadurch, dass den Unterhaltsgläubigern aus den pfändbaren Beträgen des Schuldners weitere Beträge zuzubilligen seien.[103]

bb) Stellungnahme

Rohleder und *Kohte* argumentieren aus der Sichtweise des Schuldners und mit dem Zweck der Restschuldbefreiung. Dieser solle nach Erteilung der Restschuldbefreiung nicht mit „neuen Schulden" konfrontiert werden, die durch eine erweiterte

---

97 A/G/R-*Ahrens* § 40 InsO Rdnr. 13; FK-InsO/*Bornemann* § 40 Rdnr. 7; HambK-InsO/*Lüdtke* § 40 Rdnr. 12; Graf-Schlicker/*Kexel* § 40 InsO Rdnr.11; Braun/*Bäuerle* § 40 InsO Rdnr. 8.

98 A/G/R-*Ahrens* § 40 InsO Rdnr. 13; PG/*Ahrens* § 850 d ZPO Rdnr. 7, 8 mit dem Hinweis auf BGH NJW 2010, 2353, 2354 wonach die Frage vom Senat ausdrücklich offen gelassen worden sei.

99 PG/*Ahrens* § 850 d ZPO Rdnr. 8.

100 KS-InsO/*Kohte*, 2. Aufl., S. 811 Rdnr. 104, 105.

101 Unterhaltsansprüche in der Insolvenz, 2005, S. 189 Rdnr. 747.

102 *Rohleder*, a.a.O., S. 196 Rdnr. 775.

103 *Rohleder*, a.a.O., S. 197 Rdnr. 781.

Anwendung des § 40 Satz 1 InsO entstünden. Insofern plädieren beide Autoren für eine restriktive Auslegung des § 40 Satz 1 InsO im Sinne eines Schuldnerschutzes. Da es sich bei § 40 Satz 1 InsO jedoch um eine Massezuordnungsregelung im Sinne einer Masseausschlussregelung handelt, sind diese Schuldnerschutzgesichtspunkte vom Sinn und Zweck des § 40 Satz 1 InsO nicht gedeckt. § 40 Satz 1 InsO ist nicht nur wortgleich mit § 3 Abs. 2 KO; der Insolvenzgesetzgeber hat, genau wie der Gesetzgeber der Konkursordnung, eine Massebestimmung für familienrechtliche *Gläubiger* vorgenommen. Schuldnerschutzgesichtspunkte spielen hierbei keine Rolle. Hierfür spricht auch, dass es zur Zeit der Schaffung der Konkursordnung noch gar keine Regelung der Restschuldbefreiung gab. Die aufgezeigten Folgen für den Schuldner sind lediglich eine Konsequenz des Regelungsgehaltes des § 40 Satz 1 InsO. Aber auch die von den Autoren als notwendig angesehenen Schuldnerschutzgesichtspunkte sind nicht überzeugend. So kann der Schuldner das Entstehen neuer Unterhaltsschulden verhindern, indem er eine durch die Abtretung seines pfändbaren Einkommens bedingte verminderte Leistungsfähigkeit im Wege eines Abänderungsantrags gemäß § 238 FamFG einwendet. Ein „Erlass", der auf alle Sachverhalte zugeschnitten sein soll, wird dem Unterhaltsverhältnis zwischen den Beteiligten nicht gerecht, da sich die Leistungsfähigkeit nicht in dem abgetretenen Einkommen widerspiegelt, sondern auch in dem unpfändbaren Teil des Einkommens des Unterhaltsverpflichteten.

Ausgehend von der Prämisse, dass ein familienrechtlicher Unterhaltsanspruch i.S.v. § 40 Satz 1 InsO ein solcher ist, der die Bedürftigkeit des Berechtigten und die Leistungsfähigkeit des Verpflichteten voraussetzt, ist der Ansicht zu folgen, die § 40 Satz 1 InsO im Falle übergegangener Ansprüche auf öffentliche Leistungsträger nicht für einschlägig hält. Bei den Vorschriften der § 33 Abs. 1 SGB II, §§ 94 bis 96 SGB VIII, § 94 Abs. 1 SGB XII § 7 UVG oder § 37 Abs. 1 BAföG handelt es sich nicht um unterhaltsrechtliche Ansprüche, sondern um subsidiäre Sozialleistungen.[104] Die Unterschiede zum Unterhaltsrecht zeigen sich darin, dass der Sozialleistungsträger durch die Inanspruchnahme des Unterhaltsschuldners nach § 94 SGB XII, § 33 SGB II keinen weiteren Fall von sozialer Hilfebedürftigkeit schaffen darf. Er darf daher keinen Unterhaltsanspruch geltend machen, wenn der Schuldner durch Zahlung des Unterhalts selbst hilfebedürftig würde (§ 33 Abs. 2 SGB II, § 94 Abs. 3 Satz 1 Nr. 1 SGB XII). Beim Rückgriff des Sozialleistungsträgers gegen den

---

104 BGH FamRZ 2001, 619, 621; Brandenburgisches OLG FamRZ 2009, 1254, 1257; *Münder*, in: Berlit/Conradis/Sartorius, Existenzsicherungsrecht, Kapitel 40 Rdnr. 1: „Nachranggrundsatz"; *Scholz*, in: Scholz/Kleffmann/Motzer, Praxishandbuch Familienrecht, Teil L 2. Abschnitt Rdnr. 11.

Unterhaltsschuldner wird daher dessen fiktives Einkommen nicht berücksichtigt.[105] Demgemäß ist ein Anspruchsübergang ausgeschlossen, wenn die unterhaltsrechtliche Leistungsfähigkeit auf fiktivem Einkommen des Schuldners beruht. Es ist im Rahmen des § 33 SGB II und des § 94 SGB XII nur auf die tatsächlichen Einkünfte abzustellen, die nach dem Sozialrecht allein als Einkommen anzusehen sind. Der Grundsatz, dass niemand durch die Erfüllung einer Unterhaltspflicht selbst sozialhilfebedürftig werden darf, gilt auch im Rahmen des § 7 Abs. 3 Satz 1 UVG, da er aus dem Art. 20 Abs. 3 GG herzuleiten ist.[106] Des Weiteren geht der Anspruch nur in der Höhe auf den Träger öffentlicher Leistungen über, in der Leistungen gewährt wurden. Übersteigt der Unterhaltsanspruch die gewährte Sozialhilfe, so bleibt der Unterhaltsberechtigte in Höhe des überschießenden Betrages Forderungsinhaber.[107] Ferner ist die Geltendmachung des Anspruches durch den Sozialleistungsträger und somit auch der Anspruchsübergang in bestimmten Fällen ausgeschlossen. So muss nach Sozialhilferecht gemäß § 19 Abs. 1 Satz 2 SGB XII der Bedarf von Mitgliedern der Bedarfsgemeinschaft berücksichtigt werden.[108] Im Rahmen einer unterhaltsrechtlichen Bedarfsbemessung kann die Zurechnung fiktiver Einkünfte jedoch verfassungsrechtlich geboten sein; aus § 1603 Abs. 2 BGB sowie aus Art. 6 Abs. 2 GG folgt die Verpflichtung der Eltern zum Einsatz der eigenen Arbeitskraft, um ihre Unterhaltspflicht ihren Kindern gegenüber zu erfüllen. Fiktiv erzielbare Einkünfte sind daher zu berücksichtigen, wenn der Unterhaltsverpflichtete eine ihm mögliche und zumutbare Erwerbstätigkeit unterlässt, obwohl er diese „bei gutem Willen“ ausüben könnte. [109] Der Unterhaltsanspruch ändert daher nach Übergang auf den Träger der Sozialleistung seinen Charakter; aus dem Unterhaltsanspruch wird ein sozialrechtlicher Regressanspruch. Die Anwendung des § 40 Satz 1 InsO ist demnach ausgeschlossen.

Im Hinblick auf die nach §§ 1607, 1608, 1584 BGB auf einen anderen familienrechtlichen Unterhaltsschuldner übergegangenen Ansprüche ist zwischen der

---

105 BGH FamRZ 1998, 818, 820; OLG Brandenburg BeckRS 2011, 16891 = Brandenburgisches Oberlandesgericht, Beschl. v. 3. 8. 2010, 10 UF 32/10, Rdnr. 29 (juris); im Rahmen des § 7 Abs. 1 UVG ist jedoch nach h.M. ein Anspruchsübergang in Fällen, in denen die Unterhaltsansprüche auf der Zurechnung fiktiven Erwerbseinkommens beruhen, nicht ausgeschlossen, vgl. BGH FamRZ 2001, 619.

106 BGH FamRZ 2001, 619, 621.

107 *Scholz*, in: Scholz/Kleffmann/Motzer, Praxishandbuch Familienrecht, Teil L 2. Abschnitt Rdnr. 92.

108 BGH FamRZ 2011, 197, 199; *Scholz*, in: Scholz/Kleffmann/Motzer, Praxishandbuch Familienrecht,Teil L 2. Abschnitt Rdnr. 26.

109 BVerfG FamRZ 2008, 1403, 1404.

Ausfallhaftung anderer Verwandter gemäß §§ 1607 Abs. 1, 1584 Satz 2, 1608 Satz 2 BGB sowie der Ersatzhaftung wegen Rechtsverfolgungsschwierigkeiten gemäß §§ 1607 Abs. 2 §§ 1608 Abs. 1 Satz 3 i.V.m. § 1607 Abs. 2, 1584 Abs. 1 Satz 3 i.V.m. § 1607 Abs. 2 BGB zu unterscheiden. Die §§ 1607 Abs. 1, 1608 Abs. 1 Satz 1, 1584 Satz 1 BGB regeln die Rangverhältnisse mehrere Unterhaltsverpflichteter. Ist der primär Unterhaltsverpflichtete jedoch nicht leistungsfähig, so tritt in die Verpflichtung der nächstrangige Verwandte bzw. Ehegatten ein. In diesem Fall haftet der Inanspruchgenommene aus einer eigenen Unterhaltsverpflichtung; ein Anspruchsübergang findet in diesem Fall nicht statt.[110] Dies folgt daraus, dass der an Stelle des primär Verpflichteten Leistende aufgrund einer Rechtspflicht leistet.[111] Im Fall der Ersatzhaftung wegen Rechtsverfolgungsschwierigkeiten bleibt der „eigentliche" Unterhaltsschuldner in materiell-rechtlicher Hinsicht unterhaltsverpflichtet.[112] Die Unterschiede zwischen der Ausfallhaftung und der Ersatzhaftung zeigen sich auch darin, dass im Falle der *cessio legis* gemäß §§ 1607 Abs. 2, 1608 Abs. 1 Satz 3 i.V.m. § 1607 Abs. 2, 1584 Abs. 1 Satz 3 i.V.m. § 1607 Abs. 2 BGB dem Regressanspruch analog § 404 BGB alle Einwendungen gegenüber geltend gemacht werden können, die im Zeitpunkt des Forderungsübergangs bestanden haben, z.B. solche nach § 1611 BGB. Ebenso kann der übergegangene Anspruch – anders als Unterhaltsansprüche – abgetreten werden.[113] Die Ersatzhaftung eines nachrangigen Verpflichteten beruht auf einer unterhaltsrechtlichen Bedürftigkeitsprüfung und Leistungsfähigkeitsprüfung. Es handelt sich daher um eine Unterhaltsverpflichtung, was zur Anwendung des § 40 Satz 1 InsO führt. Die Ausfallhaftung tritt hingegen ein, wenn es bei der Inanspruchnahme des Unterhaltsschuldners zu Schwierigkeiten bei der Rechtsverfolgung kommt. Es handelt sich um eine subsidiäre Haftung, der Unterhaltsverpflichtete bleibt zur Leistung verpflichtet. § 40 Satz 1 InsO ist auf diesen Fall nicht anwendbar.

e) Deliktische Ansprüche gemäß §§ 843, 844 BGB, 10, 13 StVG, 3, 5 HaftPflichtG, §§ 823 Abs. 2 BGB i.V.m. 170 Abs. 1 StGB

Überwiegend wird vertreten, dass die genannten deliktischen Vorschriften keine Unterhaltsansprüche i.S.v. § 40 Satz 1 HS 1 InsO darstellen. Lediglich der Schadenersatzanspruch wegen „sittenwidriger Entziehung des Unterhaltes" gemäß

110 Beck-OK/*Beutler* § 1584 BGB Rdnr. 6; MüKo-BGB/*Maurer* § 1584 Rdnr. 9.
111 Beck-OK/*Reinken* § 1607 BGB Rdnr. 18.
112 MüKo-BGB/*Born* § 1607 Rdnr. 9.
113 MüKo-BGB/*Born* § 1607 Rdnr. 13.

§ 823 Abs. 2 BGB i.V.m. § 170 Abs. 1 StGB wird nach herrschender Meinung als Unterhalt i.S.d. § 40 Satz 1 HS 1 InsO angesehen.[114]

Die Einordnung hängt davon ab, ob die Ansprüche aufgrund einer Bedürftigkeitsprüfung und einer Prüfung der Leistungsfähigkeit des Verpflichteten entstanden sind. Die Ansprüche gemäß §§ 843, 844 BGB, 10, 13 StVG, 3, 5 HaftPflichtG setzen die Entstehung eines Schadens und nicht die familiäre bzw. verwandtschaftliche Verbundenheit des Schädigers mit dem Opfer voraus. Der Anspruch soll die Nachteile ersetzen, die der Dritte gerade durch den Entzug des Unterhaltsanspruchs erleidet.[115] Der Anspruch setzt die Leistungsfähigkeit des Getöteten, nicht aber des Schädigers voraus.[116] Zudem finden die Grundsätze des Vorteilsausgleichs Anwendung; ebenso gilt die Schadensminderungspflicht nach § 254 Abs 2 Satz 1: Der Geschädigte muss sich neben einem Mitverschulden des primär Verletzten auch eigenes Mitverschulden anrechnen lassen.[117] Da die unterhaltsrechtliche Bedarfs-, Bedürftigkeits- und Leistungsfähigkeitsprüfung bereits stattgefunden hat ist der Anspruch auch nicht mehr abänderbar.[118] Die deliktischen Ansprüche der §§ 843, 844 BGB, 10,13 StVG, 3,5 HaftPflichtG haben daher keinen unterhaltsrechtlichen Charakter, sondern sind daher als echte Schadensersatzansprüche anzusehen.[119]

Fraglich ist, ob dies entgegen der herrschenden Auffassung[120] auch für den Schadensersatzanspruch wegen vorsätzlicher Entziehung des Unterhaltes gilt. Für die herrschende Auffassung lässt sich anführen, dass es sich - anders als bei den anderen deliktischen Ansprüchen - um eine Haftung des Primärverpflichteten handelt und dieser aufgrund einer materiell-rechtlichen Bedarfsberechnung zum Unterhalt verpflichtet ist. Hiergegen spricht aber, dass der deliktische Anspruch gemäß § 823 Abs. 2 BGB i.V.m. § 170 Abs. 1 StGB insofern ein aliud zu einem unterhaltsrechtlichen Anspruch ist, als die Haftung aufgrund einer vorsätzlich

114 BGH NZI 2006, 593, 594; A/G/R-*Ahrens* § 40 InsO Rdnr. 12; KS-InsO/*Kohte*, § 36 Rdnr. 55; Jaeger/*Henckel* § 40 InsO Rdnr. 4; HambK-InsO/*Lüdtke* § 40 Rdnr. 9.

115 Beck-OK/*Spindler* § 844 BGB Rdnr. 9.

116 Beck-OK/*Spindler* § 844 BGB Rdnr. 13.

117 RGZ 55, 24, 29 ff.; RGZ 69, 186, 187 f.; MüKo-BGB/*Wagner* § 844 Rdnr. 29; MüKo-BGB/*Wagner* § 846 Rdnr. 4.

118 Staudinger/*Röthel* § 844 BGB Rdnr. 11.

119 BGHZ 4, 123, 125 ff.; BGH NJW 1974, 1373 f.; Staudinger/*Röthel* § 844 BGB Rdnr. 11; RGZ 74, 274, 275 f.; RGZ 151, 101, 103; Jauernig/*Teichmann* § 844 BGB Rdnr. 2.

120 KS-InsO/*Kohte* § 36 Rdnr. 55; Jaeger/*Henckel* § 40 InsO Rdnr. 4; *Holzer*, in: Kübler/Prütting/Bork § 40 InsO Rdnr. 4; HambK-InsO/*Lüdtke* § 40 Rdnr. 9; A/G/R-*Ahrens* § 40 InsO Rdnr. 12.

begangenen Straftat gemäß § 170 Abs. 1 StGB eintritt. Ebenso spricht dafür, den deliktischen Anspruch aufgrund einer Unterhaltspflichtverletzung als einen nicht familienrechtlichen Unterhaltsanspruch anzusehen, dass in den Schutzbereich des § 170 Abs. 1 StGB auch der Träger der Unterhaltsvorschusskasse einbezogen ist.[121] Bei dem Regressanspruch des Trägers der Sozialleistung handelt es sich aber, wie nachgewiesen, nicht um einen vom Anwendungsbereich des § 40 Satz InsO erfassten Anspruch.

Es ist daher im Ergebnis jeder deliktische Anspruch, der aufgrund des Wegfalles des Unterhaltsverpflichteten zu leisten ist, als nicht von § 40 Satz 1 InsO erfasster Anspruch anzusehen.

f) Vertraglicher Anspruch gemäß §§ 759 ff. BGB

Nach einhelliger Auffassung fallen vertragliche Unterhaltsansprüche, die nicht lediglich einen gesetzlichen Unterhaltsanspruch konkretisieren, nicht unter die Vorschrift des § 40 Satz 1 HS 1 InsO. Ein vertraglicher Unterhaltsanspruch ist z.B. der Leibrentenvertrag, §§ 759 ff. BGB. Dieser hat praktische Bedeutung im Rahmen einer vorweggenommenen Erbfolge in Verbindung mit der Übertragung von Grundbesitz, Betrieben oder sonstigem Vermögen, um dem Übergeber auf Lebensdauer gleichmäßige und wertbeständige Geldbezüge zu verschaffen. Es bestehen zwei unterschiedliche Auffassungen über den Inhalt des Leibrentenversprechens. Nach einer Ansicht handelt es sich beim Leibrentenversprechen um ein einheitliches Rechtsgeschäft, bei welchem lediglich zwischen Kausal- und Erfüllungsgeschäft zu unterscheiden ist.[122] Nach anderer Auffassung sei zwischen drei Ebenen zu unterscheiden, nämlich dem Grundgeschäft mit der Verpflichtung zur Abgabe eines abstrakten Leibrentenversprechens, dem in Erfüllung dieser Pflicht erklärten, vom Grundgeschäft völlig isolierten Leibrentenversprechen (Rentenstammrecht) und den einzelnen Rentenleistungen.[123] Beide Theorien liegt jedoch die Vorstellung zu Grunde, dass der Anspruch der Unterhaltssicherung diene und wiederkehrend geschuldet sei.[124] Dies spricht für die Einordnung des Leibrentenversprechens als

---

121 BGH ZInsO 2010, 1246 ff.; BGHZ 28, 359 ff.; 30, 162, 172; Palandt/*Sprau* § 823 BGB Rdnr. 69; Bamberger/Roth/*Spindler* § 823 BGB Rdnr. 175; Erman/*Schiemann* § 823 BGB Rdnr. 160.

122 „Einheitstheorie", vgl. MüKo-BGB/*Habersack* § 759 Rdnr. 4 ff.; Staudinger/*Amann* vor § 759 BGB Rdnr. 31.

123 „Stammrechtstheorie", vgl. BGH WM 1966, 248; WM 1980, 593; offen gelassen von BGH NJW-RR 1991, 1035.

124 Beck-OK/*Litzenburger* § 759 BGB Rdnr. 1, 2.

Unterhaltsanspruch. Auch komme eine Anpassung bei atypischen Geschehensverläufen und Entwicklungen im Wege des Wegfalles oder der Anpassung an die Geschäftsgrundlage in Betracht, da diese auf dem auch für die Leibrente geltenden Grundsatz von Treu und Glauben gemäß § 242 BGB beruhen.[125] Auch der Vorbehalt der Abänderbarkeit gemäß § 313 bzw. 323 ZPO nehme der Leibrente nicht ihren Charakter[126]. Jedoch unterscheide sich sowohl nach der Einheitstheorie[127] als auch nach der Stammrechtstheorie[128] die Leibrente von einem gesetzlichen Unterhaltsanspruch dadurch, dass die Abänderbarkeit nicht von der Leistungsfähigkeit des Verpflichteten oder der Bedürftigkeit des Rentenempfängers abhänge. Im Wege der Vertragsauslegung sei daher von einem Leibrentenversprechen auszugehen, wenn die zu erbringende Leistung abgekoppelt von den unterhaltsrechtlichen Determinanten Bedarf, Bedürftigkeit und Leistungsfähigkeit sei.[129] Nach beiden Auffassungen unterscheidet sich das Leibrentenversprechen gerade durch die Kriterien, die einen familienrechtlichen Unterhaltsanspruch i.S.v. § 40 Satz 1 InsO ausmachen. Das Leibrentenversprechen gemäß § 759 ff. BGB ist daher kein Anspruch i.S.v. § 40 Satz 1 HS 1 InsO.

g) Kapitalabfindung

Der Berechtigte kann gemäß § 1585 Abs. 2 BGB statt laufender Unterhaltsrente eine Kapitalabfindung über den nachehelichen Unterhalt verlangen, wenn ein wichtiger Grund vorliegt und der Verpflichtete dadurch nicht unbillig belastet wird[130]. Da die Kapitalabfindung an die Stelle des laufenden Unterhaltes tritt, liegt der Abfindung eine unterhaltsrechtliche Bedarfsprüfung zu Grunde, was dafür spricht, die Kapitalabfindung als familienrechtlichen Unterhaltsanspruch i.S.v. § 40 Satz 1 InsO anzusehen. Gegen diese Annahme spricht jedoch, dass eine Anpassung an veränderte Umstände, z.B. wegen nachträglichen Wegfalls seiner Bedürftigkeit, nach Wahl einer Kapitalabfindung grundsätzlich ausscheidet.[131]

---

125 Staudinger/*Meyer* § 759 BGB Rdnr. 7.

126 Beck-OK/*Litzenburger* § 759 BGB Rdnr. 6.

127 MüKo-BGB/*Habersack* § 759 BGB Rdnr. 7.

128 Vgl. OLG Koblenz OLGZ 1978, 245, 247.

129 Staudinger/*Meyer* § 759 BGB Rdnr. 5.

130 *Wönne*, in Wendl/Dose, Das Unterhaltsrecht in der familiengerichtlichen Praxis, § 6 Rdnr. 627.

131 MüKo-BGB/*Maurer* § 1585 Rdnr. 14.

aa) Meinungsstand

Nach teilweiser Ansicht wird daher der Anspruch auf Kapitalabfindung – unabhängig von seiner Fälligkeit – nicht als familienrechtlicher Unterhaltsanspruch i.S.v. § 40 Satz 1 HS 1 InsO angesehen[132].

Nach herrschender Ansicht[133] handele es sich dem Grunde nach um einen Anspruch i.S.v. § 40 Satz 1 HS 1 InsO; es müsse daher auf die Fälligkeit des Anspruches abgestellt werden. Eine Fälligkeit der Kapitalabfindung nach Insolvenzeröffnung führe dazu, dass es sich insgesamt nicht um eine Insolvenzforderung handele; liege der Zeitpunkt der Fälligkeit jedoch vor Insolvenzeröffnung, sei die Forderung insgesamt Insolvenzforderung.

Häsemeyer[134] differenziert hingegen wie folgt: nur der Teil der Abfindung solle Insolvenzforderung sein, der dem Zeitraum bis zur Insolvenzeröffnung entspreche. Der übrige Anteil, der dem Unterhaltsanspruch nach Insolvenzeröffnung entspreche, sei hingegen keine Insolvenzforderung, da haftungsrechtlich dieser auf die Zeit nach der Insolvenzeröffnung entfallende Teil erst aus dem insolvenzfreien Vermögen „verdient“ werden müsse; aus der Insolvenzmasse stehe ihm keine „Gegenwert“ gegenüber.

bb) Stellungnahme

Die herrschende Ansicht geht von der Annahme aus, dass es sich bei der Kapitalabfindung gemäß § 1585 Abs. 2 BGB um einen familienrechtlichen Unterhaltsanspruch handelt. Denn das Abstellen auf die „Fälligkeit“ des Anspruches „nach Insolvenzeröffnung“ und die Rechtsfolge, dass in dem Fall der Fälligkeit nach Insolvenzeröffnung keine Partizipation an der Insolvenzmasse erfolgt, sieht § 40 Satz 1 InsO lediglich für familienrechtliche Unterhaltsansprüche vor. Fraglich ist aber, ob es zutreffend ist, den Anspruch auf Kapitalabfindung als familienrechtlichen Unterhaltsanspruch zu qualifizieren. Dann müsste dieser nach den unterhaltsrechtlichen Kriterien Bedürftigkeit und Leistungsfähigkeit ermittelt werden. Hierfür spricht, dass bei der Bemessung der Höhe der Abfindung alle für eine Änderung oder den Wegfall des Anspruchs maßgeblichen Gesichtspunkte einfließen, insbesondere die voraussichtliche Entwicklung der Bedürftigkeit und

132 *Keller*, NZI 2007, 143, 145.

133 A/G/R-*Ahrens* § 40 InsO Rdnr. 14; Jaeger/*Henckel* § 40 InsO Rdnr. 7; HK-InsO/*Eickmann* § 40 Rdnr. 4; Braun/*Bäuerle* § 40 InsO Rdnr. 7; Uhlenbruck/*Knof* § 40 InsO Rdnr. 8.

134 *Häsemeyer*, Insolvenzrecht, Rdnr. 16.19; zustimmend auch *Uhlenbruck*, FamRZ 1998, 1473, 1474.

der Leistungsfähigkeit.[135] Jedoch wird der Anspruch auf laufenden Unterhalt in einen Anspruch auf Kapitalabfindung umgestaltet.[136] Die Beteiligten haben sich durch die Wahl der Kapitalabfindung einer weiteren Überprüfung und Anpassung an die wirtschaftlichen Verhältnisse begeben, was zu einer Unabänderbarkeit der Forderung i.S.v. § 238 FamFG führt.[137] Haben die Parteien vereinbart, dass sie den nachehelichen Unterhalt durch einen Kapitalbetrag endgültig abfinden wollen und nicht lediglich eine Vorauszahlung der Unterhaltsrente in Form einer Kapitalisierung vereinbaren wollen, so haben sich die Vertragschließenden von den Determinanten Bedürftigkeit und Leistungsfähigkeit restlos und endgültig gelöst[138]. Rechtsfolge der Wahl der Kapitalabfindung ist daher das Erlöschen des Unterhaltsanspruches.[139]

Wenn *Häsemeyer* den Anspruch auf Abfindung auf einzelne „Zeitabschnitte“ auch nach Insolvenzeröffnung aufteilen will, so geht er hiermit ebenfalls grundsätzlich davon aus, dass der Anspruch als familienrechtlicher Unterhaltsanspruch zu qualifizieren sei. Hiergegen spricht aber ebenfalls, dass durch die Wahl der Abfindung der Anspruch auf Unterhalt auch im Hinblick auf künftige Zeiten abschließend abgegolten werden sollte.[140]

Der Anspruch auf Kapitalabfindung ist demnach insgesamt ein Anspruch, der nicht von der Partizipation an der Insolvenzmasse ausgeschlossen ist. Da der Anspruch auf laufenden Unterhalt durch den Anspruch auf Kapitalabfindung ersetzt wird, ist fraglich, wann diese Umgestaltung erfolgt ist, ab welchem Zeitpunkt der familienrechtliche Unterhaltsanspruch zu einer Forderung umgestaltet wird, die an der Insolvenzmasse partizipiert. Nach herrschender Ansicht wird der Anspruch auf laufenden Unterhalt mit dem Zugang des Abfindungsverlangens beim Verpflichteten in einen Anspruch auf Kapitalabfindung umgestaltet.[141] Nach anderer Auffassung[142] solle dies erst mit der Rechtskraft eines Urteils, dem Einverständnis

135 MüKo-BGB/*Maurer* § 1585 Rdnr. 12.
136 MüKo-BGB/*Maurer* § 1585 Rdnr. 13.
137 MüKo-BGB/*Maurer* § 1585 Rdnr. 14; NK-BGB/*Lier/Sanders* § 1585 Rdnr. 20; Soergel/*Häberle* § 1585 BGB Rdnr. 13.
138 BGH NJW 1951, 759 f.; BGH FamRZ 2005, 3282, 3283; OLG Frankfurt FamRZ 2005, 1253, 1254.
139 *Büttner*, in: Johannsen/Henrich, Familienrecht, § 1585 BGB Rdnr. 12.
140 BGH FamRZ 2005, 3282, 3283; OLG Frankfurt, FamRZ 2005, 1253, 1254.
141 NK-BGB/*Lier/Sanders* § 1585 Rdnr. 13; Göppinger/Wax/*Bäumel*, Unterhaltsrecht, Rdnr. 1069; MüKo-BGB/*Maurer* § 1585 Rdnr. 13.
142 Schwab/*Borth*, Handbuch des Scheidunsgrechts, Teil IV Rdnr. 1361; *Büttner*, in: Johannsen/Henrich, Familienrecht, § 1585 Rdnr. 12.

des Verpflichteten oder der Zahlung der Abfindung erfolgen. Hierauf solle es aus Gründen der Rechtssicherheit ankommen.[143]

Für die Ansicht, die bereits mit dem Zugang des Abfindungsverlangens den Anspruch auf laufenden Unterhalt als „umgestaltet" ansieht, spricht, dass es sich bei dem Abfindungsverlangen um eine einseitige empfangsbedürftige Willenserklärung gemäß § 130 Abs. 1 BGB handelt, mit welcher der Berechtigte sein Gestaltungsrecht ausübt. Die Willenserklärung ist eine Willensäußerung, die auf die Hervorbringung eines rechtlichen Erfolgs gerichtet ist, der nach der Rechtsordnung eintritt, weil er vom Erklärenden gewollt ist. Abgegeben ist die Willenserklärung hiernach, wenn sie nach außen hin mit Wissen und rechtlichem Wollen des Erklärenden dergestalt für andere wahrnehmbar gemacht wird, dass an der Endgültigkeit der Äußerung kein vernünftiger Zweifel mehr bestehen kann.[144] Mit dem Zugang der Willenserklärung hat der Erklärende somit sein Gestaltungsrecht ausgeübt. Dies ist daher nach zutreffender Ansicht der Zeitpunkt der Umgestaltung. Gründe der Rechtssicherheit sprechen ebenfalls gegen die Ansicht, die an das Zustandekommen einer Vereinbarung oder an die Rechtskraft des Urteils anknüpft. Der Zugang der Willenserklärung hängt ausschließlich vom Willen des die Kapitalabfindung Wählenden ab, das Zustandekommen in Form einer Vereinbarung oder die Rechtskraft des Urteils hängt von anderen Beteiligten oder äußeren Umständen ab, auf die der die Kapitalabfindung Begehrende keinen Einfluss hat.

Der Anspruch auf Kapitalabfindung ist daher nicht als familienrechtlicher Unterhaltsanspruch anzusehen. Der Anspruch auf laufenden Unterhalt wird mit dem Zugang der Erklärung des den Kapitalanspruch Begehrenden beim Verpflichteten in einen Anspruch auf Kapitalabfindung umgewandelt. Ab diesem Zeitpunkt handelt es sich um einen Anspruch, der i.S.v. § 38 InsO an der Insolvenzmasse partizipiert.

II. Zeitliche Koordinierung familienrechtlicher Gläubiger

Die allein für die familienrechtlichen Unterhaltsansprüche maßgebliche Vorschrift des § 40 InsO Satz 1 InsO begrenzt den Masseausschluss der dem Anwendungsbereich der Norm unterfallenden Forderungen in zeitlicher Hinsicht. So partizipieren, mit Ausnahme der Ansprüche, für die der Schuldner

143 *Büttner*, in: Johannsen/Henrich, Familienrecht, § 1585 Rdnr. 12.

144 Beck-OK/*Wendtland* § 130 BGB Rdnr. 5.

als Erbe des Unterhaltsverpflichteten haftet, nur solche Forderungen nicht an der Insolvenzmasse, die „nach der Eröffnung *entstehen*". § 38 InsO hingegen weist allen persönlichen Gläubigern, die einen zur Zeit der Eröffnung des Insolvenzverfahrens *begründeten* Vermögensanspruch gegen den Schuldner haben, die Insolvenzmasse zu. Um die Rechtsfolge in zeitlicher Hinsicht der als „familienrechtliche Unterhaltsansprüche gemäß § 40 Satz 1 InsO" qualifizierten Ansprüche sowie der familienrechtlichen Ansprüche, die an der Masse partizipieren, zu erkennen, muss das „Entstehen" eines Anspruches i.S.v. § 40 Satz 1 InsO von der „Begründetheit" eines Anspruches gemäß § 38 InsO unterschieden und definiert werden.

1. Familienrechtliche Unterhaltsansprüche i.S.v. § 40 Satz 1 HS 1 InsO

a) Unterhalt als Neuverbindlichkeit

Künftige familienrechtliche Unterhaltsansprüche - mit Ausnahme derjenigen, für die der Schuldner als Erbe haftet - partizipieren nicht an der Insolvenzenzmasse. Nach der Vorstellung des Gesetzgebers der Konkursordnung handelt es sich bei den familienrechtlichen Unterhaltsansprüchen jedoch um Wiederkehrschuldverhältnisse[145]. Von dieser Vorstellung geht auch der Gesetzgeber der Insolvenzordnung aus, denn den Gesetzesmaterialien[146] ist nichts Gegenteiliges zu entnehmen. Der historische Gesetzgeber hat den von der Insolvenzmasse ausgeschlossenen familienrechtlichen Unterhaltsgläubigern mit ihren nach Insolvenzeröffnung entstehenden Ansprüchen den Neuerwerb des Schuldners zugewiesen.[147] Die Insolvenzordnung weist den Neuerwerb gemäß § 35 Abs. 1 2. Alt. hingegen den Insolvenzgläubigern zu. Es stellt sich für die Gläubiger gemäß § 40 Satz 1 InsO daher die Frage, nach welchen Kriterien ihre Forderungen nach der Insolvenzeröffnung über das Vermögen des Verpflichteten „entstehen" und worauf sie zugreifen können. Nach der Insolvenzeröffnung entstehende Ansprüche sind entweder Masseforderungen oder

145 *Hahn/Mugdan*, Materialien, Bd. 7, Seite 234 § 2: „Indessen ist davon auszugehen, daß, wenngleich das Verhältniß, vermöge dessen der Gemeinschuldner unterhaltspflichtig ist, schon vor Konkurseröffnung begründet war, doch der Unterhaltsanspruch selbst mit dem jedesmaligen Eintreten des Bedürfnisses neu entsteht."

146 BT-Drucks. 12/2443 vom 15. April 1992 mit Beschluss und Gegenäußerung der Bundesregierung zur Bundesratstellungnahme.

147 KS-InsO/*Grub*, 2. Aufl., S. 671 ff. Rdnr. 13 ff.

Neuforderungen, je nachdem, ob das Schuldverhältnis mit der Masse oder mit dem insolvenzfreien Vermögen des Schuldners fortgesetzt wird.[148]

aa) Abgrenzung zur Masseverbindlichkeit

Die Insolvenzordnung verwendet die Bezeichnung „Neugläubiger"[149] allein in § 265 InsO. Diese Vorschrift sieht nach der Beendigung des Insolvenzverfahrens durch einen Insolvenzplan vor, dass Gläubiger von Verbindlichkeiten, die während der Zeit der Überwachung - und somit nach Aufhebung des Insolvenzverfahrens - entstehen, nachrangig gegenüber i.S.v. § 264 Abs. 1 privilegierten Kreditgebern anzusehen sind. Die Norm ist demnach nicht als Definition einer „Neuverbindlichkeit" zu verstehen, sondern sie schützt den von § 264 Abs. 1 InsO privilegierten Kreditgeber vor Konkurrenz von vertraglichen Ansprüchen, die der Schuldner während der Zeit der Überwachung eingegangen ist.[150] Aus der Vorschrift ist jedoch herauszulesen, dass es sich bei Neuverbindlichkeiten um Ansprüche handelt, die nach dem Eintritt des Insolvenzfalles begründet wurden. Dies haben Neuverbindlichkeiten jedoch mit Masseverbindlichkeiten gemein.[151]

Masseverbindlichkeiten sind im Gesetz geregelt. Sie werden regelmäßig durch die Verwaltung und Verwertung der Masse gemäß § 55 Abs. 1 Nr. 1 2. Alt. oder durch eine primäre Handlung des Insolvenzverwalters nach § 55 Abs. 1 Nr. 1 1. Alt begründet. So definieren die Regelungen des § 55 InsO, bei welchen Forderungen es sich um „sonstige Masseverbindlichkeiten" handelt.[152] Ergänzt wird § 55 InsO durch Sonderregelungen für Masseverbindlichkeiten in § 324 InsO, § 100 InsO (Unterhalt als Masseverbindlichkeit), §§ 115,118 InsO (Notgeschäftsführung), § 123 InsO (Sozialplan), §§ 169, 172 InsO (Zinsen/Wertverlust bei verzögerter Verwertung).

Den Vorschriften, die eine Masseverbindlichkeit definieren, ist zunächst gemein, dass sie entweder ein Handeln eines Insolvenzerwalters voraussetzen oder im Rahmen der (vorläufigen) Insolvenzverwaltung ausgelöst werden, ohne dass

---

148 MüKo-InsO/*Ehricke* § 38 Rdnr. 21; *Häsemeyer*, Insolvenzrecht, Rdnr. 16.16; Hess/*Hess*, Insolvenzrecht, § 38 Rdnr. 30.

149 Die Bezeichnung Neugläubiger war unter Geltung der KO gebräuchlich, seit Einführung der InsO wird teilweise auch von Nachinsolvenzgläubigern gesprochen, vgl. Jaeger/*Eckhardt* § 89 InsO Rdnr. 25.

150 A/G/R-*Silcher* § 265 InsO Rdnr. 4.

151 MüKo-InsO/*Ehricke* § 38 Rdnr. 16; A/G/R-*Homann* § 55 InsO Rdnr. 3; FK-InsO/*Bornemann* § 55 Rdnr. 3.

152 A/G/R-*Homann* § 55 InsO Rdnr. 1.

sie konkret auf ein Handeln des Verwalters zurückzuführen sind.[153] Masseverbindlichkeiten werden demnach durch die Insolvenzverwaltung ausgelöst, sie werden bestimmt durch die durch die Eröffnung des Insolvenzverfahrens und die nachfolgende Verwaltung und Verwertung der Insolvenzmasse entstehenden Gesamtvollstreckungskosten im weiteren Sinne.[154]

Fraglich ist, ob die nach Insolvenzeröffnung entstehenden familienrechtlichen Ansprüche i.S.v. § 40 Satz 1 InsO als „sonstige Masseverbindlichkeiten" gemäß § 55 InsO angesehen werden können. Hiergegen spricht einerseits, dass die unterhaltsrechtlichen Ansprüche nicht aufgrund einer Handlung des Insolvenzverwalters oder durch die Verwaltung und Verwertung der Insolvenzmasse entstehen. Die Eröffnung des Insolvenzverfahrens hat keinen Einfluss auf das Entstehen der wiederkehrenden unterhaltsrechtlichen Forderung. Auch entstehen die Forderungen unabhängig vom Handeln des Insolvenzverwalters.

Zudem werden Masseverbindlichkeiten insofern gegenüber Insolvenzforderungen bevorzugt, als für Masseverbindlichkeiten nicht der Grundsatz der Gläubigergleichbehandlung gilt.[155] Masseverbindlichkeiten sind vielmehr gemäß § 53 InsO vorweg aus der Insolvenzmasse zu befriedigen.[156] Ausschlaggebend für den Vorrang der Masseverbindlichkeiten des § 55 I Nr 1 und 2 InsO ist, dass eine Verwaltung und Verwertung des Schuldnervermögens zum Zweck der Befriedigung der Insolvenzgläubiger nicht möglich wäre, wenn der Verwalter nicht in der Lage wäre, Verträge zu erfüllen, die er zur Erhaltung, Vermehrung und Verwertung der Masse schließt oder fortsetzt.[157]

Der Gesetzgeber hat die familienrechtlichen Unterhaltsgläubiger durch die Regelung des § 35 Abs. 1 2. Alt. InsO, wie festgestellt, jedoch gerade nicht (mehr) privilegieren wollen, indem er sie von der Möglichkeit des Zugriffs auf den Neuerwerb ausdrücklich ausgeschlossen hat. Der Neuerwerb ist gemäß § 35 Abs. 1 2. Alt. InsO ein Teil der Insolvenzmasse. Dies spricht dagegen, die familienrechtlichen Unterhaltsgläubiger i.S.v. § 40 Satz 1 InsO als Massegläubiger zu betrachten, da der Gesetzgeber mit der Regelung des § 35 Abs. 1 2. Alt. InsO gerade bezweckt hat, diese Gläubiger vom Neuerwerb auszuschließen, welcher nun Insolvenzmasse ist. Eine Privilegierung der Gläubiger gemäß § 40 Satz 1 InsO sollte somit bewusst nicht (mehr) erfolgen. Diese Gläubiger würden aber gemäß § 53 InsO privilegiert,

153 A/G/R-*Homann* § 55 InsO Rdnr. 3, 8.
154 FK-InsO/*Bornemann* § 55 Rdnr. 4; *Häsemeyer*, Insolvenzrecht, Rdnr. 14.03.
155 *Häsemeyer*, Insolvenzrecht, Rdnr. 14.02; Jaeger/*Henckel* § 55 InsO Rdnr. 5.
156 MüKo-InsO/*Hefermehl* § 55 Rdnr. 7; Nerlich/Römermann/*Andres* § 55 InsO Rdnr. 2.
157 Jaeger/*Henckel* § 55 InsO Rdnr. 3.

wenn sie Massegläubiger wären, was dagegen spricht, sie als Massegläubiger anzusehen.

Zudem zeigt sich in der Vorschrift des § 89 Abs. 2 Satz 2 InsO, aufgrund welcher die familienrechtlichen Unterhaltsgläubiger mit ihren nach der Insolvenzeröffnung entstehenden Forderungen auf den Teil der Bezüge zugreifen sollen, der für andere Gläubiger unpfändbar ist, dass die Gläubigern gemäß § 40 Satz 1 InsO nicht als Massegläubiger anzusehen sind. Denn sie sollen mit ihren Ansprüchen gerade nicht aus der Masse Befriedigung erhalten, sondern aus nicht massebefangenen, unpfändbaren Einkünften.

Zwar ist die Vorschrift des § 100 InsO, wonach Unterhalt aus der Insolvenzmasse gewährt werden kann, auch die Regelung einer Masseverbindlichkeit.[158] Dieser Anspruch unterscheidet sich jedoch von den familienrechtlichen Unterhaltsansprüchen gemäß § 40 Satz 1 InsO dadurch, dass es sich nicht um einen aufgrund einer Bedürftigkeitsprüfung und Leistungsfähigkeitsprüfung zwischen Unterhaltsberechtigtem und Unterhaltsverpflichteten entstandenen Anspruch handelt. Unterhaltsberechtigten kann vielmehr gemäß § 100 Abs. 1 InsO von der Gläubigerversammlung Unterhalt aus der Insolvenzmasse gewährt werden bzw. gemäß § 100 Abs. 2 InsO, bis zur Entscheidung der Gläubigerversammlung vom Insolvenzverwalter, ohne dass es auf die Leistungsfähigkeit des unterhaltsrechtlich Verpflichteten ankommt. Dies zeigt sich darin, dass der Schuldner selbst, als Unterhaltsverpflichteter, Unterhalt aus derselben Vorschrift erhalten kann. Es ergibt sich aus der Vorschrift des § 100 InsO, dass der Gesetzgeber die Regelung einer Masseverbindlichkeit aufgrund familiärer Verbundenheit abschließend regeln wollte und die Gläubiger gemäß § 40 Satz 1 InsO demnach keine Massegläubiger sein sollten.

Aus diesem Grund sind nach Insolvenzeröffnung entstehende Forderungen i.S.v. § 40 Satz 1 HS 1 InsO keine Masseverbindlichkeiten.

bb) Abgrenzung zur Insolvenzforderung

Nach einhelliger Ansicht sind unterhaltsrechtliche Ansprüche Insolvenzforderungen, wenn sie vor Insolvenzeröffnung fällig geworden sind, aber noch nicht erfüllt wurden. Dies gelte auch, soweit die Periode, auf die sich der Unterhaltsanspruch beziehe, bei Verfahrenseröffnung noch nicht vollständig abgelaufen sei.[159] Begründet

158 A/G/R-*Homann* § 55 InsO Rdnr. 1 f.

159 BGH ZinsO 2011, 2184 f.; OLG Nürnberg ZInsO 2005, 443 f.; MüKo-Inso/*Schumann* § 40 Rdnr. 15; Nerlich/Römermann/*Andres* § 40 InO Rdnr. 2; Uhlenbruck/*Hirte* § 40 InsO Rdnr. 10; Braun/*Bäuerle* § 40 InsO Rdnr. 7; Jaeger/*Henckel* § 40 InsO Rdnr. 6; Uhlenbruck/*Sinz* § 38 InsO Rdnr. 37.

wird diese Auffassung damit, dass der abweichende Vorschlag der Kommission 2. Lesung und der Reichstagsvorlage der Novelle 1900 zur KO[160], auch die bereits fälligen Ansprüche von der Konkursteilnahme auszuschließen, nicht in das Gesetz aufgenommen worden sei. Wird also das Insolvenzverfahren am Zehnten eines Monats eröffnet, so sei der für diesen Monat am Ersten fällige Unterhaltsanspruch (1612 III BGB) in vollem Umfang Insolvenzforderung, der Anspruch für den folgenden Monat dagegen im Insolvenzverfahren nicht verfolgbar und auch von einer Restschuldbefreiung nicht betroffen. Hatte aber der Schuldner den Unterhalt für den folgenden Monat schon vorausgezahlt, könne dieser für die Masse nur nach den Regeln über die Gläubigeranfechtung zurückgefordert werden.[161] Nach Insolvenzeröffnung fällig werdende familienrechtliche Unterhaltsansprüche sind demnach Nachinsolvenzverbindlichkeiten oder Neuverbindlichkeiten.[162]

cc) Stellungnahme

Gemäß § 41 Satz 1 InsO werden noch nicht fällige, aber zur Zeit der Insolvenzeröffnung „begründete" Forderungen fällig gestellt. Dies könnte dafür sprechen, den Zeitpunkt der Fälligkeit abweichend von den Bestimmungen des materiellen Unterhaltsrechts zu fixieren. § 41 Abs. 1 InsO fingiert eine Fälligkeit aber ausschließlich für solche Gläubiger, denen die Insolvenzmasse gemäß §§ 35, 38 InsO zugewiesen wurde.[163] Da § 40 Satz 1 InsO jedoch eine Masseausschlussreglung für familienrechtliche Unterhaltsgläubiger darstellt, kann § 41 Abs. 1 InsO daher im Hinblick auf künftige Forderungen i.S.d. § 40 Satz 1 HS 1 InsO keine Fälligkeit fingieren. Des Weiteren spricht die Regelung des § 89 Abs 2 Satz 2 InsO, wonach ein Zugriff der nach Insolvenzeröffnung entstehenden Unterhaltsforderungen nur auf die Bezüge erlaubt ist, die für andere Gläubiger nach § 850 ZPO unpfändbar ist, dafür, die nach Insolvenzeröffnung entstehende Forderungen gemäß § 40 Satz 1 InsO nach den für unterhaltsrechtliche Ansprüche geltenden Regeln fällig werden zu lassen. Da diese Gläubiger an der Insolvenzmasse weder gemäß §§ 35, 38 InsO partizipieren sollen, noch gemäß § 55 InsO als Massegläubiger zu behandeln sind, handelt es sich bei den Gläubigern gemäß § 40 Satz 1 InsO im Hinblick auf ihre künftigen Ansprüche um Nachinsolvenzgläubiger.[164] Daher gilt die allgemeine zivilrechtliche Regel,

---

160 Jaeger/*Henckel* § 40 InsO Rdnr. 6 mit Nachweis zu den Protokollen zum BGB.

161 Jaeger/*Henckel* § 40 InsO Rdnr. 6.

162 A/G/R-*Ahrens* § 40 InsO Rdnr. 6.

163 A/G/R-*Ahrens* § 40 InsO Rdnr. 1, 4.

164 A/G/R-*Ahrens* § 40 InsO Rdnr. 6; MüKo-InsO/*Schumann* § 40 Rdnr. 5.

wonach Ansprüche grundsätzlich nur ab Fälligkeit beansprucht werden können. Zu Recht werden auch die fälligen Ansprüche Insolvenzforderungen, die in dem Monat, in dem das Insolvenzverfahren eröffnet wurde, noch nicht erfüllt wurden. Zwar wurde nach früherem Recht vereinzelt die Auffassung vertreten, dass der Anspruch auf den Monatsbetrag einer Geldrente (§ 1612 Abs. 1, 3 BGB) erst mit Beginn des folgenden Monats der Vergangenheit angehört.[165] Der durch das KindUG mit Wirkung vom 01.07.1998 eingefügte § 1613 Abs. 1 Satz 2 BGB legt jetzt jedoch ausdrücklich fest, dass der Unterhalt schon vom Ersten des Monats an, in den die bezeichneten Ereignisse fallen, geschuldet wird.[166] Dies gilt aber nur, wenn der Unterhaltsanspruch dem Grunde nach zu diesem Zeitpunkt bereits bestanden hat. Wird das Insolvenzverfahren über das Vermögen des Verpflichteten somit nach dem Monatsersten eröffnet und hat der Verpflichtete nicht bezahlt, so handelt es sich für diesen Monat nicht um einen künftigen Unterhalt, sondern, wegen der Fälligkeit zum Monatsersten, um einen rückständigen Unterhalt, der als Insolvenzforderung anzusehen ist. Nach Insolvenzeröffnung fällig werdende familienrechtliche Ansprüche i.S.v. § 40 Satz 1 InsO sind somit Neuverbindlichkeiten.

b) Das Entstehen einer unterhaltsrechtlichen Neuverbindlichkeit

Wenn eine unterhaltsrechtliche Neuverbindlichkeit „entsteht", indem sie nach Insolvenzeröffnung nach den unterhaltsrechtlichen Regelungen fällig wird, so kann demnach Unterhalt nur von dem Zeitpunkt an gefordert werden, zu welchem der Verpflichtete zum Zwecke der Geltendmachung des Unterhaltsanspruchs aufgefordert worden ist, über seine Einkünfte und sein Vermögen Auskunft zu erteilen (§§ 1613 Abs. 1, 1585 b Abs. 2 i.V.m. § 1613 Abs.1 BGB), zu welchem der Verpflichtete in Verzug gekommen (§§ 286, 287 BGB) oder der Unterhaltsanspruch rechtshängig geworden ist (§§ 113 Abs. 1 Satz 2 FamFG, 261 ZPO). Der Unterhalt wird ab dem Ersten des Monats, in den die bezeichneten Ereignisse fallen, geschuldet, wenn der Unterhaltsanspruch dem Grunde nach zu diesem Zeitpunkt bestanden hat.[167]

---

165 OLG Hamm FamRZ 1980, 916, 917; Staudinger/*Engler* § 1613 BGB Rdnr. 23; a.A. BGH FamRZ 1990, 283, 284 m.w.N.

166 Staudinger/*Engler* § 1613 BGB Rdnr. 23; vgl. die Begründung in BT-Drucks. 13/7338, S. 54 und 13/9596, S. 34.

167 MüKo-BGB/*Born* § 1613 Rdnr. 57.

c) Nach Insolvenzeröffnung fällig werdende familienrechtliche Unterhaltsansprüche

Nach Insolvenzeröffnung fällig werdende Unterhaltsansprüche i.S.v. § 40 Satz 1 HS 1 InsO partizipieren grundsätzlich nicht an der Insolvenzmasse. In Abkehr dieses Grundsatzes soll dies gemäß § 40 Satz 1 HS 2 InsO jedoch nicht für den Fall ererbter Unterhaltsverbindlichkeiten gelten. Hier stellt sich zunächst die Frage, für welche Ansprüche im Einzelnen diese Regelung gilt und warum das Gesetz für diese Ansprüche eine Massepartizipation zulässt. Des Weiteren ist zu untersuchen, ob eine erweiternde Auslegung der Vorschrift für vergleichbare Sachverhalte geboten ist.

aa) Haftung als Erbe des Verpflichteten, § 40 Satz 1 HS 2 InsO

Gemäß § 40 Satz 1 HS 2 InsO werden Unterhaltsansprüche, die den Schuldner als Erben treffen, auch dann als Insolvenzforderungen qualifiziert, wenn der Anspruch erst nach Insolvenzeröffnung fällig wird.

aaa) Meinungsstand zu § 40 Satz 1 HS 2 InsO

§ 40 Satz 1 HS 2 InsO wird von den meisten Ansichten in der Literatur als Ausnahmevorschrift angesehen, mit welcher unterhaltsrechtliche Ansprüche, die ererbt wurden, auch für die Zeit nach Eröffnung als Insolvenzforderungen qualifiziert werden[168]. Unterschiede bestehen allenfalls in der Begründung der Ausnahmevorschrift. Die herrschende Meinung führt hierzu an, dass sich die Rechtsnatur des Unterhaltsanspruchs mit dem Übergang auf den Erben verändere.[169] Grundlage der Unterhaltspflicht des Erben sei nicht mehr die familienrechtliche Anspruchsnorm, sondern die mit der Erbfolge eingetretene beschränkbare Haftung des Erben für Nachlassverbindlichkeiten gemäß §§ 1967 Abs. 1, 1975 ff. BGB; der Erbe hafte somit unabhängig von familienrechtlichen Beziehungen zum Unterhaltsberechtigten.[170] Da der Berechtigte am vermögensrechtlichen Schicksal des Erben nicht mehr teilnehme, seien seine laufenden Unterhaltsansprüche genauso zu behandeln wie andere wiederkehrende Leistungen vermögensrechtlicher Art und demzufolge als Insolvenzforderungen zu qualifizieren.[171]

---

168 KS-InsO/*Kohte* 2. Aufl., S. 781, 782 Rdnr. 3; *Häsemeyer*, Insolvenzrechrecht, Rdnr. 16.19; Jaeger/*Henckel* § 40 InsO Rdnr. 11; *Uhlenbruck*, KTS 1999, 413, 420; *Holzer*, in: Kübler/Prütting/Bork § 40 InsO Rdnr. 12.

169 KS-InsO/*Kohte*, 2. Aufl., S. 781, 782 Rdnr. 3.

170 Jaeger/*Henckel* § 40 InsO Rdnr. 11.

171 *Häsemeyer*, Insolvenzrecht, Rdnr. 16.19; Jaeger/*Henckel* § 40 InsO Rdnr. 11.

Nach *Schumann*[172] ändere sich durch den Übergang der Unterhaltspflicht auf den Erben nicht die Rechtsnatur des Anspruchs. Die in § 40 Satz 1 InsO übernommene Ausnahmeregel des § 3 Abs. 2 KO sei vielmehr ausschließlich historisch zu erklären[173]. Eine Haftung des Erben mit seinem eigenen Vermögen sei nach dem Willen des historischen Gesetzgebers nicht vorgesehen und daher habe der Grundsatz, dass der Unterhaltsberechtigte das vermögensrechtliche Schicksal des Pflichtigen teile und deshalb für den laufenden Unterhalt der Neuerwerb des Schuldners zur Verfügung stehe, in Bezug auf die Haftung des Schuldners als Erben ausgeschlossen werden müssen. Diese Differenzierung sei aber bereits seit der Änderung des damaligen § 1582 BGB durch § 84 EheG vom 6. 7. 1938, durch welche § 1582 BGB außer Kraft gesetzt und durch § 78 EheG ersetzt worden sei, nicht mehr sachgerecht. § 78 EheG habe die Möglichkeit gegeben, dass der Erbe unabhängig von der Ertragsfähigkeit des Nachlasses habe haften müssen, mit der Folge, dass bei einem ertraglosen Nachlass ein in guten Verhältnissen lebender Erbe zur weiteren Unterhaltszahlung an den geschiedenen Ehegatten des Erblassers habe herangezogen werden können. § 1584 BGB sehe auch heute eine Haftung des Erben mit seinem Vermögen vor, ebenso verhalte es sich mit den Ansprüchen nach § 1615 l BGB. Da der Gesetzgeber weiter an der seit damals nicht mehr überzeugend begründbaren Ausnahme des § 3 Abs. 2 KO festgehalten habe, sei ihm offenbar die bereits mit dem EheG 1938 herbeigeführte Veränderung der Haftung des Erben für Unterhaltspflichten entgangen. Dies gelte umso mehr, als dem Regelungsgehalt des Satzes 1 durch die Einbeziehung des Neuerwerbs in die Insolvenzmasse ohnehin die Grundlage entzogen sei, weswegen die Vorschrift dem Sinn und Zweck des Insolvenzrechts widerspräche.[174]

bbb) Stellungnahme

Die herrschende Ansicht geht von der Prämisse aus, dass es sich bei den ererbten Unterhaltsansprüchen nicht um Ansprüche handelt, die aufgrund einer unterhaltsrechtlichen Bedürftigkeits - und Leistungsfähigkeitsprüfung entstehen und es sich daher nicht um familienrechtliche Unterhaltsansprüche i.S.v. § 40 Satz 1 InsO handelt.[175] Davon ausgehend, dass allein für Ansprüche, die von der Regelung des § 40 Satz 1 HS 1 InsO erfasst sind, gilt, dass die nach Insolvenzeröffnung fällig werdenden wiederkehrenden Leistungen nicht an der Masse partizipieren, würde

172 MüKo-InsO/*Schumann* § 40 Rdnr. 20.
173 MüKo-InsO/*Schumann* § 40 Rdnr. 20 sowie eingehend in der 1. Aufl., § 40 Rdnr. 20 ff.
174 MüKo-InsO/*Schumann*, 1. Aufl., § 40 Rdnr. 21, 22.
175 Ebenso: A/G/R-*Ahrens* § 40 InsO Rdnr. 4.

es sich dann bei der Vorschrift des § 40 Satz 1 HS 2 InsO allerdings nicht um eine Ausnahmevorschrift handeln. § 40 Satz 1 HS 2 InsO würde vielmehr die Regel des § 40 Satz 1 HS 1 InsO bestätigen, dass nur solche familienrechtlichen Ansprüche von der Masse ausgeschlossen werden, die aufgrund der unterhaltsrechtlichen Determinanten „Bedürftigkeit" und „Leistungsfähigkeit" entstehen. Ob mit der herrschenden Ansicht davon auszugehen ist, dass es sich um eine Ausnahmevorschrift handelt, hängt davon ab, ob die vom Schuldner ererbten familienrechtlichen Ansprüche familienrechtliche Unterhaltsansprüche im Sinne von § 40 Satz 1 InsO darstellen. Wenn es sich bei den ererbten Ansprüche um solche i.S.v. § 40 Satz 1 InsO handelt, wäre *Schumann* insofern Recht zu geben, als dass der Regelungsgehalt des § 40 Satz 1 HS 2 InsO - historisch betrachtet - als Ausnahmevorschrift konzipiert wurde und es sich heute nicht mehr um eine Ausnahmevorschrift handeln kann. Es ist aber durchaus fraglich, ob diese Erkenntnis auch gleichzeitig den Schluss begründen kann, dass die gesetzliche Konzeption des § 40 Satz 1 HS 2 InsO, wegen der Einbeziehung des Neuerwerbs in die Masse, ohne Sinn und Zweck ist. Möglicherweise ergibt sich der Sinn und Zweck der Vorschrift im Zusammenhang mit den Vorschriften zur Restschuldbefreiung, § 301 ff. InsO. Dieser Frage soll im Anschluss an die Untersuchung der einzelnen, passiv vererblichen Ansprüche eingehend nachgegangen werden.

ccc) Einzelne Ansprüche

Grundsätzlich sind Unterhaltsansprüche nicht passiv vererblich[176]. Ausnahmsweise ordnet das Gesetz eine solche an: im Rahmen des Geschiedenenunterhaltes gemäß § 1586 b Abs 1 BGB sowie, hierzu korrespondierend, gemäß §§ 1318 Abs. 1, 1320 Abs. 1 BGB (Unterhalt wegen aufgehobener Ehe) und § 16 Abs. 1 LPartG (Unterhalt nach aufgehobener Lebenspartnerschaft). Daneben ist noch für den Fall des Unterhalts der Mutter eines nichtehelichen Kindes und des Vaters, der das Kind betreut, die passive Vererblichkeit vorgesehen, § 1615 l Abs. 3 Satz 4 BGB.

§§ 1586 b Abs. 1, 1318 Abs. 1, 1320 Abs. 1 BGB, 16 Abs. 1 LPartG haben die Gemeinsamkeit, dass es sich um einen Unterhaltsanspruch nach einer eingegangenen Verbindung (Ehe bzw. Lebenspartnerschaft) handelt.

Die Regel ist in § 1586 b BGB beschrieben; die Vorschriften der §§ 1318 Abs. 1, 1320 Abs. 1 BGB, 16 Abs. 1 LPartG verweisen auf § 1586 b BGB. Demnach bleibt der Erbe des Unterhaltspflichtigen zur Zahlung des Unterhalts verpflichtet, der Höhe nach ist der Anspruch jedoch auf den fiktiven Unterhaltsanspruch

176 Vgl. §§ 1360 a Abs. 3, 1361 Abs. 4 Satz 4, 1615, 1615 a BGB.

begrenzt, den der geschiedene Ehegatte bei bestehender Ehe gehabt hätte[177]. § 1615 l BGB knüpft demgegenüber gerade nicht an eine eingegangene Ehe oder Lebenspartnerschaft an, sondern an die Nichtehelichkeit des geborenen Kindes. Gleichwohl haben beide Vorschriften den selben Sinn und Zweck: Die Tatsache, dass die Ehe bzw. Lebenspartnerschaft geschieden wurde führt, ebenso wie das nie verheiratet oder verpartnert gewesen sein, zu einem Ausschluss erbrechtlicher Ansprüche (vgl. 1931,1933 BGB, § 10 LPartG). Dieser Verlust erbrechtlicher Ansprüche soll durch § 1586 b BGB und die korrespondierenden Vorschriften ausgeglichen werden.[178]

(1) Meinungsstand

In der insolvenzrechtlichen Literatur wird überwiegend davon ausgegangen, dass die Haftung des Erben nicht auf familienrechtlichen Beziehungen zum Gläubiger beruhe und daher eine reine Vermögenshaftung darstelle. Es bestehe deshalb kein Grund, sie anders zu behandeln als sonstige wiederkehrende Leistungen rein vermögensrechtlicher Art.[179] Als historischen Beleg führen die Vertreter dieser Ansicht regelmäßig an, dass der Konkursgesetzgeber den ererbten Unterhaltsanspruch als vom finanziellen Schicksal des Erben losgelösten Anspruch gesehen habe; ein Unterhaltsanspruch entstehe aber aufgrund einer monatlichen Bedarfs - und Bedürftigkeitsprüfung[180], was nach Eintritt des Erbfalls nicht mehr stattfinden könne.

---

177 Streitig ist in der unterhaltsrechtlichen Literatur, ob § 1586 b BGB auch für vertragliche Ansprüche gilt, soweit diese einen gesetzlichen Unterhaltsanspruch nicht lediglich ausgestalten, ferner die mögliche Anfechtbarkeit einer Unterhaltsvereinbarung sowie die Frage, ob der Erblasser die Folgen des § 1586 b BGB durch Schenkung abwenden kann und die sich hieran anschließende Frage, ob bei der Berechnung der Haftungsgrenze des § 1586 b Abs. 1 Satz 3 BGB ein fiktiver Pflichtteilsergänzungsanspruch des Unterhaltsberechtigten gegen den Erben einzubeziehen ist, oder nicht, wobei sich der BGH für eine Hinzurechnung ausspricht, vgl. zum Meinungsstand BGH, NJW 2001, 828 sowie *Hambitzer*, FPR 2003, 157 ff.

178 *Büttner*, in: Johannsen/Henrich, Familienrecht, § 1586 b BGB Rdnr. 1; Jauernig/*Berger/Mansel* § 1586 b BGB Rdnr. 1; Beck-OK/*Beutler* § 1586 b BGB Rdnr. 1.

179 *Kohte*, aaO, Rdnr. 3 f.; *Uhlenbruck*, KTS 1999, 413, 420; *Häsemeyer*, Insolvenzrecht, Rdnr. 16.19; Jaeger/*Henckel* § 40 InsO Rdnr. 11.

180 *Hahn/Mugdan*, Materialien, Bd. 7, S. 234 § 2: „Indessen ist davon auszugehen, daß, wenngleich das Verhältniß, vermöge dessen der Gemeinschuldner unterhaltspflichtig ist, schon vor der Konkurseröffnung begründet war, doch der Unterhaltsanspruch selbst mit dem jedesmaligen Eintreten des Bedürfnisses neu entsteht."

Nach der überwiegenden unterhaltsrechtlichen Rechtsprechung und Literatur[181] und nach *Schumann*[182] ändere sich die Rechtsnatur des Anspruches durch den Übergang durch Erbfolge hingegen nicht. Dies habe seinen Grund darin, dass der Anspruch gegen den Erben nicht im Erbrecht, sondern im Unterhaltsrecht begründet sei. Es handele sich ist also weiter um einen gesetzlichen Unterhaltsanspruch.[183]

(2) Stellungnahme

Den Vertretern der insolvenzrechtlichen Literatur ist zuzugestehen, dass die Haftungsbegrenzung auf den erbrechtlichen Umfang, sowie die Tatsache, dass es auf die unterhaltsrechtliche Leistungsfähigkeit des Erben gemäß § 1586 b BGB Abs. 1 Satz 2 nicht ankommt, für eine reine Vermögenshaftung sprechen könnten. Für eine unterhaltsrechtliche Rechtsnatur des Anspruches gemäß § 1586 b BGB spricht aber, dass dieser aufgrund einer unterhaltsrechtlichen Bedarfsberechnung und somit unter Berücksichtigung der unterhaltsrechtlichen Determinanten Bedürftigkeit und Leistungsfähigkeit ermittelt worden ist. Allerdings ist mit Eintritt des Erbfalles gemäß § 1581 BGB nicht auf die Leistungsfähigkeit des Erben abzustellen. Diese Prüfung hat bereits im Hinblick auf den Erblasser stattgefunden. Der Erbe selbst ist der unterhaltsberechtigten Person nicht originär zum Unterhalt verpflichtet, was für die Ansicht sprechen könnte, dass sich der zunächst unterhaltsrechtliche Anspruch mit dem Erbfall in einen Vermögensanspruch umgewandelt habe, da es auf das Kriterium der „Leistungsfähigkeit“ beim Erben nicht (mehr) ankomme[184]. Die Leistungsfähigkeitsprüfung ist durch den Erbfall deshalb abgeschlossen, da mit dem Tod des Erblassers der notwendige Eigenbehalt nicht mehr gefährdet werden kann und zudem die übrigen Unterhaltsverpflichtungen (vgl. §§ 1615 Abs. 1, 1360 a Abs. 3, 1361 Abs. 4 S. 4 BGB) erloschen sind[185]. Allerdings tritt an die

---

181 BGH FamRZ 2003, 521, 522; BGH FamRZ 2004, 614, 616.; OLG Frankfurt a.M. FF 2003, 68 f.; AG Tempelhof-Kreuzberg FamRZ 2005, 914, 915.; *Bergschneider*, FamRZ 2003, 1049, 1050 ff.: „So treten an die Stelle der bis zum Erbfall maßgeblichen Vermögensverhältnisse des Erblassers diejenigen des Erben, wenn der Berechtigte nach § 1585 Abs. 2 BGB statt der Rente eine Kapitalabfindung verlangt“; vgl. weiter *Grziwotz*, FamRZ 1991, 1258 m.w.N.; *Pentz*, FamRZ 1998, 1344, 1345 f.; MüKo-BGB/*Maurer* § 1586 b BGB Rdnr. 4.

182 MüKo-InsO/*Schumann* § 40 Rdnr. 20, 21.

183 MüKo-BGB/*Maurer* § 1586 b Rdnr. 2.

184 Beck-OK/*Beutler* § 1586 b BGB Rdnr. 2, *Büttner*, in: Johannsen/Henrich, Familienrecht, § 1586 b BGB Rdnr. 4.

185 MüKo-BGB/*Maurer* § 1586 b Rdnr. 13.

Stelle der Leistungsfähigkeit der Haftungsumfang des Nachlasses.[186] Für die unterhaltsrechtliche Sichtweise spricht zudem, dass der Anspruch nach unterhaltsrechtlichen Grundsätzen entfallen kann, wenn der unterhaltsrechtliche Tatbestand gemäß §§ 1570–1573, 1575, 1576 BGB nicht mehr gegeben ist. Ferner kommt es auch nach Eintritt des Erbfalles auf die Bedürftigkeit des Berechtigten gemäß § 1577 BGB an.[187] Der Erbe kann mit einem Abänderungsantrag gemäß §§ 238, 239 FamFG die Veränderung der die Bedürftigkeit des Berechtigten bestimmenden Verhältnisse geltend machen.[188] Ebenso kann der Anspruch nach unterhaltsrechtlichen Grundsätzen gemäß § 1578 b BGB begrenzt oder gemäß § 1579 BGB verwirkt werden.[189] Für die unterhaltsrechtliche Sichtweise spricht auch, dass die genannten Ansprüche unabhängig von dem Güterstand (vgl. § 1586 b Abs. 2 BGB) vererbbar sind, was auch bei allen Unterhaltsansprüchen der Fall ist.

Es ist daher mit den Vertretern der unterhaltsrechtlichen Literatur davon auszugehen, dass es sich bei dem passiv vererbbaren Anspruch des § 1586 b BGB sowie den bei den korrespondierenden Ansprüchen gemäß §§ 1318 Abs. 1, 1320 Abs. 1 BGB (Unterhalt wegen aufgehobener Ehe) und § 16 Abs. 1 LPartG (Unterhalt nach aufgehobener Lebenspartnerschaft) sowie gemäß § 1615 l Abs. 3 Satz 4 BGB um unterhaltsrechtliche Ansprüche handelt. Dies würde grundsätzlich dazu führen, dass sie vom Anwendungsbereich des § 40 Satz 1 InsO erfasst würden und von der Masse ausgeschlossen wären. Da § 40 Satz 1 HS 2 InsO aber für die genannten Ansprüche eine Massepartizipation vorsieht, handelt es sich bei § 40 Satz 1 HS 2 InsO somit um eine Ausnahmevorschrift.

Fraglich ist aber, ob mit *Schumann* davon auszugehen ist, dass die Vorschrift seit der Einbeziehung des Neuerwerbs in die Masse nicht mehr systemgerecht ist. *Schumann* stützt ihre These zunächst darauf, dass die Gläubiger familienrechtlicher Unterhaltsansprüche gemäß § 3 Abs. 2 KO unter Geltung der Konkursordnung privilegiert wurden, da sie - im Gegensatz zu den als Insolvenzgläubigern zu behandelnden Gläubigern ererbter Unterhaltsansprüche - auf den Neuerwerb zugreifen konnten. Durch die Einbeziehung des Neuerwerbs in die Masse sei diese

186 MüKo-BGB/*Maurer* § 1586 b Rdnr. 14.

187 MüKo-BGB/*Maurer* § 1586 b Rdnr. 22; *Büttner*, in: Johannsen/Henrich, Familienrecht, § 1586 b BGB Rdnr. 2; Jauernig/*Berger*/*Mansel* § 1586 b BGB Rdnr. 2; Beck-OK/*Beutler* § 1586 b BGB Rdnr. 5.

188 *Bergschneider*, FamRZ 2003, 1049, 1054 f.; *Bömelburg*, FF 2008, 144, 150; MüKo-BGB/*Maurer* § 1586 b Rdnr. 27.

189 Nach BGH FamRZ 2003, 521 könne sich der gemäß § 1586 b BGB haftende Erbe darauf berufen, dass der Unterhaltsanspruch nach § 1579 Nr. 8 BGB ausgeschlossen sei wegen eines seit zehn Jahren bestehenden eheähnlichen Verhältnisses.

Regelung durch die Insolvenzordnung ins Gegenteil umgekehrt. Die Unterhaltsberechtigten des Erblassers würden bei unbeschränkter Haftung des Erben hinsichtlich ihrer laufenden Unterhaltsansprüche nunmehr quotale Befriedigung aus der Eigenvermögen, Nachlass und Neuerwerb umfassenden Insolvenzmasse erhalten. Den Unterhaltsgläubigern des Schuldners sei hingegen der Zugriff auf das insolvenzbefangene Vermögen einschließlich des Neuerwerbs entzogen. Dies würde für den laufenden Unterhalt dazu führen, dass der unterhaltsberechtigte, geschiedene Ehegatte des Erblassers besser gestellt werde als die unterhaltsberechtigten minderjährigen Kinder des Schuldners. Dieses Ergebnis vertrage sich nicht mit den Wertungen des § 1609 BGB bzw. § 1615 l Abs. 3 Satz 3 BGB.[190]

Schumann ist insofern zuzustimmen, als durch die Einbeziehung des Neuerwerbs in die Masse die Unterhaltsberechtigten laufender Ansprüche nicht mehr als privilegiert anzusehen sind. Allerdings ist die Schlechterstellung der Gläubiger familienrechtlicher Unterhaltsansprüche nicht gleichbedeutend mit einer zweckwidrigen Privilegierung der von der Regelung des § 40 Satz 1 HS 2 InsO erfassten Gläubiger. Die Gläubiger i.S.v. § 40 Satz 1 HS 2 InsO sind gemäß § 301 InsO grundsätzlich von der Wirkung der Restschuldbefreiung umfasst, während dies für die Gläubiger i.S.v. § 40 Satz 1 HS 1 InsO hinsichtlich ihrer nach Insolvenzeröffnung fällig werdenden Ansprüche, als Neugläubiger, nicht gilt. Durch die Restschuldbefreiung verlieren alle Insolvenzforderungen gemäß § 38, 39 InsO ihre Durchsetzbarkeit. Sie werden gemäß § 300 Abs. 3 InsO zu erfüllbaren, aber nicht mehr erzwingbaren, sogenannten unvollkommenen Verbindlichkeiten (Naturalobligationen).[191] Da es sich bei § 40 Satz 1 HS 2 InsO um eine Ausnahme der Masseausschlussregelung des § 40 Satz 1 InsO handelt, weist § 40 Satz 1 HS 2 InsO den ererbten Verpflichtungen einerseits die Masse zu. Dies bedeutet aber auch, dass diese Ansprüche, als Insolvenzforderungen gemäß § 38 InsO, der Restschuldbefreiung unterliegen. Hinzu kommt, dass die Gläubiger i.S.v. § 40 Satz 1 InsO wegen der künftigen Ansprüche auf den Teil der Bezüge zugreifen können, der für andere Gläubiger nicht pfändbar ist, §§ 89 Abs. 2 Satz 2 InsO i.V.m. § 850 d ZPO. Die Regelung des § 40 Satz 1 HS 2 InsO erscheint daher auch nach heutigem Recht die Rechte der Gläubiger i.S.v. § 40 Satz 1 HS im Verhältnis zu den Rechten der Gläubiger i.S.v. § 40 Satz 1 HS 2 InsO ausgewogen zu berücksichtigen und ist somit systemkonform. Hiervon zu trennen ist die Frage, ob es bei dem *de lege lata* bestehenden Ausschluss der Neugläubiger vom Neuerwerb verbleiben kann.

190 MüKo-InsO/*Schumann*, 1. Aufl., § 40 Rdnr. 21, 22.
191 A/G/R-*Weinland* § 301 InsO Rdnr. 2.

ddd) Zwischenergebnis

Es handelt sich bei den in § 40 Satz 1 HS 2 InsO genannten Ansprüchen um familienrechtliche Unterhaltsansprüche, die grundsätzlich dem Regelungsbereich des § 40 Satz 1 HS 1 InsO unterstellt wären. § 40 Satz 1 HS 2 InsO stellt daher eine Ausnahmeregel dar und weist die passiv vererbbaren Unterhaltsansprüche der Insolvenzmasse zu. Die Vorschrift ist trotz der Einbeziehung des Neuerwerbs in die Insolvenzmasse systemgerecht, da die Privilegierung der Ansprüche i.S.v. § 40 Satz 1 HS 2 InsO erfassten Ansprüche durch die Wirkung der Restschuldbefreiung relativiert wird. Hiervon unberührt ist die Frage, ob es bei dem Ausschluss der Neugläubiger i.S.v. § 40 Satz 1 InsO vom Neuerwerb verbleiben kann.

bb) Unterhalt für die Vergangenheit

Fraglich ist, ob die Vorschrift des § 40 Satz 1 HS 2 InsO auch für andere Fälle des „Fälligwerdens eines familienrechtlichen Unterhaltsanspruches nach Insolvenzeröffnung" im Wege einer erweiternden Auslegung erstreckt werden kann, um diese Forderung hierdurch ebenfalls der Wirkung der Restschuldbefreiung zu unterstellen. Zu denken ist in diesem Zusammenhag an die gesetzlich geregelten Fälle eines „Unterhalts für die Vergangenheit". Für den Verwandtenunterhalt findet sich eine solche Regelung in §§ 1613 Abs. 2 BGB. Korrespondierende Vorschriften finden sich beim Familienunterhalt (§ 1360 a Abs. 3 BGB) und beim Trennungsunterhalt (§ 1361 Abs. 4 S. 4 BGB). Für den Geschiedenenunterhalt gilt die Bestimmung des § 1585 b BGB. Für Lebenspartner verweisen § 12 S. 2 und § 16 S. 2 LPartG auf die Vorschriften des Ehegattenunterhaltsrechts. Diese Bezeichnung „Unterhalt für die Vergangenheit" findet sich in der Gesetzesüberschrift des § 1613 BGB. Gemeint ist hiermit die Geltendmachung zurückliegender Unterhaltszeiträume, wenn der Berechtigte eine Fälligkeit nicht durch rechtswahrende Handlungen herbeigeführt hat.[192] An eine erweiternde Auslegung des § 40 Satz 2 HS 2 InsO ist insofern zu denken, als die Fälligkeit des Anspruches möglicherweise erst nach Insolvenzeröffnung eintritt und es sich daher nach der Regelung des § 40 Satz 1 HS 1 InsO um eine Neuverbindlichkeit handeln würde. Der unterhaltsrechtliche Tatbestand des „Unterhalts für die Vergangenheit" liegt aber möglicherweise vor der Insolvenzeröffnung, so dass der Unterhaltsverpflichtete sich einer Neuverbindlichkeit gegenüber sieht, die, wären rechtzeitig rechtswahrende Handlungen herbeigeführt worden, eine Insolvenzforderung wäre, die von der Restschuldbefreiung umfasst wäre. Um über eine erweiternde

192 *Thamm*, Unterhalt für die Vergangenheit, 2002, S. 47.

Auslegung des § 40 Satz 1 HS 2 InsO auf anerkannte Fälle eines „Unterhalts für die Vergangenheit" befinden zu können, muss zunächst dargestellt werden, in welchen Fällen das Gesetz die Geltendmachung von „Unterhalt für die Vergangenheit" vorsieht. Sodann kommt es darauf an, ob diese Fälle mit dem gesetzlichen geregelten Sachverhalt des § 40 Satz 1 HS 2 InsO vergleichbar sind und eine analoge Anwendung geboten ist.

Von dem Berechtigten werden grundsätzlich bestimmte rechtswahrende Handlungen verlangt, damit die Unterhaltsrückstände nicht erlöschen. So muss der Berechtigte den Verpflichteten zur Auskunft über seine Einkünfte und sein Vermögen auffordern, diesen Inverzugsetzen oder die Rechtshängigkeit des Unterhaltsanspruchs herbeiführen.[193] Während im Schuldrecht eine verspätete Geltendmachung der Forderung allenfalls ein Gegenrecht, z.B. Verjährung oder Verwirkung begründen kann, erlischt der Unterhaltsanspruch, wenn der Gläubiger nicht besondere rechtswahrende Handlungen vorgenommen hat.[194] Dies wird im Allgemeinen mit dem Rechtsgrundsatz „in praeteritum non vivitur"[195] begründet. Da der Unterhaltsberechtigte die Zeiten, in welchen der Unterhalt ausblieb, offensichtlich überlebt hat, muss von der Befriedigung seiner existenziellen Bedürfnisse ausgegangen werden[196]. Dieser Grundsatz hat sich in der deutschen Rechtspraxis ab Mitte des 19. Jahrhunderts verfestigt und im Gesetzgebungsverfahren zum BGB fortgesetzt, da die Entrichtung einer Geldrente – in Abkehr zur bis dahin vorherrschenden Pflicht zum Naturalunterhalt – nunmehr der Regelfall war[197]. Hintergrund ist, den Unterhaltsschuldner vor einer Inanspruchnahme höherer Summen zu schützen, die er durch sein Einkommen nicht bewältigen konnte.[198] Dieser Schuldnerschutzgedanke wird auch als Sinn und Zweck der geltenden §§ 1613, 1585 b BGB gesehen.[199]

---

193 *Graba*, in Johannsen/Henrich, Familienrecht, § 1613 BGB Rdnr. 3–6.

194 BGH FamRZ 1984, 775, 777; *Graba*, in: Johannsen/Henrich, Familienrecht, § 1613 BGB Rdnr. 1.

195 Wörtlich übersetzt: in der Vergangenheit lebt man nicht, es handelt sich hierbei um eine sog. lateinische Rechtsparömie, ein Rechtssprichwort, das zu einem „geflügelten Wort" geworden ist, vgl. hierzu *Thamm*, Unterhalt für die Vergangenheit, 2002, S. 27. Gemeint ist hiermit, dass man im „Hier und Jetzt" lebt; ebenso: MüKo-BGB/*Born* § 1613 Rdnr. 1; Staudinger/*Engler* § 1613 BGB Rdnr. 2.

196 *Thamm*, Unterhalt für die Vergangenheit, 2002, S. 27.

197 *Thamm*, Unterhalt für die Vergangenheit, 2002, S. 39, 45.

198 *Thamm*, Unterhalt für die Vergangenheit, 2002, S. 56.

199 MüKo-BGB/*Born* § 1613 Rdnr. 2; Staudinger/*Engler* § 1613 BGB Rdnr. 5; Jauernig/*Berger*/*Mansel* § 1613 BGB Rdnr. 1; *Graba*, in: Johannsen/Henrich, Familienrecht, § 1613 BGB Rdnr. 1; Beck-OK/*Reinken* § 1613 BGB Rdnr. 1.

Der Schuldner soll vor einer Inanspruchnahme geschützt werden, auf die er sich nicht einstellen konnte.[200] Das Gesetz sieht die Geltendmachung von „Unterhalt für die Vergangenheit" nur in folgenden Ausnahmefällen vor:

aaa) Sonderbedarf, § 1613 Abs. 2 Nr. 1 BGB, § 1585 b Abs. 1 i.V.m. § 1613 Abs. 2 Nr. 1 BGB

Sonderbedarf kann im ersten Jahr seit seiner Entstehung ohne die Einschränkung des § 1613 Abs. 1 BGB verlangt werden. Die Vorschrift gilt für den Verwandten, - Familien – und Trennungsunterhalt (§§ 1360 a Abs. 3, 1361 Abs. 4 Satz 4) und durch den Verweis des § 1585 b BGB auch für den nachehelichen Unterhalt. Ebenso wird er beim Unterhalt der nichtehelichen Mutter bzw. des nichtehelichen Vaters (§ 1615 Abs. 3 1, 3, IV BGB), beim Unterhalt zwischen getrennt lebenden Lebenspartnern (§ 12 S. 2 LPartG, § 1361 Abs. 4 Satz 4, 1360 a Abs. 3 BGB) und beim nachpartnerschaftlichen Unterhalt (§ 16 Satz 2 LPartG, § 1585 b Abs. 1 BGB) geschuldet. Nach der Legaldefinition des 1613 Abs. 2 Nr. 1 HS 1 BGB handelt es sich beim Sonderbedarf um einen unregelmäßigen und außergewöhnlich hohen Bedarf. Unregelmäßig ist der Bedarf, der nicht mit Wahrscheinlichkeit vorauszusehen ist und deshalb bei der Bemessung des Regelbedarfs (einschließlich des regelmäßigen Mehrbedarfs) und damit des laufenden Unterhalts nicht berücksichtigt werden kann.[201] Selbst eine im Verhältnis zum laufenden Unterhalt ungewöhnlich hohe Einzelausgabe stellt keinen Sonderbedarf dar, wenn sie nach dem gewöhnlichen Lauf der Dinge voraussehbar war.[202] Ausgaben, auf die sich der Berechtigte hätte einstellen können, sind durch den laufenden Unterhalt auszugleichen.[203] Mehrbedarf ist im Gegensatz zum Sonderbedarf der Teil des Lebensbedarfs, der *regelmäßig* während eines längeren Zeitraums anfällt und das Übliche derart übersteigt, dass er mit Regelsätzen nicht erfasst werden kann, andererseits aber pauschalierbar ist und deshalb bei der Bemessung der laufenden Unterhaltsrente berücksichtigt werden kann.[204] Dies bedeutet, dass der zusätzliche Unterhalt – anders als Sonderbedarf - nur bei rechtswahrenden Handlungen i.S.v. § 1613 Abs. 1

200 MüKo-BGB/*Born* § 1613 Rdnr. 2; Staudinger/*Engler* § 1613 BGB Rdnr. 5; Jauernig/*Berger*/*Mansel* § 1613 BGB Rdnr. 1; *Graba*, in: Johannsen/Henrich, Familienrecht, § 1613 BGB Rdnr. 1; Beck-OK/*Reinken* § 1613 BGB Rdnr. 1.

201 BGH FamRZ 2006, 612, 614.

202 *Scholz*, in: Wendl/Dose, Das Unterhaltsrecht in der familienrichterlichen Praxis, § 6 Rdnr. 3.

203 BGH FamRZ 1982, 145, 147.

204 BGH FamRZ 2007, 882, 886.

BGB geschuldet wird.[205] Liegt über den laufenden Unterhalt bereits ein Titel vor, muss dessen Abänderung wegen des Mehrbedarfs beantragt werden (§ 238 FamFG).[206] Sonderbedarf ist dagegen in einem weiteren selbständigen Verfahren geltend zu machen.[207] Wann ein unregelmäßiger Bedarf außergewöhnlich hoch ist, lässt sich nur nach den Umständen des Einzelfalls beurteilen. Entscheidend sind die Höhe des laufenden Unterhalts, die sonstigen Einkünfte des Berechtigten, der Lebenszuschnitt der Beteiligten sowie Anlass und Umfang der besonderen Aufwendungen. Ob ein Bedarf außergewöhnlich hoch ist, hängt davon ab, inwieweit dem Berechtigten zugemutet werden kann, den Bedarf selbst zu bestreiten.[208] Der Anspruch auf Erstattung des Sonderbedarfs wird fällig, sobald der besondere Bedarf entsteht, in der Regel also, wenn die Kosten dem Berechtigten in Rechnung gestellt werden.[209] Sonderbedarf wird nur geschuldet, wenn und soweit der Pflichtige leistungsfähig ist.[210] Die Leistungsfähigkeit muss *im Zeitpunkt der Fälligkeit* des Sonderbedarfs bestehen.[211]

bbb) Verhinderung aus rechtlichen oder tatsächlichen Gründen, § 1613 Abs. 2 Nr. 2 BGB

Durch die Neufassung des § 1613 Abs. 2 Nr. 2 BGB[212] wurde die früher für den Unterhalt des nichtehelichen Kindes geltende Regelung (§ 1615d aF)[213] für den gesamten Verwandtenunterhalt, den Familien- und Trennungsunterhalt sowie für Ansprüche nach § 1615 l BGB übernommen. Der Berechtigte kann danach für die Vergangenheit ohne die Einschränkungen des Abs. 1 Erfüllung verlangen, wenn er aus rechtlichen oder tatsächlichen, in die Verantwortung des Pflichtigen fallenden Gründen an einer Geltendmachung des Unterhaltsanspruchs gehindert war.[214] Die Vorschrift gilt daher für alle Unterhaltstatbestände, mit Ausnahme der nachehelichen bzw. nachpartnerschaftlichen Ansprüche.

---

205 OLG Hamm FamRZ 1996, 1218.

206 OLG Hamm FamRZ 1994, 1281, 1282.

207 *Scholz*, in: Wendl/Dose, Das Unterhaltsrecht in der familienrichterlichen Praxis, § 6 Rdnr. 4.

208 BGH FamRZ 2006, 612, 614.

209 *Scholz*, in: Wendl/Dose, Das Unterhaltsrecht in der familienrichterlichen Praxis, § 6 Rdnr. 8.

210 *Scholz*, in: Wendl/Dose, Das Unterhaltsrecht in der familienrichterlichen Praxis, § 6 Rdnr. 7.

211 OLG Karlsruhe NJW-RR 1998, 1226, 1227.

212 Inkraft seit 2.1.2002.

213 § 1615 d BGB wurde aufgehoben durch Gesetz vom 6. 4. 1998 (BGBl. I S. 666).

214 MüKo-BGB/*Born* § 1613 Rdnr. 95.

Hauptanwendungsbereich der Verhinderung aus rechtlichen Gründen (§ 1613 Nr. 2 a BGB) ist der Unterhalt für das nichteheliche Kind.[215] Unterhalt kann hier erst ab Anerkennung (§ 1594 Abs. 1 BGB) oder Feststellung der Vaterschaft (§ 1600 d BGB) geltend gemacht werden, auch wenn der Anspruch schon mit der Geburt des Kindes entsteht und fällig wird.[216] Der Anspruch kann rückwirkend durchgesetzt werden, auch wenn zuvor weder Verzug noch Rechtshängigkeit eingetreten ist.[217] Typischer Anwendungsbereich einer Verhinderung aus tatsächlichen Gründen ist der Fall, dass sich der Schuldner an einem unbekannten Ort aufhält und gegen ihn überhaupt nicht oder nur mit Verzögerung vorgegangen werden kann.[218] Notwendig ist weder ein Verschulden noch ein Bezug zur Unterhaltspflicht.[219] Ausreichend ist eine Zurechnung des Umstandes zum Lebensbereich des Pflichtigen.[220] Ist dies zu bejahen, kann das Kind ohne die Einschränkung des § 1613 Abs. 1 BGB Unterhalt verlangen.

ccc) Absichtlicher Entzug, § 1585 b Abs. 3 BGB, § 16 LebenspartG i.V.m. § 1585 b Abs. 3 BGB

§ 1585 b Abs. 3 BGB bzw. § 16 LebenspartG i.V.m. § 1585 b Abs. 3 BGB regelt einen Sonderfall des Verstoßes gegen Treu und Glauben (§ 242 BGB).[221] Nachehelicher bzw. nachpartnerschaftlicher Unterhalt kann nur für die Zeit von einem Jahr vor Rechtshängigkeit verlangt werden, § 1585 b Abs. 3 HS 1 BGB. Gemäß § 1585 b Abs. 3 HS 2 BGB erlöschen die Ansprüche auf nachehelichen bzw. nachpartnerschaftlichen Unterhalt jedoch nicht, wenn der Verpflichtete die Berufung auf § 1585 b Abs. 3 HS 1 BGB verwirkt hat, weil er sich der Leistung absichtlich entzogen hat. Hierzu bedarf es keiner sicheren Kenntnis vom Unterhaltsanspruch.[222] Es reicht aus, dass der Verpflichtete mit dessen Möglichkeit rechnete, sein Handeln auf die Hintertreibung der Erfüllung des Anspruchs aktiv oder durch Unterlassen ausrichtete und damit die zeitnahe Geltendmachung des Unterhaltsanspruchs vereitelt oder zumindest wesentlich erschwert hat.[223] An die diesbezüglichen Feststellungen

215 MüKo-BGB/*Born* § 1613 Rdnr. 96.
216 BT-Drucks. 13/7338 S. 31.
217 MüKo-BGB/*Born* § 1613 Rdnr. 96.
218 *Graba*, in: Johannsen/Henrich, Familienrecht, § 1613 BGB Rdnr. 15.
219 Beck-OK/*Reinken* § 1613 BGB Rdnr. 32; MüKo-BGB/*Born* § 1613 Rdnr. 99.
220 Palandt/*Brudermüller* § 1613 BGB Rdnr. 14.
221 MüKo-BGB/*Born* § 1585 b Rdnr. 27.
222 Sörgel/*Häberle* § 1585 b BGB Rdnr. 6;
223 MüKo-BGB/*Born* § 1585 b Rdnr. 27.

werden keine zu strengen Anforderungen gestellt, um nicht den Zweck zu vereiteln, einem unredlichen Verpflichteten den Schutz der Einjahresfrist zu versagen.[224] Die Nichterfüllung der vom Schuldner in einem Vergleich übernommenen Verpflichtung, jede Einkommensänderung unaufgefordert anzuzeigen und die aus ihr folgende Unterhaltserhöhung von sich aus vorzunehmen, kann genügen, weil sie nach der Lebenserfahrung den Schluss zulässt, der Schuldner beabsichtige, um erhöhte Unterhaltszahlungen herumzukommen.[225] Die Berufung des Verpflichteten auf § 1585 b Abs. 3 BGB kann auch aus anderen Gründen wegen eines Verstoßes gegen Treu und Glauben verwirkt sein, weil § 1585 b Abs. 3 BGB nur einen Einzelfall regelt und die Anwendung von § 242 BGB nicht ausschließt. Es müssen dann Umstände vorliegen, die in der Sphäre des Verpflichteten liegen und denen ähnliches Gewicht wie dem absichtlichen Entziehen der Leistung zukommt.[226]

ddd) Diskussion

Die den gesetzlich geregelten Fällen des „Unterhalts für die Vergangenheit" zu Grunde liegenden Ansprüche entstehen aufgrund einer unterhaltsrechtlichen Bedarfsberechnung anhand der Kriterien „Bedürftigkeit" und „Leistungsfähigkeit". So ist ein „Sonderbedarf" i.S.v. § 1613 Abs. 2 Nr. 1 BGB, sowie aufgrund der korrespondierenden unterhaltsrechtlichen Vorschriften, nur dann zu bezahlen, wenn der Berechtigte bedürftig und der Verpflichtete leistungsfähig ist. Ebenso verhält es sich in den Fällen des § 1613 Abs. 2 Nr. 2 BGB und des § 1585 b Abs. 3 BGB. Die gesetzlich geregelten Fälle des Unterhalts für die Vergangenheit sind demnach familienrechtliche Unterhaltsansprüche i.S.v. § 40 Satz 1 InsO. Insolvenzrechtliche Relevanz erhalten die Bestimmungen des „Unterhalts für die Vergangenheit", wenn die Fälligkeit nach Insolvenzeröffnung wegen eines unterhaltsrechtlichen Sachverhaltes herbeigeführt wird, der in den Fällen des § 1613 Abs. 2 Nr. 1 BGB bis zu einem Jahr zuvor und in den Fällen des § 1613 Abs. 2 Nr. 2 BGB und § 1585 b Abs. 3 BGB sogar darüber hinaus verwirklicht wurde, und somit vor Insolvenzeröffnung. Ansprüche i.S.v. § 40 Satz 1 InsO „entstehen", wie festgestellt, nach Insolvenzeröffnung, wenn sie im unterhaltsrechtlichen Sinne fällig werden. Die Fälligkeit tritt im Fall des Sonderbedarfs dann ein, wenn die Grundlage für den Bedarf feststeht und er sich der Höhe nach beziffern lässt.[227] In den Fällen des

224 BGHZ 105, 250, 257; BGH NJW 1989, 526, 527.

225 OLG Köln NJW-RR 1997, 449, 450.

226 OLG Hamburg FamRZ 2001, 1217.

227 *Schwamb*, in: Büttner/Niepmann/Schwamb, Die Rechtsprechung zur Höhe des Unterhalts, 2. Teil, Rdnr. 333; MüKo-BGB/*Born* § 1613 Rdnr. 83; differenzierend: OLG

§ 1613 Abs. 2 Nr. 2 BGB greift die Regel des § 1613 Abs. 1 BGB ein, wenn der Hinderungsgrund weggefallen ist, so dass der Anspruch ab diesem Zeitpunkt fällig wird.[228] Im Gegensatz zu den Vorschriften des § 1613 Abs. 2 Nr. 1 und 2 BGB setzt § 1585 b Abs. 3 BGB jedoch voraus, dass rechtswahrende Handlungen vorgenommen wurden.[229] Denn die Voraussetzungen des § 1585 b Abs. 2 BGB i.V.m. § 1613 Abs. 1 BGB müssen zunächst vorliegen. Wenn sich zudem der Schuldner absichtlich der Unterhaltspflicht entzogen hat, kann der Berechtigte für eine mehr als ein Jahr vor der Rechtshängigkeit liegende Zeit Unterhalt verlangen, was er anderenfalls nicht könnte, da insofern gemäß § 1585 b Abs. 3 HS 1 BGB gilt, wonach nachehelicher Unterhalt nur für die Zeit von einem Jahr vor Rechtshängigkeit verlangt werden kann.[230] Es handelt sich bei der Vorschrift des § 1585 b Abs. 3 BGB somit um einen gesetzlich geregelten Fall der Verwirkung unter dem Gesichtspunkt der „illoyal verspäteten Geltendmachung".[231] Zweck der gesetzlichen Regelung ist, das Anwachsen der Unterhaltsschuld zu vermeiden, wenn der Berechtigte nicht zeitnah um die Durchsetzung bemüht ist.[232] Die Vorschrift des § 1585 b Abs. 3 BGB wird zwar auch zu den gesetzlich geregelten Ansprüchen eines „Unterhalts für die Vergangenheit" gezählt. Es kann sich aber insofern nicht um einen mit § 40 Satz 1 HS 2 InsO vergleichbaren Sachverhalt handeln, da § 1585 b Abs. 3 BGB nicht die Fälligkeit des Anspruches auf den Zeitpunkt nach Insolvenzeröffnung „verschieben" kann, sondern lediglich die gerichtliche Geltendmachung für einen längeren Zeitraum ermöglicht. Nach Insolvenzeröffnung ist die gerichtliche Geltendmachung einer Insolvenzforderung jedoch gemäß § 87 InsO ausgeschlossen. Dem Gläubiger steht im Hinblick auf den absichtlichen Entzug der Unterhaltspflicht die Möglichkeit der deliktischen Anmeldung gemäß § 174 Abs. 2 InsO offen, damit die Forderung gemäß § 301 InsO von der Restschuldbefreiung ausgenommen wird.[233]

Die Vorschriften der §§ 1613 Abs. 2 Nr. 1 und 2 BGB haben hingegen Einfluss auf die Fälligkeit des Anspruches, in dem die den Vorschriften der §§ 1613 Abs. 2 Nr. 1 und 2 BGB zu Grunde liegenden Ansprüche - ohne Vorliegen der rechtswahrenden Handlungen gemäß § 1613 Abs. 1 BGB - geltdend gemacht

---

Karlsruhe FamRZ 1990, 88, 89: es solle der Zeitpunkt sein, in dem der Gläubiger seinerseits verpflichtet sei, die Vergütung für die Leistung zu zahlen.

228 Staudinger/*Engler* § 1613 BGB Rdnr. 7.

229 *Büttner*, in: Johannsen/Henrich, Familienrecht, § 1585 b BGB Rdnr. 7.

230 MüKo-BGB/*Born* § 1585 b BGB Rdnr. 26.

231 *Büttner*, in: Johannsen/Henrich, Familienrecht, § 1585 b BGB Rdnr. 3.

232 *Büttner*, in: Johannsen/Henrich, Familienrecht, § 1585 b BGB Rdnr. 7.

233 *Janlewing*, FamRB 2012, 155, 162.

werden können. Wird z.B. über das Vermögen des Unterhaltsverpflichteten das Insolvenzverfahren eröffnet und wird nach Insolvenzeröffnung gemäß § 1600 d Abs. 4 BGB rechtskräftig festgestellt, dass dieser Vater eines Kindes ist, so kann das unterhaltsberechtigte Kind von seinem Vater die vor der Feststellung der Vaterschaft - wegen der Verhinderung aus rechtlichen Gründen - nicht fällig gewordenen Unterhaltsansprüche verlangen. Ebenso würde es sich verhalten, wenn das Kind in dem soeben geschilderten Fall vom Unterhaltsverpflichteten nach dessen Insolvenzeröffnung die Erstattung seiner - vor Insolvenzeröffnung entstandenen - Kosten der Erstausstattung[234] verlangt.

Voraussetzung einer Analogie ist zunächst das Bestehen einer Gesetzeslücke, also einer planwidrigen Unvollständigkeit der gesetzlichen Regelung.[235] Seit dem Inkrafttreten des BGB am 01.01.1900 enthielt das BGB den Grundsatz des Ausschlusses von Unterhalt für die Vergangenheit. Unterhalt wurde nur gewährt, wenn der Unterhaltspflichtige vom Berechtigten in Verzug gesetzt oder verklagt worden war. § 1613 BGB ging auf § 1492 des Entwurfes eines Bürgerlichen Gesetzbuches zurück und wurde in der dritten Lesung am 01.07.1896 vom Reichstag als § 1613 verabschiedet.[236] Regelungen zum „Unterhalt für die Vergangenheit" sind erstmalig mit der Reform des Nichtehelichengesetzes von 1969 eingefügt worden.[237] Die Regelung entsprach dem heutigen § 1613 Abs. 2 Nr. 1 BGB.[238] Den Regelungsinhalt dieser Bestimmung hat das KindUG[239] im neuen § 1613 Abs 2 Nr. 1 übernommen. Es hat in § 1613 Abs 2 Nr. 2 eine weitere Ausnahme vom Ausschluss der Nachforderung von Unterhalt für die Vergangenheit vorgesehen und zwar für den Zeitraum, in dem der Berechtigte aus rechtlichen Gründen oder aus tatsächlichen Gründen, die in den Verantwortungsbereich des Unterhaltspflichtigen fallen, an der Geltendmachung des Unterhaltsanspruchs gehindert war.[240] Die Konkursordnung wurde am 10.02. 1877 mit dem Einführungsgesetz veröffentlicht und trat am 01.10.1879, und somit vor dem BGB, in Kraft.[241] Die Vereinheitlichung des

---

234 Hierbei handelt es sich nach BVerfG, FamRZ 1999, 1342 um Sonderbedarf, ebenso: *Graba*, in: Johannsen/Henrich, Familienrecht, § 1613 BGB Rdnr. 13.

235 BVerfG Beschl. v. 16.2012, 1 BvR 127/10, BeckRS 2012, 48127= Rdnr. 23 (juris).

236 *Thamm*, Unterhalt für die Vergangenheit, 2002, S. 49 mit Hinweis auf die Begründung von *Planck* zu § 303 des Teilentwurfes des Familienrechts; hierauf sei § 1613 BGB textgeschichtlich zurückzuführen.

237 Staudinger/*Engler* § 1613 BGB Rdnr. 9.

238 *Thamm*, Unterhalt für die Vergangenheit, 2002, S. 49.

239 Verkündet am 14.04.1998, Inkraft seit 01.01.2000.

240 Staudinger/*Engler* § 1613 BGB Rdnr. 10.

241 Jaeger/*Henckel* Einleitung Rdnr. 7.

Bürgerlichen Rechts im BGB machte es notwendig, die Konkursordnung dem neuen Recht anzupassen. Gemäß Art. 1 EGKO 1898 trat das Gesetz, betreffend Änderungen der Konkursordnung daher gleichzeitig mit dem Bürgerlichen Gesetzbuch in Kraft, das seinerseits nach Art. 1. EGBGB am 01.01.1900 gleichzeitig mit der Konkursordnung in Kraft trat.[242]

Die Feststellung, dass das BGB zur Zeit des Inkrafttretens keine Regelungen zum „Unterhalt für die Vergangenheit" kannte, genügt jedoch nicht anzunehmen, dass es sich somit um eine planwidrige Regelungslücke handelt. Es müsste vielmehr der *ratio legis* des § 40 Satz 1 HS 2 InsO widersprechen, den Anspruch auf Unterhalt für die Vergangenheit im Falle eines Fälligwerdens nach Insolvenzeröffnung über das Vermögen des Verpflichteten als Neuverbindlichkeit zu behandeln, wenn rechtswahrende Handlungen i.S.v. § 1613 Abs. 1 BGB vor Insolvenzeröffnung aus den Gründen der §§ 1613 Abs. 2 Nr. 1 und 2 BGB nicht erfolgen konnten.

Als *ratio legis* des § 40 Satz 1 HS 2 InsO wird von der herrschenden Ansicht angeführt, dass sich der Anspruch mit Eintritt des Erbfalles in einen vermögensrechtlichen Anspruch verwandele, weswegen kein Grund bestehe, diesen Anspruch anders zu behandeln als andere wiederkehrende Ansprüche vermögensrechtlicher Art.[243] Hierzu wurde aber bereits festgestellt, dass es sich dann nicht um eine Ausnahmevorschrift handeln würde, sondern die Regel bestätigen würde und dass auch der ererbte Anspruch ein unterhaltsrechtlicher und kein vermögensrechtlicher Anspruch ist. Die Ausnahmeregel des § 3 Abs. 2 KO trug damals ausschließlich dem Inhalt des § 1582 BGB (i.d.F. v. 18. 08. 1896) Rechnung. Dieser beschränkte den übergegangenen Unterhaltsanspruch des geschiedenen Ehegatten gegen den Erben des Pflichtigen auf Erträge aus dem Nachlass. Eine Haftung des Erben mit seinem eigenen Vermögen war nach dem Willen des historischen Gesetzgebers nicht vorgesehen. Demzufolge musste der Grundsatz, dass der Unterhaltsberechtigte das vermögensrechtliche Schicksal des Pflichtigen teile und deshalb für den laufenden Unterhalt der Neuerwerb des Schuldners zur Verfügung stehe, in Bezug auf die Haftung des Schuldners als Erben ausgeschlossen werden. Obwohl mit Inkrafttreten des § 78 EheG vom 06.07.1938 der Erbe unabhängig von der Ertragsfähigkeit des Nachlasses haftet, ist § 3 Abs. 2 KO beibehalten worden und wurde die Regelung auch in § 40 Satz 2 HS 2 InsO beibehalten. Zwar wurde festgestellt, dass die Vorschrift nicht systemwidrig ist, indem sie die Erben

---

242 Jaeger/*Henckel* Einleitung Rdnr. 9.

243 Jaeger/*Henckel* § 40 InsO Rdnr. 11; KS-InsO/*Kohte*, 2. Aufl., S. 799 Rdnr. 63; *Uhlenbruck*, KTS 1999, 413, 420.

unverhältnismäßig gegenüber den Gläubigern i.S.v. § 40 Satz 1 HS 1 InsO privilegiere, indem diese an Masse und Neuerwerb partizipieren, weil die Ansprüche der Erben - als Insolvenzforderungen - der Restschuldbefreiung unterliegen. Es lässt sich aber der *ratio legis* der Vorschrift des § 40 Satz 1 HS 2 InsO nur entnehmen, dass die *ererbten Ansprüche* - als Ausnahme zu den übrigen familienrechtlichen Unterhaltsgläubigern - mit ihren nach Insolvenzeröffnung entstehenden Ansprüchen an der Masse partiziperen sollen.

Anhaltpunkte für eine erweiternde Anwendung dergestalt, dass § 40 Satz 1 HS 2 InsO auf die von § 1613 Abs. 2 Nr. 1 und 2 BGB erfassten Fälle des „Unterhalts für die Vergangenheit" anzuwenden ist, da diese mit der Erbenhaftung vergleichbar sind, können nicht erblickt werden. Gegen eine erweiternde Auslegung spricht, dass die Vorschriften des § 1613 BGB Abs. 2 Nr. 1 und 2 BGB auf dem Schuldnerschutzgedanken beruhen, den Verpflichteten vor Nachforderungen, auf welche er sich nicht einstellen konnte, zu bewahren.[244] Schuldnerschutzgesichtpunkte können der *ratio legis* der Norm nicht entnommen werden. Es handelt sich bei § 40 InsO, wie angeführt, um eine Massezuweisungsregelung. § 40 InsO ist auf § 3 Abs. 2 KO zurückzuführen; zur Zeit der Konkursordnung gab es ein Restschuldbefreiungsverfahren noch nicht. Hätte der Gesetzgeber der Insolvenzordnung mit der Regelung des § 40 Satz 1 HS 2 InsO auch Schuldnerschutzgesichtspunkte im Sinn gehabt, so hätte dies in den Materialien zum Ausdruck kommen müssen, was nicht der Fall ist. Gegen eine erweiternde Auslegung spricht auch, dass, anders als im Fall des ererbten Anspruches, bei welchem es auf die Leistungsfähigkeit des Erben nicht mehr ankommt, es bei den Fällen des § 1613 Abs. 2 Nr. 1 und 2 BGB auf die Leistungsfähigkeit des Verpflichteten im Zeitpunkt der Fälligkeit des Unterhalts ankommt. Der Anspruch entsteht demnach nur im Falle einer Leistungsfähigkeit des Schuldners. Im Hinblick auf die Vorschrift des § 1613 Abs. 2 Nr. 2 b BGB lässt sich gegen eine erweiternde Auslegung zudem anführen, dass der Verpflichtete selbst die Ursache dafür gesetzt hat, dass der Berechtigte vor der Insolvenzeröffnung an der Geltendmachung des Unterhaltes gehindert war.

cc) Ergebnis

Die passiv ererbten Unterhaltsansprüche sind familienrechtliche Unterhaltsansprüche. Es handelt sich bei § 40 Satz 1 HS 2 InsO um eine Ausnahmevorschrift, mit welcher auch nach Insolvenzeröffnung fällig werdende, passiv ererbte

---

244 *Thamm*, Unterhalt für die Vergangenheit, 2002, S. 65.

Unterhaltsansprüche zu Insolvenzforderungen werden. Diese Ausnahmevorschrift ist keiner Analogie zugänglich, etwa im Hinblick auf die gesetzlichen Fälle des „Unterhalts für die Vergangenheit".

2. Wiederkehrende Ansprüche „nicht familienrechtlicher Natur" i.S.v. 40 Satz 1 InsO

a) Begriff der „Begründetheit" i.S.v. § 38 InsO, 40 Satz 1, 41 Abs. 1 InsO

Fraglich ist, wie bei Ansprüchen, die „nicht familienrechtlicher Natur" i.S.v. § 40 Satz 1 InsO sind (Ansprüche aus schuldrechtlichem Versorgungsausgleich, Leibrentenverträgen und deliktischen Ansprüchen gemäß §§ 843, 844 BGB, 10, 13 StVG, 3, 5 HaftPflichtG, §§ 823 Abs. 2 BGB i.V.m. 170 Abs. 1 StGB) aber nach Insolvenzeröffnung fällig werden können, der Begriff der Begründetheit zu definieren ist.

aa) Meinungsstand

Ein im Sinne von § 38 InsO „begründeter" Anspruch setzt nach heutiger, einhelliger Auffassung voraus, dass der anspruchsbegründende Tatbestand bereits vor Verfahrenseröffnung erfüllt worden ist, also das Schuldverhältnis schon vor Verfahrenseröffnung bestand, selbst wenn sich hieraus eine Forderung erst nach Verfahrenseröffnung ergibt.[245] Nur der Schuldrechtsorganismus, der die Grundlage des Anspruchs bildet und nicht schon die Forderung selbst, brauche vor Verfahrenseröffnung entstanden zu sein.[246] Bei wiederkehrenden Ansprüchen sei zu unterscheiden zwischen Ansprüchen aus einem einheitlichen Stammrecht und einzelnen, neu entstehenden Einzelforderungen. Bei den jeweils neu entstehenden Einzelforderungen seien nur die bis zur Eröffnung des Verfahrens begründeten Ansprüche Insolvenzforderungen. Später entstehende Ansprüche seien entweder Masseforderungen oder Neuforderungen, je nachdem, ob das Schuldverhältnis mit der Masse oder mit dem insolvenzfreien Vermögen des

245 BGHZ 72, 263, 265 f.; BGH ZInsO 2005, 537; A/G/R-*Ahrens* § 38 InsO Rdnr. 29; MüKo-InsO/*Ehricke* § 38 Rdnr. 15, 16; HK-InsO/*Eickmann* § 38 Rdnr. 18; Nerlich/Römermann/*Andres* § 38 InsO Rdnr. 13; FK-InsO/*Bornemann* § 38 Rdnr. 14.

246 Uhlenbruck/*Sinz* § 38 InsO Rdnr. 26.

Schuldners fortgesetzt werde.[247] Handele es sich hingegen um Ansprüche aus einem einheitlichen Stammrecht, so seien künftige Forderungen immer Insolvenzforderungen.[248] Nach herrschender Meinung[249] sind Forderungen aus Leibrentenverträgen sowie einer Rente nach § 843 BGB[250] als Anspruch aus einem einheitlichen Stammrecht anzusehen und daher auch im Hinblick auf künftig fällige Ansprüche Insolvenzforderungen. Soweit Ansprüche aus dem schuldrechtlichen Versorgungsausgleich als „nicht-familienrechtliche Unterhaltsforderung" angesehen werden, wird vertreten, dass die nach Insolvenzeröffnung fällig werdenden Einzelforderungen Insolvenzforderungen seien.[251]

Eine ältere Sichtweise stellt zur Bestimmung einer Insolvenzforderung i.S.v. § 38 InsO auf das Entstehen des Anspruchs oder dessen Fälligkeit ab.[252] Demnach wären die nach Insolvenzeröffnung fällig werdenden, einzelnen Forderungen, im Hinblick auf Ansprüche, die nicht vom Regelungsbereich des § 40 Satz 1 InsO erfasst sind, keine Insolvenzforderungen.

bb) Stellungnahme

Es leuchtet auf den ersten Blick nicht ein, wieso Ansprüche i.S.v. § 40 Satz 1 HS 1 InsO aufgrund einer einheitlichen Grundlage auch nach Eröffnung des Verfahrens fortwährend als „mit dem Eintreten des jeweiligen Bedürfnisses" neu entstehend angesehen werden, wohingegen Ansprüche, die nicht unter den familienrechtlichen Begriff des § 40 Satz 1 HS 1 InsO fallen, als Ansprüche aus einem einheitlichen Stammrecht angesehen werden. Schließlich entsteht auch z.B. der vertragliche Unterhaltsanspruch aufgrund eines nach Insolvenzeröffnung entstehenden Unterhaltsbedarfes neu.

Es ist aber gleichwohl richtig, familienrechtliche Ansprüche, die nicht unter § 40 Satz 1 HS 1 InsO fallen, mit ihren nach Insolvenzeröffnung fällig werdenden Ansprüchen als Insolvenzforderungen anzusehen. § 40 Satz 1 InsO stellt sich, wie festgestellt, als Masseausschlussregelung für familienrechtliche Unterhaltsgläubiger dar. (Allein) diese Ansprüche partizipieren nicht an der Insolvenzmasse; sie sind mit

---

247 *Häsemeyer*, Insolvenzrecht, Rdnr. 16.16; Hess/*Hess*, Insolvenzrecht, § 38 Rdnr. 30.

248 *Häsemeyer*, Insolvenzrecht, Rdnr. 16.16; *Kluth*, in: Gottwald, Insolvenzrechts-Handbuch, § 19 Rdnr. 34; Uhlenbruck/*Uhlenbruck* § 38 InsO Rdnr. 17; Jaeger/*Henckel* § 38 InsO Rdnr. 158.

249 MüKo-InsO/*Ehricke* § 38 Rdnr. 20; Jaeger/*Henckel* § 40 InsO Rdnr. 172.

250 RGZ 111, 287; RGZ 106, 95.

251 BGH ZInsO 2011, 2184, 2185; A/G/R-*Ahrens* § 40 InsO Rdnr. 14; MüKo-InsO/*Schumann* § 40 Rdnr. 12; FK-InsO/*Bornemann* § 40 Rdnr. 7a.

252 BFH BB 1971, 999; aufgegeben in BFH BB 1978, 187.

ihren nach Insolvenzeröffnung fällig werdenden Ansprüchen vielmehr Neugläubiger. Im Umkehrschluss bestätigt diese Ausnahmevorschrift aber auch, dass alle vor Insolvenzeröffnung angelegten und verankerten Ansprüche auch mit nach Insolvenzeröffnung entstehenden Forderungen an der Masse partizipieren und somit Insolvenzforderungen sind. Dass dies bedeutet, dass auch die nach Insolvenzeröffnung wiederkehrenden Ansprüche Insolvenzforderungen sind, wird durch § 41 Abs. 1 InsO bestätigt. Diese Vorschrift fingiert die fehlende Fälligkeit der einzelnen, nach Insolvenzeröffnung entstehenden Forderungen nicht im Hinblick auf die von § 40 Satz 1 InsO erfassten Ansprüche, sondern ausschließlich für Insolvenzforderungen gemäß § 38 InsO.[253] Als weiteres Argument lässt sich noch anführen, dass anderenfalls die Gläubiger, die nicht unter den Anwendungsbereich des § 40 Satz 1 InsO fallen, mit ihren nach Insolvenzeröffnung entstehenden Forderungen weder an der Insolvenzmasse partizipieren würden, noch Zugriff auf das insolvenzfreie Einkommen hätten. Dieses insolvenzfreie Einkommen ist gemäß § 89 Abs. 2 Satz 2 InsO i.V.m. § 850 d ZPO ausschließlich für die familienrechtlichen Unterhaltsgläubiger gemäß § 40 Satz 1 InsO reserviert.

b) Anwendbarkeit der §§ 45, 46 InsO auf Ansprüche „nicht familienrechtlicher Natur“

Steht nach dem gefundenen Ergebnis fest, dass familienrechtliche Forderungen, die nicht unter die Bestimmung des § 40 Satz 1 HS 1 InsO fallen, auch mit künftigen Ansprüchen Insolvenzforderungen sind, ist hiermit noch nicht entschieden, nach welchem Wert sie im Verfahren geltend gemacht werden können. Zwar sehen die §§ 45, 46 InsO eine Handhabung vor. Sind Betrag und Dauer bestimmt, so gilt gemäß § 46 Satz 1 InsO, dass sie mit dem Betrag geltend zu machen sind, der sich ergibt, wenn die noch ausstehenden Leistungen unter Abzug des in § 41 bezeichneten Zwischenzinses zusammengerechnet werden. Ist die Dauer der Leistungen hingegen unbestimmt, so gilt § 45 Satz 1 InsO entsprechend (vgl. § 46 Satz 2 InsO): sie sind mit dem Wert geltend zu machen, der für die Zeit der Eröffnung des Insolvenzverfahrens geschätzt werden kann.

Umstritten ist aber zunächst die generelle Anwendbarkeit der §§ 45, 46 InsO auf familienrechtliche Ansprüche, die nicht vom Regelungsbereich des § 40 Satz 1 InsO erfasst sind.

---

253 A/G/R-*Ahrens* § 41 InsO Rdnr. 1.

aa) Meinungsstand

Nach herrschender Auffassung fallen familienrechtliche Ansprüche, die nicht von § 40 Satz 1 HS 1 InsO erfasst werden, unter die Bestimmung der §§ 45, 46 InsO.[254] In der Entscheidung des BGH vom 13.10.2011 (IX ZB 80/10[255]) stellt der IX. Senat jedoch die generelle Anwendbarkeit der §§ 45, 46 InsO auf diese Ansprüche in Frage,[256] so dass dem weiter nachzugehen ist.

Ausgangspunkt der Entscheidung war die Frage, ob dem Ehegatten, über dessen Vermögen das Insolvenzverfahren eröffnet worden war, gemäß § 850 f Abs. 1 ZPO - zur Befriedigung der schuldrechtlichen Ausgleichsansprüche der geschiedenen Ehefrau - zusätzliche unpfändbare Mittel aus der Insolvenzmasse zur Verfügung gestellt werden können. Die Ehefrau ihrerseits wurde während der ersten zwei Jahre des Insolvenzverfahrens ihres Ex-Gatten i.S.v. § 114 Abs. 1 InsO bevorzugt; der Versorgungsträger hat die Zahlung an die Ehefrau nach den zwei Jahren jedoch eingestellt. Der BGH hat sich zunächst, in Einklang mit dem Beschwerdegericht, der Ansicht angeschlossen, wonach Ansprüche aus dem schuldrechtlichen Versorgungsausgleich nicht unter § 40 InsO fielen; im Umkehrschluss handele es sich um Insolvenzforderungen gemäß § 38 InsO. Zur „Begleichung" einer Insolvenzforderung sei der Schuldner jedoch im Verfahren nicht verpflichtet, weswegen eine Erhöhung des Freibetrages ausscheide. Die Entscheidung hätte hier sein Ende finden können. Der BGH hat jedoch – eher beiläufig – noch weitere, offene Fragen angesprochen, jedoch nur zum Teil beantwortet: Der BGH lehnt zunächst die generelle Anwendbarkeit der §§ 45, 46 InsO im Hinblick auf den schuldrechtlichen Versorgungsausgleich ab, da dies für den Berechtigten zu einem „untragbaren Ergebnis führe": Dieser müsste kapitalisiert und insgesamt zur Tabelle angemeldet werden. Die Anwendbarkeit der §§ 45, 46 InsO führe zu der Frage, ob der Ausgleichsberechtigte ihn nach Aufhebung des Insolvenzverfahrens dann in seiner ursprünglichen Form (zahlbar in monatlichen Raten) weiter verfolgen könne und ob er insgesamt der Restschuldbefreiung unterfiele, was streitig sei. Auf diesen Meinungsstreit zur Frage der „Nachhaftung"[257] komme es aber nicht an, da §§ 45,46 InsO nicht anwendbar seien. Zudem sei der Berechtigte aber auch durch die Abtretung des § 21 VersausglG bzw. § 1587 i BGB a.F. hinreichend

254 A/G/R-*Ahrens* § 46 InsO Rdnr. 4; Uhlenbruck/*Knof* § 46 InsO Rdnr. 2; FK-InsO/*Bornemann* § 40 Rdnr. 9.

255 ZInsO 2011, 2184–2186.

256 BGH Beschl. v. 13.10.2011, IX ZB 80/10, Rdnr. 13 (juris): „Insbesondere finden auch § 46 Satz 2, § 45 Satz 1 InsO keine Anwendung.".

257 Eingehend: MüKo-InsO/*Bitter* § 45 Rdnr. 39 ff.

gesichert. Diese Abtretung sei unter dem Geltungsbereich des § 114 InsO während der ersten beiden Jahre vorrangig zu bedienen, danach sei der Berechtigte „zeitweilig auf die Quote verwiesen“. Nach Erteilung der Restschuldbefreiung lebe diese aber wieder auf, da sie „nur so weit und so lange unwirksam sei, als die Zwecke des Insolvenzverfahrens und der möglichen Restschuldbefreiung dies rechtfertigten.[258]“

bb) Stellungnahme

Augenscheinlich widersprüchlich erscheint zunächst, dass der BGH zwar die von § 40 InsO ausgeklammerten Forderungen generell nicht dem Regelungsbereich der §§ 45, 46 InsO unterstellen will, andererseits aber konstatiert, dass der Berechtigte zeitweilig „auf die Quote verwiesen sei“. Die Quote kann sich jedoch nur unter Anwendung der §§ 45, 46 InsO ergeben. Da die Entscheidung jedoch erkennbar das Ziel hat, ein für den Berechtigten „untragbares Ergebnis“ zu verhindern, was dadurch entstehen würde, wenn die Forderung auf schuldrechtliche Ausgleichsrente insgesamt der Restschuldbefreiung unterfiele, dürfte die Verneinung der generellen Anwendbarkeit daher offensichtlich so zu verstehen sein, dass unter dem „untragbaren Ergebnis“ die Restschuldbefreiung gemäß § 301 InsO zu verstehen ist. Der BGH entscheidet daher nicht den Meinungsstreit zu der Frage der Nachhaftung, sondern rekurriert auf die Abtretung gemäß § 21 VersausglG. Im Hinblick auf den schuldrechtlichen VA komme es auf die Frage der „Nachhaftung“ nicht an, da der Berechtigte durch die Abtretung derartig gesichert sei, dass sie auch über die Restschuldbefreiung des Verpflichteten hinaus Gültigkeit habe. Diese Argumentation ergibt jedoch nur dann einen Sinn, wenn man unterstellt, dass die Forderung nach Erteilung der Restschuldbefreiung noch existiert, was wiederum bedeutet, dass der BGH die schuldrechtliche Ausgleichsrente nicht als von der Restschuldbefreiung erfasste Forderung ansieht. Unklar bleibt in diesem Zusammenhang auch, wie bei den übrigen familienrechtlichen Ansprüchen „im weiteren Sinne“ zu verfahren ist, bei denen es keine mit § 21 VersausglG vergleichbare Regelung gibt und was passiert, wenn die Abtretung gemäß § 21 VersausglG „vergessen“ wurde[259]. Ferner ist § 114 Abs. 1 InsO durch das „Gesetz zur Verkürzung des Restschuldbefreiungsverfahrens und zur Stärkung der

258 Unter Bezug auf einen Beitrag von *Kreft*, in: FS-Fischer, S. 297, 303, 304, 305, 306 zum Rechtsinstitut der „Insolvenzrechtlichen Unwirksamkeit“.

259 Vgl. *Holzwarth*, Anmerkung zu BGH FamRZ 2011, 1938, 1940, der konstatiert, dass dies in der Praxis häufig vorkomme.

Gläubigerrechte"[260] gestrichen worden, so dass der Argumentation, der Gläubiger sei durch die Abtretung gemäß § 114 Abs. 1 InsO hinreichend gesichert, im künftigen Recht die Grundlage entzogen ist. Der BGH hat somit nur zu folgenden Fragen Stellung bezogen: der schuldrechtliche Versorgungsausgleich sei eine Insolvenzforderung i.S.v. § 38 InsO und unterfalle nicht § 40 InsO. Während der ersten beiden Jahre sei die Forderung gemäß § 114 Abs. 1 InsO vorrangig zu bedienen, es habe im Weiteren eine quotale Befriedigung i.S.v. §§ 45, 46 InsO zu erfolgen. Sei eine Abtretung gemäß § 21 VersausglG erfolgt, so habe diese auch nach Erteilung der Restschuldbefreiung Bestand. Es wurde hier bereits festgestellt, dass die schuldrechtliche Ausgleichsrente nicht dem Anwendungsbereich des § 40 Satz 1 InsO unterstellt ist, so dass dem BGH in dieser Hinsicht beizupflichten ist.

Der BGH hat aber einerseits die Frage der „Nachhaftung" aufgeworfen. Diese spielt in den Insolvenzverfahren über das Vermögen natürlicher Personen eine Rolle bei rechtskräftiger Versagung der Restschuldbefreiung gemäß §§ 290 Abs. 1, 2 sowie 295, 296 InsO. Für diese Fälle muss der Meinungsstreit zu §§ 45, 46 InsO und der „Nachhaftung" entschieden werden. Gemäß § 201 Abs. 1 InsO hat der Gläubiger dann nach Aufhebung des Insolvenzverfahrens die Möglichkeit, seine restlichen Forderungen weiterzuverfolgen. Hierfür wird ihm gemäß § 201 Abs. 2 InsO der Tabelleneintrag als Titel zur Verfügung gestellt. Im Hinblick auf Forderungen, die gemäß §§ 45, 46 InsO umgerechnet wurden, stellt sich die Frage, ob diese in ihrer ursprünglichen Gestalt oder in ihrer neuen, umgerechneten Gestalt weiterverfolgt werden können.

In den Fällen der Erteilung der Restschuldbefreiung wird es für den Fall einer Abtretung gemäß § 21 VersausglG auf das vom BGH angesprochene Institut der „insolvenzrechtlichen Unwirksamkeit" ankommen sowie auf die Frage, ob die schuldrechtliche Ausgleichsrente sowie mögliche weitere familienrechtliche wiederkehrende Ansprüche, die nicht vom Anwendungsbereich des § 40 Satz 1 InsO erfasst sind, ggf. nicht der Restschuldbefreiung unterliegen.

c) Die „Nachhaftung" im Hinblick auf von §§ 45, 46 InsO erfasste Ansprüche

Der Gläubiger hat gemäß § 201 Abs. 1 InsO nach Aufhebung des Insolvenzverfahrens die Möglichkeit, seine restlichen Forderungen weiterzuverfolgen. Hierfür

---

260 Verkündet am 18.07.2013, BGBl. 38, S. 2370; gemäß Art. 9 des Gesetzes tritt die Streichung des § 114 InsO am 01.07.2014 in Kraft; vgl. BT-Drucksache 17/11268, 17/13535.

wird ihm gemäß § 201 Abs. 2 InsO der Tabelleneintrag als Titel zur Verfügung gestellt. Im Hinblick auf Forderungen, die gemäß §§ 45, 46 InsO umgerechnet wurden, stellt sich die Frage, ob diese in ihrer ursprünglichen Gestalt oder in ihrer neuen, umgerechneten Gestalt weiterverfolgt werden können. Der BGH hat in der Entscheidung vom 13.10.2011[261] die Frage problematisiert, wie Forderungen, die gemäß §§ 45, 46 InsO angemeldet wurden, im Weiteren zu behandeln sind. Streitig ist in diesem Zusammenhang, ob die gemäß §§ 45, 46 InsO kapitalisierte Forderung durch die Kapitalisierung eine Inhaltsänderung erfährt und „umgewandelt" wird oder ob hierdurch keine nachhaltige Änderung stattfindet, Schuldner und/oder Gläubiger vielmehr durch verschiedene Handlungsweisen oder Erklärungen weiteren Einfluss auf das Schicksal der Forderung nehmen können. Diese Frage gewinnt an Bedeutung, wenn dem Schuldner die Restschuldbefreiung gemäß §§ 290 Abs. 1, 2 sowie 295, 296 InsO versagt wurde. Denn gemäß § 201 Abs. 3 InsO bleiben die Vorschriften zur Restschuldbefreiung unberührt. Gemäß § 294 Abs. 1 InsO ist die Zwangsvollstreckung einzelner Insolvenzgläubiger aber auch nach Aufhebung des Insolvenzverfahrens, während der Treuhandperiode, unzulässig.

aa) Konzept der „Nachhaltigkeit der Umwandlung"

Die herrschende Auffassung in Literatur und Rechtsprechung geht davon aus, dass die Forderungen der Gläubiger, die ihre Ansprüche im Insolvenzverfahren angemeldet haben, durch die Feststellung zur Tabelle eine „Umwandlung" erfahren hätten.[262] Dies resultiere daraus, dass die Tabelle für festgestellte und auch vom Schuldner nicht bestrittene Insolvenzforderungen im Umfang der Feststellung einen Vollstreckungstitel bilde. Wenn die Gläubiger ihre Forderungen hingegen nicht angemeldet hätten, so könnten sie den Schuldner nach Beendigung des Verfahrens erneut auf die ursprüngliche Leistung verklagen[263] bzw. bliebe ein vor Insolvenzeröffnung erwirkter Titel wirksam.[264] Hintergrund sei, dass die Feststellung gleichermaßen Wirkung für die Haftung der Insolvenzmasse als auch für die Nachhaftung des Schuldners habe, da der Schuldner das Recht habe, seine

---

261 ZInsO 2011, 2184, 2186.

262 Sog. „Nachhaltigkeit der Umwandlung", vgl. RGZ 93, 209, 213; BGHZ 108, 123, 127; BGH NJW 1989; 3155, 3157; BGH NJW 1992, 2091, 2092; Hess/*Hess*, Insolvenzrecht, § 45 Rdnr. 11 und 29; *Holzer*, in: Kübler/Prütting/Bork § 45 InsO Rdnr. 8; HK-InsO/*Eickmann* § 45 Rdnr. 8; Braun/*Bäuerle* § 45 InsO Rdnr. 6; FK-InsO/*Bornemann* § 45 Rdnr. 8.

263 BGHZ 72, 234; BGH NJW 1996, 2035.

264 BGH ZIP 1998, 1113.

Forderung zu bestreiten (vgl. §§ 201 Abs. 2, 184 InsO). Erfolgreich prozessierte Widersprüche des Insolvenzverwalters und der Gläubiger wirkten auch zu Gunsten des Schuldners, in dem sie seine Nachhaftung rechtskräftig ausschlössen. Schuldner und Gläubiger hätten die Rechtskraft – und Vollstreckungswirkung somit gleichermaßen hinzunehmen.[265]

bb) Konzept der „auf das Insolvenzverfahren beschränkten Umwandlung“

Häsemeyer stellt sich gegen das System einer „Zwangsumwandlung“ angemeldeter Insolvenzforderungen. Er entwirft ein Konzept der „auf das Insolvenzverfahren beschränkten Umwandlungswirkung.“[266] Ausgehend von der auch von anderen Meinungen in der Literatur[267] vertretenen Kritik an dem System der „Nachhaltigkeit der Umwandlung“, nämlich, dass es weder der Umwandlungsregelung der §§ 41 ff. InsO noch dem Forderungsfeststellungsverfahren (§§ 174 ff. InsO) gerecht werde, stellt er folgendes Gegenkonzept auf:

Die Zwangsumwandlung sei sowohl für den Schuldner als auch für den Gläubiger nachteilig. Für den Schuldner ergebe sich die nachteilige Wirkung daraus, dass er auch nicht fällige Forderungen (vgl. § 41 Abs. 1 InsO) sofort tilgen müsse und er im Falle wiederkehrender Leistungen sofort den kapitalisierten Betrag schulde (§ 46 InsO). Für die Gläubiger sei nachteilig, dass sie verfahrensbedingte Nichterfüllungsschäden nach Beendigung des Verfahrens nicht mehr gegen den Schuldner geltend machen könnten und sie auf Geldforderungen verwiesen seien, auch wenn ihnen ursprünglich Individualansprüche zugestanden hätten.[268] Zudem könne der Gläubiger dieser Wirkung nur dann entgehen, wenn er auf die Anmeldung der Forderung verzichte, was gleichzeitig ein Quotenverzicht bedeute. Diese Nachteile seien dadurch zu umgehen, dass den Gläubigern die Möglichkeit eingeräumt werde, ihre Forderung nur eingeschränkt auf deren Berücksichtigung im

---

265 HK-InsO/*Eickmann* § 45 Rdnr. 8.

266 *Häsemeyer*, Insolvenzrecht, Rdnr. 25.16 ff., dem folgend Nerlich/Römermann/*Westphal*, § 202 InsO Rdnr. 14; HK-InsO/*Irschlinger* § 201 Rdnr. 5; HambK-InsO/*Herchen* § 201 Rdnr. 16.

267 Kritisch wird vor allem die von der herrschenden Meinung angenommene materiellrechtliche Wirkung der Umwandlung gesehen, vgl. *Arend*, ZIP 1988, 69, 73; *Spellenberg*, Zum Gegenstand des Konkursfeststellungsverfahrens, S. 161 ff. sowie Kuhn/*Uhlenbruck*, KO, § 164 Rdnr. 2, die dem Gläubiger einräumen möchten, durch einen Verzicht auf die Möglichkeit des § 164 Abs. 2 KO (= § 201 Abs. 2 InsO) eine für die Gläubiger nachteilige Umwandlung für die Nachhaftung des Schuldners zu vermeiden.

268 *Häsemeyer*, Insolvenzrecht, Rdnr. 25.12.

Insolvenzverfahren und unter Ausschluss der Nachhaftung anzumelden.[269] Dem Schuldner werde im Umkehrschluss erlaubt, einer uneingeschränkt angemeldeten Forderung auch nur mit dem Ziel zu widersprechen, die durch §§ 41, 45 und 46 InsO für die Dauer des Insolvenzverfahrens bewirkte Inhaltsänderung für die Nachhaftung auszuschließen.[270]

cc) Konzept der „prozessualen Rechtskraft der Feststellung"

Bitter[271] hält es im Ergebnis für richtig, dass die einmal erfolgte Feststellung der Forderung maßgeblich bleibe. Dies sei aber nicht auf einer materiell-rechtlichen Umwandlung[272] der Forderung zu begreifen, da nach heutigem Verständnis der Titel keinen Einfluss auf das materielle Recht habe. Die materielle Rechtskrafttheorie gehöre der Vergangenheit an.[273] Nach heutigem, prozessualen Verständnis sei der Titel nur bindend für jedes neu angerufene Gericht und dies auch nur insoweit, wie die Rechtkraft reicht (sog. prozessuale Rechtskrafttheorie).[274] Der Gesetzgeber habe diese Maßgeblichkeit auch bezweckt, indem er die Fälle der §§ 45, 46 InsO nicht von der Wirkung des § 201 InsO ausgenommen habe. Der Schuldner sei wegen der prozessualen Wirkung der Feststellung gemäß § 767 ZPO auch dann präkludiert, wenn es sich um Einwendungen handele, die er im Verfahren zur Prüfung der Forderung gar nicht vorbringen konnte.[275] Im Gegenzug habe der Gläubiger ebenfalls hinzunehmen, dass dieser mit der rechtskräftigen Feststellung seinen zuvor erwirkten Titel verloren habe.

dd) Stellungnahme

Für die herrschende Auffassung sprechen die Urteilswirkungen der Feststellung zur Tabelle, die in den §§ 178 Abs. 3, 201 Abs. 2 InsO zum Ausdruck kommen. Gegen das herrschende Konzept der „Nachhaltigkeit der Umwandlung" spricht aber, dass die Ansicht kein stimmiges Gesamtkonzept darstellt. So gehen die

---

269 *Häsemeyer*, Insolvenzrecht, Rdnr. 25.18: Der Eintrag in der Tabelle solle „Feststellung beschränkt auf die Haftung der Masse" lauten.

270 *Häsemeyer*, Insolvenzrecht, Rdnr. 25.18.

271 MüKo-InsO/*Bitter* § 45 Rdnr. 43: dem folgend MüKo-InsO/*Keller* § 201 Rdnr. 13.

272 MüKo-InsO/*Bitter* § 45 Rdnr. 42: ebenso A/G/R-*Ahrens* § 45 Rdnr. 8.

273 MüKo-InsO/*Bitter* § 45 Rdnr. 42: ebenso MüKo-InsO/*Keller* § 201 Rdnr. 13.

274 MüKo-InsO/*Bitter* § 45 Rdnr. 42.

275 A.A. *Grothe*, Fremdwährungsverbindlichkeiten, S. 782, der dem Schuldner nach Verfahrensende diejenigen Einwände gestatten will, die er vorher nicht vorbringen konnte.

Vertreter einerseits von einer materiell-rechtlichen Wirkung der Feststellung der Forderung aus. Gleichzeitig hat die Feststellung auch nach Ansicht der Vertreter der herrschenden Ansicht[276], jedoch keine Wirkung auf „Dritte", z.B. auf die Mithaftung von Bürgen.[277] Auch ist die Wirkung der Feststellung auf die verschiedenen Beteiligten unterschiedlich, was nur auf der Basis eines prozessualen Verständnisses erklärbar ist. So streiten sich Gläubiger und Insolvenzverwalter ohne Beteiligung des Schuldners über die Haftung der Insolvenzmasse (vgl. § 178 InsO). Auf der anderen Seite führen die Gläubiger mit dem Schuldner einen Prozess über die Nachhaftung ohne Beteiligung des Insolvenzverwalters, § 201 Abs. 2 InsO. Dies ist nur auf der Basis einer prozessualen Rechtskrafttheorie zu erklären. Weder das Urteil noch die dem Urteil gleichstehende Eintragung zur Tabelle wirken sich demnach auf das materielle Recht aus. Sie binden nur jedes neu angerufene Gericht und dies auch nur insoweit, wie die Rechtskraft reicht.[278]

Gegen *Häsemeyers* Konzept lässt sich einwenden, dass das Insolvenzrecht *de lege lata* weder eine auf die Verteilung der Insolvenzmasse beschränkte Anmeldung und Feststellung der Forderung, noch einen auf die Umrechnung beschränkten Widerspruch des Schuldners kennt. Auch führt eine auf das Insolvenzverfahren beschränkte Anmeldung dazu, dass die Feststellung der Forderung, entgegen der Vorschrift des § 201 Abs. 2 InsO, in den Fällen der §§ 45, 46 InsO keine prozessualen Wirkungen hat.

Gegen das Konzept der „prozessualen Rechtskraft der Feststellung" lässt sich anführen, dass die Nachteile der Bindungswirkung der Feststellung hierdurch nicht beseitigt werden. Insbesondere entstehen für den Schuldner durch die Fälligkeitsfiktion des § 41 Abs. 1 InsO und der Kapitalisierung gemäß § 46 InsO Nachteile. Für diese Wirkungen hat sich der Gesetzgeber aber bewusst entschieden. Im Umkehrschluss verliert der Gläubiger, der seine Forderung angemeldet hat, nach rechtskräftiger Feststellung seinen Ursprungstitel, damit dieser nicht auf Kosten des Schuldners „spekulieren" kann. Der Gläubiger hat demnach grundsätzlich die Wahl, sich für oder gegen eine Anmeldung zu entscheiden. Entscheidet er sich dafür, muss er das Risiko des Verlustes des Ursprungstitels gegen die Quotenbeteiligung eingehen. Es ist daher dem Konzept der „prozessualen Rechtskraft der Feststellung" zu folgen, da es dem gesetzgeberischen Willen gerecht wird.

---

276 BGH NJW 1991, 1111, 1113; HambK-InsO/*Lüdtke* § 45 Rdnr. 30.

277 A/G/R-*Ahrens* § 40 InsO Rdnr. 13; MüKo-InsO/*Bitter* § 45 Rdnr. 50; Uhlenbruck/*Knof* § 45 InsO Rdnr. 27; HK-InsO/*Eickmann* § 45 Rdnr. 13.

278 MüKo-InsO/*Bitter* § 45 Rdnr. 42.

ee) Ergebnis

Wiederkehrende, familienrechtliche Ansprüche, die nicht vom Anwendungsbereich des § 40 Satz 1 InsO erfasst sind, werden durch die Feststellung zur Tabelle nicht in materiell-rechtlicher Hinsicht umgewandelt. Der ursprüngliche Titel wird vielmehr durch die Feststellung zur Tabelle ersetzt, wobei die Forderung gemäß § 41 Abs. 1, 46 InsO kapitalisiert wird.

d) Restschuldbefreiung gemäß § 301 InsO

Fraglich ist, ob der Gläubiger nur „zeitweilig" auf eine Quote gemäß §§ 45, 46 InsO verwiesen ist, der Berechtigte im Übrigen seinen Anspruch auf schuldrechtliche Ausgleichsrente von Erteilung der Restschuldbefreiung an jedoch „behält". Dies würde bedeuten, dass die schuldrechtliche Ausgleichsrente keine von der Restschuldbefreiung umfasste Forderung ist.[279] Der BGH begründet seine Auffassung, dass der Berechtigte seinen Anspruch auf schuldrechtliche Ausgleichsrente nach Erteilung der Restschuldbefreiung in vollem Umfang „behalte" mit der erfolgten Abtretung gemäß § 1587 i BGB a.F. bzw. § 21 VersausglG und der von *Kreft*[280] beschriebenen Rechtsfigur der „insolvenzrechtlichen Unwirksamkeit"[281].

aa) Die Abtretung gemäß § 21 VersausglG und das „Institut der insolvenzrechtlichen Unwirksamkeit"

Ausgangspunkt dieser Konstruktion ist die Überlegung, dass Sicherungen, die der Rückschlagsperre des § 88 InsO unterliegen lediglich auf die Zwecke und die Dauer des Insolvenzverfahrens beschränkt unwirksam würden. Diese ergebe sich aus der engen Verwandtschaft des § 88 InsO mit dem Anfechtungsrecht. Rückschlagsperre und Anfechtungsrecht seien rechtspolitisch austauschbar. In der Entscheidung des BGH vom 19.01.2006[282] sei diese Figur zu Recht entwickelt

---

279 BGH ZInsO 2011, 2184, 2186: „Eine Kapitalisierung der Ausgleichsrente scheidet damit aus. Der ausgleichsberechtigte Ehegatte wird damit nur zeitweilig auf die Quote verwiesen, behält seinen Anspruch jedoch für die ersten zwei Jahre nach der Eröffnung sowie von der Erteilung der Restschuldbefreiung an in vollem Umfang.".

280 Gerhard *Kreft* war in den Jahren 2000 bis 2004 Vorsitzender Richter des für das Insolvenzrecht zuständigen IX. Zivilsenats des BGH.

281 *Kreft*, in: FS- Fischer, S. 297, 303, 304, 305, 306.

282 BGHZ 166, 74 f.

worden. In der Entscheidung hat ein Gläubiger im gemäß § 88 InsO relevanten Zeitraum eine Zwangssicherungshypothek eintragen lassen. Nachdem der Insolvenzverwalter das Grundstück freigegeben hatte, verlangte der Schuldner vom eingetragenen Gläubiger die Löschungsbewilligung. Der BGH hat dies abgelehnt mit der Begründung, dass die Wirkung des § 88 InsO absolut und nicht nur relativ gegenüber dem einzelnen Gläubiger wirke und die Sicherheit zwar unwirksam geworden sei, entgegen § 89 Abs. 1 InsO jedoch in entsprechender Anwendung des § 185 b Abs. 2 Satz 1 Fall 2 BGB neu entstehe. Der BGH folgere aus Art. 14 Abs. 1 GG die Notwendigkeit, den Rechtsschutzanspruch des Gläubigers nur so lange zu beschränken, soweit überwiegende Belange dies zwingend erforderten.

bb) Stellungnahme

Es stellt sich zunächst die Frage, ob das Institut der „insolvenzrechtlichen Unwirksamkeit“,[283] jedenfalls auf Basis der bis zur Entscheidung des BGH vom 13.10.2011[284] getroffenen Entscheidung[285] und auf der Grundlage des in Bezug genommenen Beitrages von *Kreft*[286] im Hinblick auf die Abtretung gemäß § 21 VersausglG bzw. § 1587 i BGB einschlägig ist.

Hiergegen spricht, dass mit der Rechtsfigur Sicherheiten, die der Rückschlagsperre unterliegen, auf die Zwecke und die Dauer des *Insolvenzverfahrens* beschränkt werden sollen. Weder der Entscheidung des BGH vom 19.01.2006[287] noch dem Beitrag von *Kreft*[288] ist zu entnehmen, dass die Unwirksamkeit von Sicherheiten über die *Restschuldbefreiung* hinaus angeordnet werden soll. Die Restschuldbefreiung wurde in dem Bezug genommenen Beitrag noch nicht einmal thematisiert. Der BGH stützt sich zur Begründung seiner These ebenfalls auf eine Entscheidung vom 24.03.2011.[289] Hier lehnt der Senat die Aufhebung einer vor Insolvenzeröffnung erfolgten Pfändung künftiger Altersrente durch einen Insolvenzgläubiger ab. Die Drittschuldnerin, eine Sozialversicherungsträgerin,

---

283 Es ist umstritten, ob dieses Rechtsinstitut ein sinnvolles Instrument ist, einen angemessenen Ausgleich von einzelnen Gläubigerinteressen und den Interessen der Gläubigergesamtheit zu schaffen, verneinend: *Alff/Hintzen*, ZInsO 2006, 481 ff.; *Keller*, ZIP 2006, 1174 ff., bejahend: *Thietz-Bartram*, ZInsO 2006, 527 ff.; *App*, DZWIR 2006, 345 ff.

284 ZInsO 2011, 2184, 2186.

285 BGHZ 166, 74 f.

286 *Kreft*, in: FS- Fischer, S. 297, 303, 304, 305, 306.

287 BGHZ 166, 74 f.

288 *Kreft*, in: FS- Fischer, S. 297, 303, 304, 305, 306.

289 ZInsO 2011, 812, 813.

hatte die Aufhebung der Pfändung beantragt, da über das Vermögen des Schuldners das Insolvenzverfahren eröffnet worden sei, was zu einer Unwirksamkeit vor Insolvenzeröffnung erlangter Sicherheiten hätte führen müssen. Der Senat begründet seinen Beschluss auch hier damit, dass nach Insolvenzeröffnung zuvor erlange Sicherheiten nur solange so weit und so lange unwirksam seien, als die Zwecke des Insolvenzverfahrens und der *möglichen Restschuldbefreiung* dies rechtfertigten. Ausgangspunkt der Überlegung ist hier aber, dass dem Gläubiger ein Rangverlust nicht zuzumuten ist, für den Fall, dass dem Schuldner die Restschuldbefreiung versagt wird. Der Anspruch gegen den Drittschuldner befand sich im konkreten Fall nicht in der Leistungsphase, der Gläubiger hat seine vollstreckungsrechtliche Position lediglich, *bis zur Erteilung* der Restschuldbefreiung gewahrt.[290] Der BGH hat demnach in dieser Entscheidung keinesfalls ein über die Erteilung der Restschuldbefreiung *hinausgehenden* Zweck anerkannt. Gegen eine solche Auslegung der Rechtsfigur, dass Sicherheiten über die Zwecke des *Restschuldbefreiungsverfahrens* hinausgehen sollen, spricht, dass das „Institut der insolvenzrechtlichen Unwirksamkeit" aus anfechtungsrechtlichen Gesichtspunkten hergeleitet wird.[291] Normzweck der Bestimmungen zur Insolvenzanfechtung ist, Vermögensverschiebungen in der Krise, im Sinne einer Gläubigergleichbehandlung, rückgängig zu machen.[292] Diese Zwecke können nach Erteilung der Restschuldbefreiung keine Rolle (mehr) spielen. Hinzu kommt, dass die dem Institut der „insolvenzrechtlichen Unwirksamkeit" in Bezug genommene Rückschlagsperre gemäß § 88 InsO nur dann eingreift, wenn der Gläubiger die Sicherheit im Monat vor der Insolvenzbeantragung erlangt hat.[293] Auf eine zeitliche Bestimmung ist der BGH in seiner Entscheidung vom 13.10.2011 aber gar nicht eingegangen. Nach den bisherigen Entscheidungen und auch dem in Bezug genommenen Aufsatz von *Kreft* lässt sich der in der Entscheidung vom 13.10.2011 zum Ausdruck gekommene Zweck, die Sicherheit über die Erteilung der Restschuldbefreiung *hinaus* dem Gläubiger zu

---

290 Rdnr. 14 der Entscheidung (juris): „Schon gar nicht kann ein solcher Rechts- und Rangverlust durch § 14 Abs. 3 InsO bei der Pfändung einer künftigen Altersrente hingenommen werden, deren Leistungsstadium bis zur möglichen Erteilung der Restschuldbefreiung gar nicht sicher erreicht wird, so dass an die Insolvenzgläubiger aus dem Rentenanspruch des Schuldners ohnehin nichts verteilt werden kann.".

291 *Kreft*, in: FS-Fischer, S. 297, 304.

292 MüKo-InsO/*Kirchhof* vor § 129 Rdnr. 3; *Huber*, in: Gottwald, Insolvenzrechts-Handbuch, § 46 Rdnr. 3; *Paulus*, in: Kübler/Prütting/Bork § 129 InsO Rdnr. 2 f.; Braun/*Tashiro* § 339 InsO Rdnr. 1.

293 In Verbraucherinsolvenzverfahren beträgt die Frist drei Monate, vgl. § 312 Abs. 1 Satz 3 InsO.

belassen, daher nicht in Einklang bringen. Fraglich ist auch, ob dieser vom BGH beabsichtigte Zweck mit dem „System der Restschuldbefreiung“ in Einklang zu bringen ist. Dieses wird seit den Entscheidungen des BVerfG[294] zur Verfassungsmäßigkeit der Restschuldbefreiung und auch vom BGH selbst grundsätzlich nicht in Frage gestellt. Mit der in der Entscheidung vom 13.10.2011 enthaltenen Aussage, dass „ein Ergebnis dahingehend, dass der ausgleichsberechtigte Ehegatte mit der Quote auf den Kapitalbetrag endgültig abgefunden wird und der ausgleichsverpflichtete Schuldner die Rente schließlich ungekürzt weiter bezieht, untragbar wäre“ und „ eine Kapitalisierung der Ausgleichsrente damit ausscheide“ hat der BGH jedoch gleichzeitig zu erkennen gegeben, dass die schuldrechtliche Ausgleichsrente jedenfalls eine von der Restschuldbefreiung ausgenommene Forderung ist. Der Gesetzgeber hat aber in § 302 InsO abschließend bestimmt, *wann* eine Forderung als von der Restschuldbefreiung ausgenommen zu gelten hat. Für den Fall der schuldrechtlichen Ausgleichsrente ist dies nicht geregelt. Eine über die gesetzliche Bestimmung des § 302 InsO hinausgehende Regelung einer ausgenommenen Forderung hätte sich zudem mit den Bestimmungen der Restschuldbefreiung und dem hierin verankerten Schuldnerschutz auseinandersetzen müssen und eine Abwägung zwischen den Grundrechten aus Art. 14 Abs. 1 und Art. 2 Abs. 1 GG treffen müssen und einen Schluss dahingehen treffen müssen, warum im Fall der schuldrechtlichen Ausgleichsrente ein Ergebnis, dass der Schuldner auch von dieser Forderung „restschuldbefreit“ wird, untragbar ist. Ein solches „untragbares“ Ergebnis für den Fall der schuldrechtlichen Ausgleichsrente, im Vergleich zu anderen familienrechtlichen Ansprüchen, z.B. unterhaltsrechtlicher Natur, kann hier aber nicht erkannt werden. Der BGH gründet seine Argumentation zudem ausschließlich auf die Abtretung gemäß § 21 VersausglG und § 114 Abs. 1 InsO. § 114 Abs. 1 InsO ist aber im künftigen Recht ersatzlos gestrichen worden, so dass der Argumentation insofern die Grundlage entzogen ist. Es ist daher auch die schuldrechtliche Ausgleichsrente eine von der Restschuldbefreiung ausgenommene Forderung.

cc) Ergebnis

Wiederkehrende familienrechtliche Insolvenzforderungen, die nicht von der Vorschrift des § 40 Satz 1 InsO erfasst sind, unterfallen der Restschuldbefreiung. Dies gilt auch, wenn sie vor Insolvenzeröffnung eine Sicherheit, z.B. in Form der Abtretung gemäß § 1587 i BGB a.F. oder § 21 VersausglG, erlangt haben.

294 BVerfG ZInsO 2004, 222, 223.

III. Partizipation an der Insolvenzmasse

Zu unterscheiden sind nunmehr zwei verschiedene Gruppen von Insolvenzgläubigern: zum einen solche Gläubiger, die von der Vorschrift des § 40 Satz 1 InsO erfasst sind und somit als Gläubiger „familienrechtlicher Natur" lediglich mit ihren vor Insolvenzeröffnung fällig geworden Ansprüchen an der Masse partizipieren und zum anderen Ansprüche, die „nicht familienrechtlicher Natur" i.S.v. § 40 Satz 1 InsO sind und daher auch mit ihren nach Insolvenzeröffnung entstehenden Ansprüchen an der Masse partizipieren.

1. Die Befriedigung von Insolvenzgläubigern „familienrechtlicher Natur"

Es stellt sich in diesem Zusammenhang die Frage, ob es mit Art. 6 Abs. 1 GG zu vereinbaren ist, dass diese Gläubiger lediglich ihren Anteil an der Quote erhalten. Zu erwägen wäre daher, ob es nicht verfassungsrechtlich geboten erscheint, den unterhaltsrechtlichen Insolvenzgläubigern ein Vorrecht einzuräumen. Ferner ist zu prüfen, ob es verfassungsrechtlichen Bestand haben kann, dass die Gläubiger „familienrechtlicher Natur" i.S.v. § 40 Satz 1 InsO wegen ihrer vor Insolvenzeröffnung entstandenen Ansprüche ggf. von der Restschuldbefreiung umfasst sind.

a) Der insolvenzrechtliche Grundsatz „par conditio creditorum"

Die gleichmäßige Gläubigerbefriedigung ist primärer Zweck des Insolvenzverfahrens. Er steht im Gegensatz zum Prioritätsprinzip der Einzelvollstreckung.[295] Er beinhaltet das Grundprinzip, dass das freie, vollstreckungsfähige Vermögen gleichmäßig auf alle Gläubiger verteilt wird.[296] Dieser Grundsatz kommt zwar in einigen Vorschriften nicht zum Ausdruck, indem bestimmten Gläubigern Vorrechte oder Nachränge eingeräumt werden.[297] So kennt die Insolvenzordnung,

---

295 Müko-InsO/*Sürner* Einleitung Rdnr. 1; zu den verschiedenen systematischen Erklärungsansätzen vgl. auch *Häsemeyer*, Insolvenzrecht, Rdnr. 2.31 ff.

296 Uhlenbruck/*Lüer* § 226 InsO Rdnr. 1.

297 Vgl. *Häsemeyer*, Insolvenzrecht, Rdnr. 2.32; Uhlenbruck/*Lüer* § 226 InsO Rdnr. 1: „Im Fall von Sanierungen erscheint eine größere Relativierung des Grundsatzes der par conditio creditorum durchaus geboten mit der Folge, dass unterschiedliche Regelungen für die beteiligten Gläubiger nach sachlichen Kriterien durchaus geboten sein können."

neben den Insolvenzgläubigern gemäß § 38 InsO, auch nachrangige Insolvenzgläubiger, die selten zum Zuge kommen,[298] aussonderungsberechtigte Gläubiger mit dinglicher Privilegierung, absonderungsberechtigte Gläubiger mit forderungsmäßiger Privilegierung und Massegläubiger mit Vorrang vor Insolvenzgläubigern. Auch Gläubiger, die von den einer Aufrechnung gemäß §§ 94 ff. InsO profitieren, werden privilegiert. Unterhaltsgläubiger können sich im Regelfall jedoch auf keine Privilegierung berufen, die auf das Unterhaltsverhältnis zurückzuführen ist, wenn es sich um die Forderungen handelt, die vor Insolvenzeröffnung fällig geworden sind.

b) Ansprüche „familienrechtlicher Natur“ als von der Restschuldbefreiung erfasste Forderungen

Aus der Tatsache, dass Ansprüche „familienrechtlicher Natur“ mit ihren vor Insolvenzeröffnung fällig gewordenen Ansprüchen Insolvenzgläubiger sind ergibt sich zudem, dass diese im Fall der Erteilung der Restschuldbefreiung von den Wirkungen der Restschuldbefreiung umfasst sind.

Ehe und Familie stehen gemäß Art. 6 Abs. 1 GG unter dem besonderen Schutz des Grundgesetzes. Es gilt daher zu prüfen, ob dem verfassungsrechtlichen Schutz der Unterhaltsberechtigten durch die Regelunge des Insolvenzrechts Genüge getan ist.

Uhlenbruck[299] hat bereits vor Einführung der Insolvenzordnung bezweifelt, dass die Regelungen für die Unterhaltsberechtigten verfassungsrechtlichen Bestand haben. Hierbei hat er jedoch nicht zwischen unterhaltsrechtlichem Rückstand und laufenden bzw. künftigen Ansprüchen unterschieden. Er hat sich vor allem gegen die Einbeziehung des Neuerwerbs ausgesprochen, was für die Berechtigten eine nicht hinzunehmende Benachteiligung sei.

Demgegenüber ist das System der Einbeziehung der unterhaltsrechtlichen Gläubiger in das allgemeine insolvenzrechtliche System und sogar die Restschuldbefreiung für unterhaltsrechtlichen Rückstand in der familienrechtlichen Literatur überwiegend begrüßt worden,[300] wenngleich teilweise auch verfassungsrechtliche Bedenken geäußert wurden.[301]

---

298 MüKo-InsO/*Stürner* Einleitung Rdnr. 62.

299 *Uhlenbruck*, FamRZ 1993, 1026, 1028; *ders*., FamRZ 1999, 1473, 1475.

300 *Hauß*, in: Melchers/Hauß, Unterhalt und Verbraucherinsolvenz, Rdnr. 443 ff.; *Rohleder*, Unterhaltsansprüche in der Insolvenz, S. 182, Rdnr. 723 m.w.N.

301 Vgl. *Trendelburg*, Restschuldbefreiung, S. 61 ff; 223 ff. 275 ff. 279, die dafür plädiert, Unterhaltsrückstände für minderjährige Kinder von der Restschuldbefreiung auszunehmen.

c) Stellungnahme

Art. 6 Abs. 1 GG ist eine wertentscheidende Grundsatznorm.[302] Der Einzelne kann hieraus ein Abwehrrecht gegen störende und schädigende Einflüsse des Staates in seine Ehe und Familie ableiten.[303] Der Staat ist, wie bei sonstigen Abwehrrechten auch in Gestalt des Gesetzgebers nach Art. 1 Abs. 3 GG sowie der juristriktiven und exekutiven Gewalt zu definieren und an Art. 6 Abs. 1 GG als unmittelbar geltendes Recht gebunden.[304] Der Staat hat jedoch nicht nur die Interessen des Unterhaltsberechtigten, sondern auch die des Unterhaltsverpflichten zu berücksichtigen, da beide gleichermaßen in den Schutz des Art. 6 Abs. 1 GG einbezogen sind.[305] Ein Ausgleich zwischen den Interessen der Unterhaltsberechtigten, ihre begründeten Ansprüche auf Unterhalt zu erlangen und dem Interesse des Verpflichteten, seine eigene Existenz nicht zu gefährden, findet an verschiedenen Stellen des materiellen Unterhaltsrechts und des Vollstreckungsrechts statt. So wird bei der Vollstreckung des Unterhalts differenziert zwischen unterhaltsrechtlichem Rückstand und laufendem Unterhalt. Laufender Unterhalt wird grundsätzlich privilegiert behandelt. So ist ein überjähriger Unterhaltsrückstand nur im Falle absichtlichen Entzuges privilegiert zu vollstrecken, vgl. § 850 d ZPO. Das Gesetz schenkt bei Unterhaltsrückständen für eine mehr als ein Jahr zurückliegende Zeit dem Schuldnerschutz besondere Beachtung, wie auch die Jahresgrenze in § 1585 b Abs. 3 BGB beim nachehelichen Unterhalt und in § 1613 Abs. 2 Nr. 1 BGB beim Sonderbedarf zeigt. Wie bereits angeführt, sind diese Bestimmungen auf den Grundsatz „in praeteritum non vivitur" zurückzuführen. Alleiniger Gesetzeszweck der §§ 1613, 1585 b Abs. 2 BGB ist der Schutz des Unterhaltspflichtigen vor Nachforderungen, auf deren Gewährung er seine Vermögensverhältnisse nicht einstellen konnte.[306] Auch lässt das Gesetz einen Verzicht für Unterhalt für die Vergangenheit zu, vgl. § 1614 BGB.

Es ist ebenfalls zu beachten, dass Unterhaltsrückstände zu einer erdrückenden Schuldenlast anwachsen können, die auch die Leistungsfähigkeit für den laufenden Unterhalt gefährden[307]. Die Unterhaltsgläubiger sind mit ihren überjährigen Rückständen vollstreckungsrechtlich mit den übrigen Gläubigern gleichgestellt, vgl. § 850 d ZPO. Die Gleichbehandlung unterhaltsrechtlichen Rückstands mit

302 Maunz-Dürig/*Badura*, GG, Art. 6 Rdnr. 6.

303 BVerfGE 6,71 f.

304 BVerfGE 12, 151,175.

305 Maunz-Dürig/*Badura*, GG, Art. 6 Rdnr. 13.

306 *Thamm*, Unterhalt für die Vergangenheit, 2002, S. 65.

307 BGH FamRZ 2005, 608, 610.

sonstigen Insolvenzforderungen hat für die Unterhaltsberechtigten daher keine Nachteile, sondern große Vorteile: Der überschuldete Verpflichtete, der wegen seiner Zahlungsunfähigkeit nicht in der Lage ist, weder den Unterhaltsverpflichtungen noch den sonstigen Zahlungspflichten nachzukommen, ist nun eher in der Lage den laufenden Unterhalt sicherzustellen. Denn die Interessen der Unterhaltsberechtigten werden durch den Freibetrag für die unterhaltsrechtlich zu berücksichtigende Person gemäß §§ 36 Abs. 1 InsO i.V.m. 850 c Abs. 1 Satz 2 ZPO, im Vergleich zu den übrigen Gläubigern, berücksichtigt. Sollte der Rückstand entstanden sein, weil sich der Verpflichtete gemäß § 170 Abs. 1 StGB absichtlich den Zahlungen entzogen hat, so kann der Berechtigte den Rückstand als deliktische Forderung anmelden und diesen so gemäß § 302 Nr. 1 InsO von der Restschuldbefreiung ausnehmen.[308]

Die Kritik *Uhlenbrucks* betrifft vor allem die Veränderung im Hinblick auf die Regelungen der Konkursordnung. Hier nahm der unterhaltsrechtliche Rückstand ebenfalls als einfache Konkursforderung gemäß § 3 Abs. 1 KO am Konkursverfahren teil. Gemäß § 3 Abs. 2 KO galt dies nicht für den laufenden Unterhalt, mit Ausnahme der ererbten Verpflichtungen. An dieser Regelung wurde deshalb kein Anstoß genommen, da die Berechtigten wegen der künftigen Ansprüche auf den Neuerwerb zugreifen konnten. Die heutige Regelung des unterhaltsrechtlichen Rückstands ist, verglichen mit derjenigen der Konkursordnung, insofern verbessert, als die Insolvenzgläubiger auch auf den Neuerwerb zugreifen können, da dieser nicht mehr den Neugläubigern zugewiesen ist. Insgesamt erscheint daher sowohl die Tatsache, dass die Gläubiger unterhaltsrechtlichen Rückstandes dem insolvenzrechtlichen Prinzip des „par conditio creditorum" als auch der Restschuldbefreiung unterfallen, einen angemessenen Ausgleich zwischen den Interessen des Berechtigten und denen der Verpflichteten im Lichte von Art. 6 Abs. 1 GG darzustellen.

d) Partizipation im Einzelnen

Die Unterhaltsgläubiger haben ihre Ansprüche gemäß §§ 174 ff. InsO schriftlich beim Insolvenzverwalter anzumelden. Mit der Befriedigung der Insolvenzgläubiger kann nach dem Prüfungstermin begonnen werden (vgl. § 187 Abs. 1 InsO). Die Verteilung der Insolvenzmasse erfolgt durch Abschlags, – Schluss – und Nachtragsverteilung, §§ 187 Abs. 2, 196 Abs. 1, 203 Abs. 1 InsO. Im Hinblick auf nachrangige Ansprüche (vgl. § 1609 BGB), die wegen eines Mangelfalles nicht

---

308 *Janlewing*, FamRB 2012, 155, 162.

zum Zuge kommen oder Ansprüchen, die wegen der gesetzlichen Vermutung des § 1592 Nr. 1 oder 2 BGB zunächst nicht gegen den Kindesvater geltend gemacht werden können,[309] handelt es sich um aufschiebend bedingte Forderungen. Diese sind gemäß § 191 InsO zu berücksichtigen. Demnach sind diese zunächst mit ihrem vollen Betrag zu berücksichtigen (§ 191 Abs. 1 InsO), allerdings wird der Anteil zunächst nicht ausgezahlt, § 191 Abs. 2 InsO. Liegt bei der Schlussverteilung die Möglichkeit des Eintritts der Bedingung derart fern, so stellen sie keinen Vermögenswert dar. Ihr zunächst zurückbehaltener Anteil wird für die übrigen Gläubiger frei, § 191 Abs. 2 Satz 2 InsO. Ist aber z.B. bei Verfahrenseröffnung die Vaterschaft des Schuldners noch nicht geklärt und ist im weiteren Verlauf die Vaterschaft rechtskräftig nachgewiesen oder haben die vorrangigen Berechtigten auf ihre Ansprüche verzichtet, so werden diese Gläubiger nachträglich gemäß § 192 InsO den übrigen Gläubigern gleichgestellt.

2. Die Befriedigung von Gläubigern „nicht familienrechtlicher Natur“

Die familienrechtlichen Ansprüche im „weiteren“ Sinne sind mit ihren nach Insolvenzeröffnung entstehenden Ansprüchen gemäß §§ 46 InsO im Verfahren geltend zu machen. Zu unterscheiden ist hierbei zunächst, ob es sich um Ansprüche handelt, bei denen der Betrag und/oder die Dauer unbestimmt (vgl. § 45 InsO) oder bestimmt (vgl. § 46 InsO) sind.

a) Betrag und Dauer der Leistung bestimmt

Sind sowohl Betrag und Dauer der Leistung bestimmt (denkbar z.B. bei befristeten Ansprüchen) ist zunächst zu unterscheiden zwischen den bei Insolvenzeröffnung bereits fälligen Ansprüchen und den Ansprüchen, die noch in der Zukunft liegen. Letztere sind vom Gläubiger[310] zunächst zu addieren. Da sie noch nicht fällig sind,

309 Eine gerichtliche Feststellung der Vaterschaft mit Geltendmachung von Unterhaltsansprüchen kann gemäß § 1600 d Abs. 1 BGB erst erfolgen, wenn die Vaterschaft des gesetzlichen Vaters gemäß § 1592 Nr. 1 BGB rechtskräftig angefochten wurde, § 1600 BGB.

310 Der Gläubiger hat die Kapitalisierung selbst rechnerisch vorzunehmen, zu einer Kapitalisierung von Amts wegen ist der Verwalter nicht verpflichtet, Jaeger/*Henckel* § 46 InsO Rdnr. 5.

sind sie unverzinslich und daher abzuzinsen.[311] Die bereits zur Zeit der Insolvenzeröffnung angefallenen und vom Schuldner nicht beglichenen Ansprüche werden nicht abgezinst, sondern dem Kapitalbetrag hinzugerechnet.[312]

§ 70 Satz 2 KO sah vor, dass der Gesamtbetrag, der sich aus dem Zusammenrechnen der künftigen Hebungen unter Abzug des Zwischenzinses ergibt, den zum gesetzlichen Zinssatz kapitalisierten Betrag nicht übersteigen darf. Deshalb soll dies nach allgemeiner Auffassung auch bei der Forderungsanmeldung gemäß § 46 Abs. 1 InsO geboten sein.[313]

Für diese Ansicht spricht, dass die wiederkehrenden Leistungen des § 46 InsO noch nicht fällig sind, die Fälligkeit wird vielmehr gemäß § 41 Absatz 1 InsO fingiert. Aus diesem Grund dürfen die addierten Forderungen auch nicht verzinst werden, sondern müssen abgezinst werden. Würde eine solche „Deckelung“ nicht erfolgen, würden Forderungen, die *ipso iure* noch nicht fällig sind (deren Fälligkeit nur fingiert wird), besser gestellt werden als fällige Forderungen. Hierfür lässt sich auch anführen, dass die Regelung, die in § 70 Satz 2 KO ausdrücklich enthalten war, auch nicht in § 35 VerglO enthalten war. Nach dem Willen des damaligen Gesetzgebers sollte die Regelung des § 35 VerglO aber mit der des § 70 KO „übereinstimmen“.[314] Dementsprechend wurde § 70 Satz 2 KO im Vergleichsverfahren entsprechend angewendet.[315]

b) Betrag und/oder Dauer der Leistung unbestimmt

In den meisten Fällen sind die familienrechtliche Ansprüche im „weiteren“ Sinne nicht von ihrer Dauer her bestimmt. Der Wert der kapitalisierten Leistung ist dann nach § 46 Satz 2 InsO in Verbindung mit § 45 Satz 1 InsO zu schätzen. Das geschieht unter Berücksichtigung der tatsächlichen Umstände des einzelnen Falles nach versicherungsrechtlicher Wahrscheinlichkeitsrechnung, bei Ansprüchen auf Lebenszeit nach der wahrscheinlichen Lebenserwartung des Berechtigten.[316] Der

311 Die Berechnung erfolgt hierbei nach der sog. Hoffmann`schen Formel, vgl. eingehend A/G/R- *Ahrens* § 41 InsO Rdnr. 14; MüKo-InsO/*Bitter* § 41 Rdnr. 21 ff.

312 A/G/R-*Ahrens* § 46 InsO Rdnr. 6; MüKo-InsO/*Bitter* § 46 Rdnr. 7; RGZ 170, 276, 279; Jaeger/*Henckel* § 46 InsO Rdnr. 3.

313 A/G/R-*Ahrens* § 46 InsO Rdnr. 6; Jaeger/*Henckel* § 46 InsO Rdnr. 6; MüKo-InsO/*Bitter* § 46 Rdnr. 2, 8; Uhlenbruck/*Knof* § 46 InsO Rdnr. 9.

314 Vgl. die Zitierung bei Jaeger/*Henckel* § 46 InsO Rdnr. 4.

315 Jaeger/*Henckel* § 46 InsO Rdnr. 4.

316 MüKo-InsO/*Bitter* § 45 InsO Rdnr. 8.

durch die Schätzung ermittelte Betrag ist dann gemäß § 46 Satz 1 InsO zu kapitalisieren.[317] Die Umrechnung ist ebenfalls vom Gläubiger selbst vorzunehmen.[318] Wird die Forderung bestritten, so muss der Gläubiger die Feststellungsklage erheben, §§ 179, 184 Satz 1 InsO.[319]

317 *Holzer*, in: Kübler/Prütting/Bork § 46 InsO Rdnr. 9; MüKo-InsO/*Bitter* § 46 Rdnr. 5.

318 A/G/R-*Ahrens* § 45 Rdnr. 8; MüKo-InsO/*Bitter* § 45 Rdnr. 21; Jaeger/*Henckel* § 45 InsO Rdnr. 11 und 15; *Holzer*, in: Kübler/Prütting/Bork § 45 InsO Rdnr. 15; Uhlenbruck/*Knof* § 45 InsO Rdnr. 5.

319 Vgl. eingehend: MüKo-InsO/*Bitter* § 45 Rdnr. 23 sowie zur Berücksichtigung späterer Entwicklungen und Ereignisse, § 45 Rdnr. 29 ff.

Teil 2: Familienrechtliche Neugläubiger

Es ist nun zu untersuchen, wie die Gläubiger familienrechtlicher Ansprüche i.S.v. § 40 Satz 1 InsO ihre nach Insolvenzeröffnung fällig werdenden Ansprüche befriedigen können. Hier stellt sich zunächst die Frage welche Auswirkung die Zuweisung des „Neuerwerbs" gemäß § 35 Abs. 1 Satz 2 InsO an die Insolvenzgläubiger für den selbständigen Schuldner zeigt. Sodann ist der Frage nachzugehen, welche Bedeutung diese Zuweisung des Neuerwerbs an die Insolvenzgläubiger für die unterhaltsrechtlichen Neugläubiger hat.

I. „Positiverklärung"

An der grundsätzlichen Option des Schuldners, einer selbständigen Tätigkeit auch nach Insolvenzeröffnung nachzugehen, besteht kein Zweifel. Es wäre mit Art. 12 Abs. 1 GG nicht vereinbar, würde dem Schuldner die Ausübung einer selbständigen Tätigkeit untersagt werden. Denn Art. 12 Abs. 1 GG gewährleistet das Recht auf freie Wahl und Ausübung jeder auf Dauer angelegten Tätigkeit zur Schaffung und Erhaltung einer Lebensgrundlage.[320] Übt der Insolvenzschuldner nach Insolvenzeröffnung eine selbständige Tätigkeit aus, muss sich der Insolvenzverwalter gemäß § 35 Abs. 2 Satz 1 InsO entscheiden, ob er Vermögen aus der selbständigen Tätigkeit als zur Insolvenzmasse zugehörig ansieht und auch Ansprüche aus dieser Tätigkeit im Insolvenzverfahren geltend gemacht werden können (sog. „Positiverklärung") oder ob dies nicht der Fall sein soll (sog. „Negativerklärung" oder auch in der Praxis häufig als „Freigabe" bezeichnet, bzw. „freigabeähnliche Erklärung eigenen Typs".[321]

---

320 Beck-OK/*Ruffert* Art. 12 GG Rdnr. 40; *Andres*, NZI 2006, 198; *Sternal*, NZI 2006, 185, 189.

321 Die sachgerechten Begrifflichkeiten „Positiverklärung" und „Negativerklärung" gehen zurück auf *Ahrens*, NZI 2007, 622, 624 der darauf hinweist, dass die Bezeichnung „Freigabe" insofern ungenau ist, da im Falle einer echten Freigabe, die Beziehung zu einem Gegenstand Anknüpfungspunkt ist, welcher aus dem Insolvenzbeschlag herausgelöst werden soll, während es sich bei der selbständigen Tätigkeit eher um eine Erklärung über die Erwerbsform handelt, *ders.*, KSzW 2012, 303, 307 sowie A/G/R-*Ahrens* § 35 InsO Rdnr. 147, 148; vgl. auch dem folgend *Wischemeyer*, ZinsO 2009, 2121, 2122; zur Justiziabilität der Erklärung, vgl. *Fritz*, NZI 2011, 801, 802; vgl. auch BT-Drucks. 16/3227 S. 1707, S. 622.

Zweck des § 35 Abs. 2 InsO, der durch das Gesetz zur Vereinfachung des Insolvenzverfahrens eingefügt wurde,[322] ist es, dem Insolvenzverwalter die Möglichkeit zu eröffnen, eine für die Masse verlustbringende Betriebsfortführung an den Schuldner freizugeben.[323] Ist die Tätigkeit jedoch ertragreich, soll er sie mit der Masse fortführen können.[324] Um die Entscheidungsgrundlage zu finden, ist der Verwalter auf die Informationen des Schuldners angewiesen, welcher dieser aufgrund seiner Auskunfts- und Mitwirkungspflicht gemäß § 97 InsO - auch ungefragt – dem Verwalter offen zu legen hat.[325]

Hinsichtlich des „Ob" der zu fällenden Entscheidung steht dem Verwalter kein Ermessensspielraum zu.[326] Gibt er keine Erklärung ab, so liegt auch in diesem Schweigen des Verwalters eine Erklärung.[327] Gibt der Verwalter eine Positiverklärung gemäß § 35 Abs. 2 InsO ab oder erklärt er gar nichts, so gilt im Falle einer selbständigen Tätigkeit des Schuldners das sogenannte Bruttobeschlagsprinzip.[328] Dadurch, dass dem Insolvenzbeschlag nicht nur das Vermögen, das dem Schuldner zur Zeit der Insolvenzeröffnung gehört, sondern auch solches, das er während der Dauer des Insolvenzverfahrens erwirbt (§ 35 Abs. 1 HS 2 InsO) unterfällt, gehören Einkünfte, die der Schuldner aus einer selbständigen Tätigkeit nach Insolvenzeröffnung erzielt als Neuerwerb zunächst zur Insolvenzmasse, ohne dass die Insolvenzordnung einen Abzug für im Zusammenhang mit dem Neuerwerb stehenden Ausgaben vorsieht.[329] Einen unpfändbaren Anteil in Höhe (notwendiger) beruflich bedingter Ausgaben gibt es bei solchen Einkünften nicht. Anders als der nicht selbständig tätige Schuldner, bei welchem gemäß § 36 Abs. 1 Satz 2 InsO, 850 c ZPO von vornherein kraft Gesetzes nur der pfändbare Anteil des Arbeitseinkommens dem Insolvenzbeschlag unterfällt, sieht das Gesetz beim selbständigen Schuldner einen solchen Automatismus nicht vor. Dies führt beim Schuldner zu dem unbefriedigenden Ergebnis, dass seine Existenz trotz seiner Einkünfte aus der selbständigen Tätigkeit keinesfalls gesichert ist. Der selbständige Schuldner kann zwar nach heutigem Recht gemäß § 36 Abs. 1 Satz 2 InsO i.V.m. § 850 i ZPO

---

322 BGBl. I S. 509; in Kraft getreten zum 1.7.2007.

323 A/G/R-*Ahrens* § 35 InsO Rdnr. 150; FK-InsO/*Bornemann* § 35 Rdnr. 12.

324 A/G/R-*Ahrens* § 35 InsO Rdnr. 150; FK-InsO/*Bornemann* § 35 Rdnr. 12.

325 BGH ZInsO 2009, 2162; A/G/R-*Ahrens* § 35 InsO Rdnr. 154.

326 *Ahrens*, NZI 2007, 622, 625; ebenso *Smid*, DZWiR 2008, 133, 136.

327 Vgl. *Smid*, DZWiR 2008, 133, 136: „Sein Schweigen ist beredt"; ebenso A/G/R-*Ahrens*, § 35 InsO Rdnr. 149: „Als Verfahrenshandlung kann die Erklärung auch konkludent erfolgen.".

328 BGH ZInsO 2003, 413, 416; *Smid*, DZWiR 2008, 133, 136.

329 BGH ZinsO 2003, 413, 416; *Smid*, DZWIR 2008, 133, 136.

beantragen, dass ihm von den pfändbaren Vergütungen als Unterhaltsbedarf so viel belassen bleibt, wie ihm verbleiben würde, wenn sein Einkommen aus laufendem Arbeits- oder Dienstlohn bestünde.[330] Es ist aber zu untersuchen, inwiefern sich diese Regelung von der Regelung beim nicht selbständigen Schuldner unterscheidet und ob diese „Möglichkeit der Beantragung" dem Gleichbehandlungsgrundsatz des Art. 3 Abs. 1 GG gerecht wird. Für die Berechtigten stellt sich die Frage, wie ihre unterhaltsrechtlichen Neuverbindlichkeiten befriedigt werden können und ob die Regelung, dass der selbständige Schuldner nicht *ipso iure* einen unpfändbaren Anteil auch für die unterhaltsberechtigte Person erlangt, gegen Art. 6 Abs. 1 GG und Art. 3 Abs. 1 GG verstößt. Ebenso ist zu klären, nach welchen Kriterien das unterhaltsrechtlich relevante Einkommen nach Insolvenzeröffnung zu ermitteln ist und wie die Berechtigten ihre Neuverbindlichkeiten vollstreckungsrechtlich durchsetzen können, wenn die Einkünfte aus der selbständigen Tätigkeit grundsätzlich dem Insolvenzbeschlag unterfallen. Zur Beantwortung dieser Frage ist zunächst zu untersuchen, welche Überlegungen den Gesetzgeber bewogen haben, den Neuerwerb dem Zugriff der (unterhaltsrechtlichen) Neugläubiger zu entziehen und wie der selbständige Schuldner seine Existenz und die seiner Berechtigten nach der Insolvenzeröffnung sichern kann.

1. Der Grundsatz der Einbeziehung des Neuerwerbs in die Masse

a) Begriffsbestimmung „Neuerwerb"

Gemäß § 35 Abs. 1 InsO umfasst die Insolvenzmasse nicht nur das *zum Zeitpunkt der Insolvenzeröffnung* dem Schuldner gehörende Vermögen, sondern auch solches, was der Schuldner *während des Verfahrens* erlangt und zwar ohne einen Abzug für beruflich bedingte Ausgaben.[331] Der Wortlaut „Vermögen" lässt nicht unmittelbar den Schluss zu, dass hierunter auch die Einkünfte des Schuldners aus selbständiger Tätigkeit zu verstehen sind. Nach der Gesetzesbegründung sind mit Satz 2 des § 35 Abs. 1 InsO jedoch auch die Einkünften des Schuldners, das Arbeitsentgelt und Honorar- oder Werklohnforderungen aus selbständiger Tätigkeit gemeint, nicht aber etwa ein Überschuss seiner Einnahmen über die Ausgaben

330 BGH ZInsO 2003, 413, 416.

331 A/G/R-*Ahrens* § 35 InsO Rdnr. 124; Uhlenbruck/*Hirte* § 35 Rdnr. 116; MüKo-InsO/*Peters* § 35 Rdnr. 43.

oder etwa seine Einnahmen abzüglich seiner Verbindlichkeiten.[332] Hierfür lässt sich anführen, dass schon § 1 der Konkursordnung den Begriff „Vermögen“ des Gemeinschuldners wählte und darunter allgemein die einzelnen Vermögensgegenstände des Schuldners verstanden wurden.[333] Ein vom Konkursrecht abweichendes Verständnis ist den Materialien zur Insolvenzordnung nicht zu entnehmen.[334] Hierfür spricht auch die dingliche Haftungszuordnung zur Masse. Diese bezieht sich stets auf spezielle Rechtsobjekte, die in § 1 KO und § 35 InsO unter dem Begriff „Vermögen“ zusammenfassend bezeichnet werden.[335] Unter Neuerwerb sind daher die Bruttoeinkünfte aus selbständiger Tätigkeit zu verstehen.

b) Historische Betrachtung des Neuerwerbs

aa) Neuerwerb vor Einführung der Konkursordnung

Im Mittelalter war ein Verfahren zur gleichmäßigen Gläubigerbefriedigung nicht bekannt, es galt vielmehr bis in das 17. Jahrhundert der Grundsatz des Wettlaufs der Gläubiger.[336] Partikularrechtliche Kodifikationen eines Konkursrechts entstanden im 18. Jahrhundert vor allem in den Handelsstädten. Hierbei wurden wesentliche Elemente des italienischen Fallitenrechtes übernommen, welches auf der Grundlage des römischen Rechts, die Schuldner sehr verächtlich behandelte. Es war erlaubt, den Schuldner zu foltern, damit dieser Vermögen abgebe.[337] Gleichwohl billigte z.B. die Hamburgische Fallitenordnung dem Schuldner seinen Neuerwerb zu.[338] Die Folter und die Ehrenfolgen des Konkurses verloren im gemeinen Konkursrecht, wegen des Einflusses des kanonischen Rechts, immer mehr an Bedeutung. Zur Zeit der Gründung des Norddeutschen Bundes 1867 gab es unterschiedliche

---

332 BT-Drucks. 12/2443, S. 122.

333 Jaeger/*Henckel* § 35 InsO Rdnr. 99.

334 BT-Drucks. 12/2443, S. 122.

335 MüKo-InsO/*Peters* § 35 Rdnr. 43; Jaeger/*Henckel* § 35 InsO Rdnr. 99.

336 „Welcher Gläubiger auf das Vermögen des Schuldners den Zugriff nimmt, der erlangt einen Beschlag für sich allein. Er geht allen denjenigen vor welche einen Beschlag nach ihm erwerben“, vgl. *Kohler*, Leitfaden des deutschen Konkursrechts, S. 29, zitiert nach KS-InsO/*Grub*, 2. Aufl., S. 671, 674 Rdnr. 10.

337 *Kohler*, Leitfaden des deutschen Konkursrechts, S. 16, zitiert nach KS-InsO/*Grub*, 2. Aufl., S. 671, 674 Rdnr. 11.

338 Vgl. *Hasche*, Erläuterung der Hamburgischen Fallitenordnung, Bd 1, 1797, Seite 282: „Es wäre gewissermaßen eine Sklaverey, um Lohn zu arbeiten, und kärglich zu leben, so daß die Masse den Überschuß des Verdienstes an sich ziehe“ zitiert nach A/G/R-*Piekenbrock* § 100 InsO Rdnr. 10.

Ordnungen, die nur in wenigen Gesetzen kodifiziert waren[339]. So sah die Preußische Konkursordnung von 1855 in § 1 vor, dass der Neuerwerb des Schuldners dem Konkursbeschlag unterfalle. Auch anderen Rechtsordnungen, wie z.B. dem österreichischen Recht, war der beschlagfreie Neuerwerb nicht bekannt.[340] Nach der Gründung des Norddeutschen Bundes war ein einheitliches Konkursrecht im Zeitalter der Industrialisierung notwendig geworden, um einer Zersplitterung in unterschiedliche Rechtssysteme Einhalt zu gebieten und den gemeinsamen Handel zu fördern. Um ein einheitliches und zeitgemäßes Recht zu schaffen, ersuchte der Bundesrat des Norddeutschen Bundes im Februar 1870 den Kanzler, den Entwurf einer Norddeutschen Konkursordnung ausarbeiten zu lassen.[341]

bb) Neuerwerb in der Konkursordnung

Die Konkursordnung des Jahres 1877 sah die Nichtzugehörigkeit des Neuerwerbs zur Insolvenzmasse und den damit verbundenen Zugriff der Unterhaltsberechtigten auf den Neuerwerb vor. Dies wurde im Jahr 1877, und somit im Zeitalter der „Sozialen Frage“[342], als sozial fortschrittlich bezeichnet und galt als bedeutsamste Errungenschaft der Konkursordnung.[343] So wurde im Entwurf zur Konkursordnung die Konkursfreiheit des Neuerwerbs als „billige Rücksichtnahme auf den Schuldner und seine Familien bezeichnet. Anderenfalls liege der Verdacht nahe, dass der Schuldner sich in seiner Not an der Masse vergreife oder im stumpfen Nichtstun verkomme“.[344] Der „Entwurf einer Deutschen Konkursordnung“ wurde vom Bundesrat 1875 mit ausführlichen „Motiven“ dem Reichstag vorgelegt, der ihn einer besonderen Kommission überwies. Sie beschloss in zwei Lesungen eine Reihe weiterer vorwiegend formaler Änderungen. In dieser Gestalt nahm der Reichstag den Entwurf am 21.12.1876 in dritter Lesung einstimmig an. Unter dem 10.02.1877 wurde die Konkursordnung mit dem Einführungsgesetz veröffentlicht. Beide sind mit den übrigen Reichsjustizgesetzen am 01.10.1879 in Kraft getreten.[345] Gemäß § 1 KO fiel nur das zum Zeitpunkt der Konkurseröffnung vorhandene Vermögen des Gemeinschuldners zur Konkursmasse, der Neuerwerb des

---

339 Jaeger/*Henckel* vor § 1 InsO Rdnr. 6.

340 KS-InsO/*Grub*, 2. Aufl., S. 671, 675 Rdnr. 13.

341 Jaeger/*Henckel* vor § 1 InsO Rdnr. 7.

342 Als „soziale Frage“ werden die sozialen und ökonomischen Folgen und Probleme, die aus der industriellen Revolution resultieren, bezeichnet.

343 KS-InsO/*Grub*, 2. Aufl., S. 671, 675 Rdnr. 13.

344 Materialien zur Konkursordnung von 1877, zitiert nach *Grub*, a.a.O.

345 Jaeger/*Henckel* vor § 1 InsO Rdnr. 7.

Schuldners war insolvenzfrei. Zur zeitlichen Abgrenzung war entscheidend, ob der Rechtsgrund des Erwerbs in die Zeit vor oder nach der Insolvenz fiel.[346] Alles, was der Gemeinschuldner demnach nach Konkurseröffnung durch selbständige Arbeit erworben hat, fiel nicht in die Masse.[347] Neugläubiger, insbesondere unterhaltsrechtliche Neugläubiger, konnten daher ungehindert Zugriff auf den Neuerwerb nehmen.

cc) Motive des Gesetzgebers zur Änderung der Regelung des Neuerwerbs

Die Vorschläge der Kommission für das Insolvenzrecht sahen ebenfalls zunächst vor, dass der Neuerwerb nicht in die Insolvenzmasse einbezogen werden sollte; d.h. es sollte bei der alten Regelung bleiben. Allerdings sahen die ersten Vorschläge auch noch kein Restschuldbefreiungsverfahren vor. Der Insolvenzgesetzgeber hat sich aus folgenden Gründen für die Einbeziehung des Neuerwerbs und somit die Einbeziehung der Bruttoeinkünfte einer selbständige tätigen Person entschieden:

Das geltende Konkursrecht habe mit dem Grundsatz „Neuerwerb ist konkursfrei“ im internationalen Vergleich eine Sonderstellung[348]. Auch eng verwandte Rechtsordnungen wie das österreichische Recht folgten diesem Grundsatz nicht. Die Motive des Konkursgesetzgebers, sich bewusst gegen die Einbeziehung des Neuerwerbs zu entscheiden, seien nicht mehr zeitgemäß und auch nicht plausibel[349]. Dieser habe sich aus zwei Gründen gegen die Einbeziehung entschieden: zum einen, weil dem Schuldner schon während des Verfahrens ermöglicht werden müsse, eine neue wirtschaftliche Existenz aufzubauen, zum anderen, weil es ungerecht sei, die Neugläubiger vom Zugriff auf den Neuerwerb auszuschließen.[350] Beiden Argumenten fehle die Substanz: der Schuldner könne auch kein Interesse an einer neuen wirtschaftlichen Existenz haben, wenn die „Konkursgläubiger nach Beendigung des Verfahrens gemäß § 164 Abs. 1 KO Zugriff auf den Neuerwerb hätten.“ Die Restschuldbefreiung nach neuem Recht böte jedoch eine tragfähige Grundlage für den Neubeginn. Auch eine Schuldenbereinigung durch einen Insolvenzplan sei eher zu erreichen als im Konkursrecht ein Vergleich oder Zwangsvergleich. Die Tatsache, dass die Neugläubiger nun keinen Zugriff mehr auf den Neuerwerb haben sei zwar richtig, begründe aber deshalb kein anderes

346 Uhlenbruck/*Uhlenbruck* § 35 InsO Rdnr. 36; MüKo-InsO/*Peters* § 35 Rdnr. 43.
347 *Kilger*, KO, 15. Aufl., § 1 Rdnr. 5.
348 BT-Drucks. 12/2443, S. 122.
349 BT-Drucks. 12/2443, S. 122.
350 BT-Drucks. 12/2443, S. 122.

Ergebnis, weil das Arbeitseinkommen des (nicht selbständigen Schuldners) wegen vorrangiger Abtretungen erst gar nicht zur Konkursmasse werden könnte. Da durch die Insolvenzordnung aber auch nicht unternehmerisch tätigen Personen der Zugang zum Insolvenzverfahren eröffnet werden sollte, sei diesem Gesichtspunkt ein besonderes Gewicht beizumessen.[351]

dd) Zwischenbewertung

aaa) Kritik an der Neuregelung zum Neuerwerb

Zustimmung erhielt die Neuregelung vor allem von *K. Schmidt*[352] Dieser sah es als richtig und vom wirtschaftlichen Standpunkt aus gerechtfertigt an, den Neuerwerb des Schuldners nicht in die Konkursmasse fallen zu lassen. Er argumentiert, dass es im Vergleich zur Konkursordnung einen Fortschritt darstelle, da die Masse im Unternehmenskonkurs nur „dynamisch begriffen werden könne."

Grub[353] sah die Einbeziehung des Neuerwerbs in die Insolvenzmasse - unter Heranziehung der Gesetzesmaterialien zur Konkursordnung - als deutlichen Rückschritt an. Der Anreiz des Schuldners, einen wirtschaftlichen Neubeginn zu wagen, gehe verloren. Die Motive des Konkursgesetzgebers den Neuerwerb deshalb nicht in die Masse fallen zu lassen, damit „der Schuldner sich in seiner Not an Massewerten vergreife und er in stumpfem Nichtstun verkomme" habe nichts an Aktualität eingebüßt. Die Gesetzesbegründung zur InsO erkläre ohne eigentliche Begründung, dass es weder theoretisch einleuchtend noch praktisch befriedigend sei, dass das laufende Arbeitseinkommen des Schuldners nicht in die Masse falle. Er äußerte auch die Befürchtung, dass „findige Insolvenzverwalter" wegen der Regelung zum Neuerwerb das Verfahren so lange perpetuieren, wie die Gläubiger befriedigt seien.[354]

Keller[355] kritisierte die Einbeziehung des Neuerwerbs als „unbedacht" vor dem Hintergrund von Zuständigkeitskonflikten zwischen Prozess, - Vollstreckungs- und Insolvenzgericht.

---

351 BT-Drucks. 12/2443, S. 122.

352 KS-InsO, 2. Aufl., S. 1199, 1208 Rdnr. 21.

353 KS-InsO, 2. Aufl., S. 671, 676 Rdnr. 17 f.

354 Erst durch das Insolvenzrechtsänderungsgesetz 2001 (BGBl I 2710, in Kraft seit 01.12.2001) wurde die Wohlverhaltensphase von sieben auf sechs Jahre verkürzt. Zuvor begann die Laufzeit der Abtretungserklärung erst mit der Aufhebung des Insolvenzverfahrens.

355 *Keller*, NZI 2001, 449, 455.

Uhlenbruck[356] setzte bei seiner Kritik vor allem bei den unterhaltsrechtlichen Neugläubigern an, die aufgrund der Massebefangenheit des Neuerwerbs schlechter gestellt würden. Diese hätten kein Zugriffsobjekt, ihre nach Insolvenzeröffnung entstehenden neuen Verbindlichkeiten zu befriedigen.

bbb) Neukonzeption der Restschuldbefreiung

Als Hauptargument für die Einbeziehung des Neuerwerbs in die Insolvenzmasse wird die Einführung des Restschuldbefreiungsverfahrens angeführt.[357] Dies vermag jedoch nicht zu überzeugen. Der Schuldner müsste dann mit dem wirtschaftlichen Neubeginn in Form einer selbständigen Tätigkeit solange warten, bis er in die Treuhandphase gelangt ist, § 295 Abs. 2 InsO. Eine selbständige Tätigkeit wäre ihm während der Zeit des eröffneten Insolvenzverfahrens faktisch verwehrt, was mit Art. 12 Abs. 1 GG nicht in Einklang zu bringen wäre. Auch das Argument dass der Schuldner „an einem wirtschaftlichen Neubeginn gar kein Interesse habe, wenn er sich nach Abschluss der Verfahren seinen „Konkursgläubigern“ gegenüber sehe“ ist letztlich eine Argumentation auf Basis der Konkursordnung (was schon die unpassende Begrifflichkeit zeigt) und deshalb verfehlt. Zudem lässt sie völlig außer Acht, dass die selbständige natürliche Person, die die Restschuldbefreiung beantragt hat, gemäß § 294 Abs. 1 InsO vor dem Zugriff der Insolvenzgläubiger ebenfalls geschützt ist. Eine derartig geschützte selbständige, natürliche Person dürfte ein außerordentliches Interesse an einem wirtschaftlichen Neubeginn im eröffneten Verfahren haben, wenn zudem der Neuerwerb nicht Massebestandteil wird.

Der Insolvenzplan stellt keinen gleichwertigen Ersatz für die Aberkennung des Neuerwerbs dar. Wenngleich der Gesetzgeber zum damaligen Zeitpunkt vielleicht noch nicht voraussehen konnte, dass der Insolvenzplan nicht eine solche praktische Bedeutung in den Verfahren der natürlichen Personen einnehmen würde, wie vielleicht erhofft, so hätte evident sein müssen, dass das Zustandekommen eines Planes immer vom Wohl und Wehe der Gläubiger abhängt und nicht zu erwarten sein kann, dass es sich hierbei um eine zahlenmäßig der Regelabwicklung vergleichbare Alternative handeln kann.

Die Notwendigkeit der Einbeziehung solle sich auch daraus ergeben, dass der pfändbare Teil des Arbeitseinkommens einer nicht selbständigen Person

356 FamRZ 1993,1026, 1028; FamRZ 1998, 1473, 1474.

357 MüKo-InsO/*Peters* § 35 Rdnr. 44; vgl. auch *Pech*, Die Einbeziehung des Neuerwerbs in die Insolvenzmasse, S. 70 f. die aus diesem Grund dafür plädiert, die Regelung der Einbeziehung des Neuerwerbs auch nur auf natürliche Personen zu begrenzen.

massezugehörig werden müsse, um Ungerechtigkeiten im Hinblick auf vorrangige Abtretungen oder eines Wettlaufs der Gläubiger im Wege der Einzelzwangsvollsteckung zu verhindern. Hierbei handele es sich um den Neuerwerb des nicht Selbständigen; für den Selbständigen könne nicht anderes gelten.

Dies sollte ein Kernargument für die Einbeziehung des Neuerwerbs darstellen, lässt aber außer Acht, dass sich der Neuerwerb des Selbständigen gemäß § 35 Abs. 1 InsO gravierend vom Neuerwerb des Nicht-Selbständigen unterscheidet. Während beim Arbeitnehmer nur der pfändbare Teil seines Arbeitseinkommens Bestandteil der Masse wird (vgl. §§ 36 Abs. 1 Satz 2 InsO i.V.m. §§ 850 ff. ZPO), umfasst der Neuerwerb beim Selbständigen auch seine Bruttoeinkünfte. § 36 Satz 1 InsO sah zur Zeit der Einführung der Insolvenzordnung jedoch (noch) keinen Verweis auf § 850 i ZPO vor, so dass einerseits die Zuständigkeit des Insolvenzgerichtes, einen dem Arbeitnehmer vergleichbaren Pfändungsfreibetrag festzusetzen sowie der Umfang der Massezugehörigkeit umstritten war.[358] Teilweise wurde auch die generelle Anwendbarkeit des § 850 i ZPO im Insolvenzverfahren bezweifelt.[359]

ccc) Rechtsvergleichung mit der österreichischen Regelung zum Neuerwerb

Als gewichtiges Argument für die Einbeziehung des Neuerwerbs wurde zudem die Notwendigkeit einer „zeitgemäßen und internationalen" Rechtsanpassung gesehen und das vergleichbare österreichische Insolvenzrecht angeführt. Das österreichische Konkurs- bzw. Insolvenzrecht ist mit Insolvenzrechtsänderungsgesetz vom 01.07. 2010 umfassend reformiert worden.[360] An die Stelle des dualen Systems von Konkursrecht und Ausgleichsrecht (ähnlich dem deutschen Konkurs- und Vergleichsrecht) ist ein einheitliches Insolvenzrecht getreten. Das neue Insolvenzverfahren kennt nunmehr zwei Alternativen: ein „Konkursverfahren" (vgl. § 180 IO) und ein „Sanierungsverfahren" (vgl. § 167 IO). Für natürliche Personen gibt es, ähnlich wie im deutschen Recht, die Möglichkeit eines Restschuldbefreiungsverfahrens (Abschöpfungsverfahren mit Restschuldbefreiung, §§ 186 ff. IO) sowie eines Schuldenregulierungsverfahren (§§ 181 ff. IO). Gemäß § 2 Abs. 2 IO wird durch die Eröffnung des Insolvenzverfahrens das gesamte, der Exekution unterworfene Vermögen, das dem Schuldner zu dieser Zeit gehört oder das er während des Insolvenzverfahrens erlangt, zur Insolvenzmasse gezählt und der freien Verfügung des Schuldners entzogen.

358 Vgl. *Fuchs/Vallender*, ZInsO 2001, 681, 683 und eingehend unter ee).

359 *Schmidt-Räntsch*, Insolvenzordnung, S. 216, hierzu eingehend unter ee).

360 Vgl. hierzu den Überblick bei *Konecny*, ZIK 2010, 82 ff.

Vor Einführung der Insolvenzordnung bestimmte § 1 Abs. 1 KO dieselbe Regel. Hierbei ließ es aber weder die österreichische Konkursordnung noch lässt es die heute geltende österreichische Insolvenzordnung bewenden. Gemäß § 5 Abs. 1 KO bzw. § 5 Abs. 1 IO ist dem Schuldner, was er durch eigene Tätigkeit erwirbt oder was ihm während des Insolvenzverfahrens unentgeltlich zugewendet wird, zu überlassen, soweit es zu einer bescheidenen Lebensführung für ihn und für diejenigen, die gegen ihn einen gesetzlichen Anspruch auf Unterhalt haben, unerlässlich ist. Der österreichischen Literatur ist zu entnehmen, dass § 5 Abs. 1 KO bzw. § 5 Abs. 1 IO so auszulegen ist, dass dieser, für den Schuldner unerlässliche Neuerwerb, konkursfrei ist.[361] Von einem umfassenden Insolvenzbeschlag des Neuerwerbs im österreichischen Recht kann daher nicht die Rede sein.

ddd) Zwischenergebnis

Die Insolvenzordnung regelte den Neuerwerb des selbständigen Schuldners im Vergleich zum nicht selbständigen Schuldner bewusst ungleich. Beide Einkunftsarten stellen gleichermaßen die Lebensgrundlage der natürlichen Person dar. Die Motive vermögen nicht zu überzeugen. Auch die österreichische Konkurs – bzw. Insolvenzordnung, die als Vorbild dienen sollte, behandelt den Neuerwerb des Selbständigen nicht, wie es § 35 Abs. 1 InsO vorsieht. Denn der für den Schuldner unerlässliche Neuerwerb ist gemäß § 5 Abs. 1 IO von vornherein konkursfrei. Bei Einführung der Insolvenzordnung war weder die Existenz des selbständigen Schuldners, noch die seiner Unterhaltsberechtigten gesichert, da § 36 Abs. 1 InsO eine Anwendbarkeit des § 850 i ZPO nicht regelte, so dass sowohl die Zuständigkeit des Insolvenzgerichtes als auch die Anwendbarkeit des § 850 i ZPO umstritten war.

ee) Der Neuerwerb in den Anfangsjahren nach Einführung der Insolvenzordnung

aaa) 01.01.2000 bis 30.11.2001

In den ersten beiden Jahren nach Einführung der Insolvenzordnung wurde diskutiert, ob die §§ 850 ff. ZPO im Insolvenzverfahren Anwendung finden sollen, da § 36 Abs. 1 InsO in der vom 01.01.2000 bis 30.11.2001 gültigen Insolvenzordnung keinen Verweis auf die §§ 850 ff. InsO enthielt. Da vor der Einführung des siebten Gesetzes zur Änderung der Pfändungsfreigrenzen[362] die schuldnerischen

361 *Rechberger/Thurner*, Insolvenzrecht, 2. Aufl. 2004, S. 27 Rdnr. 76.

362 BT-Drucks. 14/6812 v. 7.8.2001 und BR-Drucks. 905/01 v. 16.11.2001; vgl. hierzu *Grote*, ZInsO 2001, 1139, 1140.

Freigrenzen in den meisten Fällen unter den Sozialhilfesätzen lagen, entbrannte die Diskussion vor allem an der Anwendbarkeit des § 850 f ZPO, um dem Schuldner einen Anspruch auf Gewährung seines Existenzminimums zu verschaffen. Die Ansichten in Rechtsprechung[363] und Literatur,[364] die sich für eine Anwendung der §§ 850 ff. ZPO aussprachen, argumentierten, dass die Bestimmungen der ZPO über § 4 InsO anwendbar seien, wenn die Übertragung nicht den Prinzipien der Gesamtvollstreckung widerspräche. Die Interessen der Gläubiger seien gewahrt, da sie keinen Anspruch hinsichtlich des geschützten Existenzminimums des Schuldners hätten. [365] Es gab aber auch Stimmen, die sich gegen eine Anwendbarkeit der §§ 850 ff ZPO ausgesprochen haben. Argumentiert wurde hier vor allem damit, dass es sich bei den §§ 850 ff. ZPO um einzelzwangsvollstreckungsrechtliche Vorschriften handeln würde und diese eine Einzelabwägung zwischen Gläubiger - und Schuldnerinteressen voraussetzten, was wiederum den Grundsätzen der Gesamtvollstreckung widersprechen würde.[366] Umstritten war zudem, ob für derartige Pfändungsschutzanträge das Insolvenzgericht,[367] das Prozessgericht[368] oder das Vollstreckungsgericht[369] zuständig war. Teilweise wurde aber auch dafür plädiert, dass sich nach Insolvenzeröffnung aus § 100 Abs. 2 InsO die Pflicht des Verwalters ergebe, dem Schuldner den „notwendigen Unterhalt" zu sichern, wenn das unpfändbare Einkommen nicht zur Sicherung seiner Existenz ausreiche.[370] Es wurde in der Literatur wegen der unterschiedlichen Ansichten im Hinblick auf die Anwendbarkeit der §§ 850 ff. ZPO im Insolvenz - und Restschuldbefreiungsverfahren an den Gesetzgeber appelliert, eine Klarstellung herbeizuführen.[371]

bbb) 01.12.2001 bis 30.06.2007

Der Gesetzgeber hat sich mit dem zum 01.12.2001 in Kraft getretenen Insolvenzrechtsänderungsgesetz[372] ausdrücklich für die Anwendung der §§ 850 ff. ZPO im

---

363 OLG Köln ZInsO 2000, 499, 501; AG Göttingen, ZInsO 2001, 275, 278; OLG Frankfurt ZInsO 2000, 614, 616.

364 *Grote*, Einkommensverwertung, S. 91 f.; *ders.*, ZInsO 2000, 490; *Steder*, ZIP 1999, 1874, 1878.

365 *Grote*, Einkommensverwertung, S. 75.

366 *Schmidt-Räntsch*, Insolvenzordnung, S. 216.

367 LG Offenburg NZI 2000, 277, 278; FK-InsO/*Ahrens*, 1. Aufl., § 287 Rdnr. 67.

368 OLG Köln InVo 1998, 135; *Fuchs/Vallender*, ZInsO 2001, 681, 683.

369 BGH NJW 1986, 2362.

370 KS-InsO/*Kohte*, 2. Aufl., S. 791, 806 Rdnr. 88.

371 *Fuchs/Vallender*, ZInsO 2001, 681, 683.

372 BT-Drucks. 14/6468, S. 17.

Insolvenzverfahren ausgesprochen. Aufgrund der Vielzahl der vertretenden Ansichten sah der Gesetzgeber dringenden Klärungsbedarf. Für die Entscheidung sollte das Insolvenzgericht zuständig sein, da dieses alle einschlägigen Unterlagen zur Verfügung habe.[373] In den folgenden Jahren ist die Zahl der beantragten Insolvenzverfahren überschuldeter natürlicher Personen deutlich angestiegen, was auf die Einführung des Stundungsmodells[374] zurückgeführt wurde. Auch die Anzahl aktuell Selbständiger natürlicher Personen, die einen Insolvenzantrag gestellt haben, ist in dieser Zeit deutlich gestiegen.[375] Mit der sog. „Psychologinnentscheidung" vom 20.03.2003[376] hat der BGH klargestellt, dass gemäß § 35 Abs. 2 Satz 2 InsO zur Insolvenzmasse alle Einkünfte einer selbständigen Person in ihrem vollen Umfange gehören und nicht etwa nur der sich aus der Verminderung der Einnahmen um die betrieblich veranlassten Ausgaben ergebende Gewinn. So seien die Honoraransprüche der Schuldnerin gegen Dritte, denen sie als Diplom-Psychologin Gutachten erstellt, Unterricht erteilt oder die sie betreut, nicht wiederkehrend zahlbare Vergütungen für persönlich geleistete Arbeiten oder Dienste im Sinne des § 850 i ZPO und wie Gebührenansprüche freiberuflich tätiger Personen in vollem Umfange pfändbar; sie fielen daher ohne Abzüge in die Insolvenzmasse. Einen unpfändbaren Anteil in Höhe (notwendiger) beruflich bedingter Ausgaben gebe es bei solchen Einkünften nicht. Der Schuldner könne allenfalls beantragen, dass ihm von den pfändbaren Vergütungen als Unterhaltsbedarf so viel belassen bleibt, wie ihm verbleiben würde, wenn sein Einkommen aus laufendem Arbeits- oder Dienstlohn bestünde, § 850 i Abs. 1 Satz 1 und 3 ZPO. Bei der Bemessung des notwendigen Unterhalts seien Werbungskosten analog § 850 a Nr. 3 ZPO zu berücksichtigen.

Die Entscheidung ist auf große Zustimmung gestoßen, da sie in verfahrensrechtlicher, vollstreckungsrechtlicher und versagungsrechtlicher Hinsicht Klarheit schaffe.[377] Umstritten war aber, wie der *notwendige* Unterhalt im Sinne des § 850 i ZPO a. F. zu bestimmen war. Nach einer Auffassung sollte die in § 850 i Abs. 1 Satz 3 a. F. bestimmte Obergrenze regelmäßig Ausgangspunkt für die Bestimmung des

373 BT-Drucks. 14/6468, S. 17.

374 INDat-Report 6/2002, S. 10: „Im Jahr 2002 wurden über 18.000 Insolvenzverfahren über die Vermögen natürlicher Personen per August eröffnet, was eine Steigerung gegenüber dem Vorjahr von 600% ausgemacht hat"; zitiert nach *Voigt/Gerke*, ZInsO 2002, 1054, Fn. 8.

375 *Voigt/Gerke*, ZInsO 2002, 1054.

376 ZInsO 2003, 413, 415.

377 *Grote*, Anm. zu BGH Beschl. v. 9.3.2003, IX ZB 388/02, ZInsO 2003, 416 f.; *Kohte*, Anm. zu BGH Beschl. v. 9.3.2003, IX ZB 388/02, NZI 2003, 393 f.

notwendigen Unterhalts sein. Dem Schuldner war danach also regelmäßig so viel zu belassen, wie ihm verbliebe, würde er ein Arbeitseinkommen nach § 850 ZPO beziehe.[378] Nach anderer Auffassung[379] war bislang Grundlage und zugleich unterste Grenze des notwendigen Unterhalts das, was dem Schuldner und den nach § 850 d Abs. 1 Satz 1 ZPO a. F. bevorrechtigten Unterhaltsgläubigern wegen ihrer dort angegebenen Ansprüche nach SGB XII als laufende Hilfe zum Lebensunterhalt zu gewähren wäre. Der notwendige Lebensunterhalt des Schuldners entspräche damit dem des § 850 d Abs. 1 Satz 2 ZPO, der auch für die Ermittlung des individuellen Bedarfs nach § 850 f Abs. 1 a) ZPO maßgeblich war.

Die Ausübung der selbständigen Tätigkeit des Schuldners stellte die Insolvenzrechtspraxis jedoch in dieser Zeit insofern auch vor vielfältige Probleme, als die Einbeziehung des Neuerwerbs in die Masse dazu führte, dass die mit dem Neuerwerb begründeten Verbindlichkeiten die Masse belasten konnten. So nahmen Finanzbehörden und Sozialversicherungsträger die Insolvenzmasse und den Verwalter gemäß §§ 60, 61 InsO auch für die Neuverbindlichkeiten in Anspruch, die der Schuldner nach Eröffnung sogar ohne Mitwirkung und Wissen des Verwalters begründet hat.[380] In Fällen, in denen der Schuldner eine selbständige Tätigkeit - möglicherweise ohne Kenntnis des Verwalters - nach Insolvenzeröffnung ausübte, war umstritten, ob der Verwalter die Tätigkeit einfach „freigeben" konnte. Dies wurde teilweise bejaht, da der Verwalter, wie auch unter Geltung der KO, das Recht habe, Gegenstände oder Rechte freizugeben, da § 32 Abs. 3 Satz 1 InsO dieses Recht voraussetze.[381] Eine Freigabe habe der Verwalter jedoch nur dann zu erklären, wenn damit die Insolvenzmasse geschont oder wenigstens nicht schlechter gestellt werde. Aus diesem Grund sollte der Verwalter erst dann den Neuerwerb freigeben, wenn der Schuldner sich i.S.v. § 295 Abs. 1 InsO verpflichtet habe, Beträge an die Masse zu entrichten.[382] Eine Freigabemöglichkeit durch den Verwalter wurde teilweise aber auch in Abrede gestellt, da das Gesetz eine Freigabe einer selbständigen Tätigkeit nicht vorsehe. Stattdessen wurde eine analoge Anwendung des § 295 Abs. 2 InsO im eröffneten Insolvenzverfahren vorgeschlagen.[383] Die Interessenlage sei vergleichbar. Der Treuhänder des Restschuldbefreiungsverfahrens solle, wie der Insolvenzverwalter auch, den während des Verfahrens erzielten

378 LG Stuttgart InVo 2006, 63 f. m.w.N.

379 OLG Düsseldorf Rechtspfleger 1979, 469.

380 *Tetzlaff*, ZVI 2002, 309, 311.

381 Uhlenbruck/*Uhlenbruck*, 12. Aufl., § 36 Rdnr. 11; *Voigt/Gerke* ZInsO 2002, 1054 ff.

382 *Voigt/Gerke*, ZInsO 2002, 1054, 1062.

383 Jaeger/*Henckel* § 35 InsO Rdnr. 128.

Erwerb des Schuldners aus selbständiger Tätigkeit zugunsten der Insolvenzgläubiger verwalten und verteilen. Deshalb obliege es dem Schuldner, der eine selbständige Tätigkeit ausübe, die Insolvenzgläubiger durch Zahlungen an den Treuhänder so zu stellen, wie wenn er ein angemessenes Dienstverhältnis eingegangen wäre. Mit dieser Formulierung sei gemeint, dass der Schuldner von seinem Gewinn, den er erziele, soviel an den Treuhänder zahlen müsse, wie er in einem fingierten angemessenen Arbeitsverhältnis pfändungsfrei verdienen würde. Was er darüber hinaus verdiene, bliebe ihm. Zudem hätte dies den Vorteil, dass die Neugläubiger hierauf zugreifen könnten, weil er als Selbständiger keinen Pfändungsschutz genieße. Da nur der Gewinn abzuführen sei und nicht, wie nach dem Wortlaut des § 35 InsO, die Forderungen und Einnahmen kraft Gesetzes der Haftungsmasse zugeordnet seien, werde selbständiges Wirtschaften möglich. Der Schuldner könne den Aufwand für seine selbständige Tätigkeit selbst aus den Einnahmen bezahlen. Die vorgeschlagene Analogie bewirke, dass die Gegenstände, die der selbständig tätige Schuldner nach der Eröffnung des Verfahrens im Rahmen dieser Tätigkeit erwerbe, nicht nach § 35 InsO kraft Gesetzes zur Insolvenzmasse gehörten. Vielmehr solle der Schuldner nur verpflichtet sein, den Reingewinn in dem Umfang an den Insolvenzverwalter abzuführen, in dem er in einem fingierten angemessenen Arbeitsverhältnis pfändungsfreies Arbeitseinkommen beziehen würde.

ccc) 01.07.2007 bis 01.07.2010

Mit dem Gesetz zur Vereinfachung des Insolvenzverfahrens vom 13.04.2007[384] hat sich der Gesetzgeber für eine Neukonzeption der selbständigen Tätigkeit im eröffneten Insolvenzverfahren entschieden. Erklärtes Ziel war, den Schuldner zu einer selbständigen Tätigkeit zu motivieren und zugleich eine Gefährdung der Masse zu verhindern.[385] Er hat hierbei die Vorschläge zur „Freigabe“ der Tätigkeit aufgegriffen und § 35 InsO um die Absätze 2 und 3 ergänzt. Der Insolvenzverwalter hat demnach eine Erklärung abzugeben, ob er Vermögen aus der selbständigen Tätigkeit des Schuldners als zur Insolvenzmasse gehörig ansieht und Ansprüche aus der Tätigkeit im Insolvenzverfahren geltend gemacht werden können („Positiverklärung“) oder ob dies nicht der Fall sein soll („Negativerklärung“). Im Falle einer Negativerklärung verweist § 35 Abs. 2 Satz 2 InsO auf § 295 Abs. 2 InsO. Im Falle einer Positiverklärung verbleibt es bei dem Insolvenzbeschlag des Neuerwerbs gemäß § 35 Abs. 1 Satz 2 InsO. Der Schuldner kann jedoch gemäß § 36

384 In Kraft getreten zum 1.7.2007, BGBl I S. 509.
385 BT-Drucksache 16/3227, S. 11.

Abs. 1 Satz 2 InsO i.V.m. § 850 i ZPO beantragen, dass ihm von den pfändbaren Vergütungen als Unterhaltsbedarf so viel belassen bleibt, wie ihm verbleiben würde, wenn sein Einkommen aus laufendem Arbeits- oder Dienstlohn bestünde, § 850 i Abs. 1 Satz 1 und 3 ZPO.

§ 850 i ZPO wurde durch das Gesetz zur Reform des Kontopfändungsschutzes insofern verbessert, als dem Schuldner nunmehr nicht mehr nur der sog. „notwendige" Unterhalt zu belassen ist, sondern auf das Arbeitseinkommen als Vergleichsgröße abgestellt wird, so dass nun § 850 c ZPO als Maßstab heranzuziehen ist.[386]

Der Gesetzgeber beabsichtigte zudem, eine erkannte Widersprüchlichkeit zwischen Zwangsvollstreckungsrecht und Existenzsicherungsrecht mit dem beabsichtigten Gesetz zur Neustrukturierung und Modernisierung des Pfändungsschutzes (GNeuMoP)[387] zu beseitigen, in dem in § 850 c ZPO der Begriff „Arbeitseinkommen" durch „Einkommen" ersetzt werden sollte. Es wären dann auch Einkünfte aus selbständiger Tätigkeit von dem ex ante-Schutz des § 850 c ZPO erfasst worden, was auch zu einer Angleichung mit dem Kontopfändungsschutzrecht geführt hätte. Allerdings wäre hiermit auch die Herabsetzung des pfändbaren Einkommens verbunden gewesen um den unpfändbaren Bereich des Einkommens dem geltenden Sozial- und Wohnrecht anzupassen. „Die bislang bewusst aufrechterhaltene Spanne zwischen Sozialhilfesatz und Pfändungsfreibetrag sollte zugunsten eines einheitlich definierten sozialrechtlichen Existenzminimums aufgegeben werden."[388] Der einem Erwerb nachgehende Schuldner sollte durch pauschalierte Mehreinkommenszuschläge ein „Erwerbsanreiz" geboten werden. Dieser Entwurf, der bislang nicht umgesetzt worden ist, ist auf heftige Kritik gestoßen.[389] *Ahrens* sah das gesetzgeberische Anliegen, ein stimmiges zwangsvollstreckungsrechtliches Gesamtkonzept zu entwerfen, nicht umgesetzt. Im Ergebnis werde die Rechtslage hierdurch komlexer und benachteilige nicht nur erwerbstätige Schuldner, sondern auch privilegierte Gläubiger, insbesondere Unterhaltsgläubiger. Da sozialrechtliche Maßstäbe hierdurch unterschritten würden, liege das „Odium der Verfassungswidrigkeit[390]" über dem Entwurf.

386 FK-InsO/*Bornemann* § 36 Rdnr. 26.

387 Entwurf vom 16.06.2010, BT-Drucks. 17/2167, S. 11 und 17.

388 *Priebe*, ZInsO 2011, 11.

389 *Ahrens*, NZI 2011, 265, 266, 271, 272; *Priebe*, ZInsO 2011, 11.

390 *Ahrens* NZI 2011, 265, 272.

2. Anspruch des Schuldners auf Partizipation am Neuerwerb *de lege lata*

Hat der Insolvenzverwalter nach Eröffnung des Insolvenzverfahrens eine Positiverklärung abgegeben, kann der Schuldner nach geltendem Recht beantragen, dass ihm von seinem Neuerwerb ein i.S.v. § 850 c ZPO vergleichbarer Anteil zugebilligt wird. Anders als beim nicht Selbständigen erhält der Selbständige diesen „unpfändbaren Anteil“ jedoch nicht *ipso iure*, sondern muss ihn beantragen. Fraglich ist, ob ihm im Rahmen des geltenden Rechts ein Anspruch auf den „unpfändbaren Teil“ seines Neuerwerbs zusteht und, falls dies nicht der Fall sein sollte, ob dies mit Art. 3 Abs. 1 GG in Einklang steht.

Einige Stimmen in der neueren Literatur sind der Auffassung, dass der selbständige Schuldner im Falle einer Fortführung einen Anspruch auf angemessene Entlohnung gemäß § 35 InsO habe.[391] Dies stehe nicht im Ermessen der Gläubiger[392], so dass auch der selbständige Schuldner einen Anspruch auf Partizipation am Neuerwerb *de lege lata* habe.[393] Dies ergebe sich daraus, dass die Arbeitskraft des Schuldners gemäß § 36 InsO nicht zur Insolvenzmasse gehöre.[394] Da der Schuldner letztlich „freiwillig“ mitarbeite, müsse er auch einen Anteil an den Früchten seiner Arbeit haben.

Gemäß § 35 Abs. 1 Satz 2 InsO gilt das Bruttobeschlagsprinzip, sämtlicher Neuerwerb ist massebefangen. Gemäß 36 Abs. 1 Satz 2 InsO i.V.m. § 850 i ZPO kann der Selbständige aber nach geltendem Recht beantragen, einen dem § 850 c ZPO entsprechenden unpfändbaren Anteil am Neuerwerb zu erhalten. Der Wortlaut der §§ 35, 36 InsO steht einem gebundenem Anspruch *ipso iure* jedoch entgegen.

a) Entstehungsgeschichte

Fraglich ist, ob den Gesetzesmaterialien ein über den Wortlaut hinausgehender Wille des Gesetzgebers zu entnehmen ist, dem selbständigen Schuldner einen dem nicht Selbständigen, mit den §§ 850 Abs. 2, 850 c ZPO vergleichbaren, ex ante-Anspruch zuzubilligen.

---

391 KS-InsO/*Mai* Kap. 19 Rdnr. 67.

392 KS-InsO/*Mai* Kap. 19 Rdnr. 68.

393 A/G/R-*Pieckenbrock* § 100 InsO Rdnr. 2.

394 BGH ZInsO 2006, 708, 709.

Der Rechtsausschuss des Bundestages hat zunächst nur die Situation des nicht selbständigen Schuldners im Blick gehabt und ausgeführt, die Ermessensentscheidung der Gläubigerversammlung nach § 100 Abs. 1 InsO sei hinnehmbar, da der Schuldner durch die Pfändungsfreibeträge geschützt bleibe, die nach § 36 Absatz 1 InsO im Insolvenzverfahren berücksichtigt würden.[395] Hier wird deutlich, dass der Gesetzgeber, der zunächst keine Klarstellung in § 36 InsO getroffen hat, dass § 850 i ZPO auch im eröffneten Verfahren Anwendung finden werde, die Interessen des selbständig tätigen Schuldners nicht bedacht hat. Dies würde auch erklären, warum der Gesetzgeber den zunächst vorgesehenen Anspruch auf Unterhalt aus der Insolvenzmasse[396] in § 100 InsO nicht aufgenommen hat und als Grund hierfür die Entlastung der Gerichte angeführt hat. Hierfür spricht auch, dass der Gesetzgeber in der Folgezeit erkannt hat, dass durch eine Klarstellung, dass auch § 850 i ZPO im Insolvenzverfahren Anwendung finden solle, die Rechte der Selbständigen in der Insolvenz gestärkt werden müssen. Zudem hat der Gesetzgeber durch das Gesetz zur Vereinfachung des Insolvenzverfahrens vom 13.04.2007 weitere „Nachbesserungen" vorgenommen und auch hier nach erklärtem Willen die Rechte der Selbständigen stärken wollen. Zwar verhielten sich die Regelungen zur „Freigabe" der selbständigen Tätigkeit weniger zu der Frage, ob ein Anspruch auf Partizipation am Neuerwerb im Falle einer „Positiverklärung" besteht. Es sollte nach dem erklärten Willen des Gesetzgebers aber durch die Neuregelung des § 35 Abs. 2 InsO die Möglichkeit der selbständigen Tätigkeit im Insolenzverfahren gefördert werden. Der Gesetzgeber hat aber offenbar wiederum „Nachbesserungsbedarf" gesehen und mit dem Gesetz zur Reform des Kontopfändungsschutzes schließlich die Rechte der Selbständigen, deren Selbständigkeit nicht freigegeben wurde, insofern verbessert, als nunmehr klargestellt wurde, dass nicht nur der *notwendige* Unterhalt, sondern ein i.S.v. § 850 c ZPO vergleichbarer Anteil zuerkannt werden kann. Mit diesem Gesetz ist auch das Recht der Kontopfändung umfassend neu geregelt worden. In diesem Zusammenhang sind die Einkunftsarten insofern gleichgestellt worden, als nun bei einer Kontopfändung kein Unterschied mehr gemacht wird, ob das Einkommen aus selbständiger Tätigkeit herrührt oder aus abhängiger Beschäftigung. Der Gesetzgeber weist darauf hin, dass „die Behandlung von Einkünften Selbständiger, die der Sicherung des Existenzminimums dienen, in der Zwangsvollstreckung und in der Insolvenz nicht sachgerecht sei. Für die Frage der Sicherung des Existenzminimums könne es daher nicht darauf ankommen, ob der Anspruch auf Entlohnung im Zusammenhang mit abhängiger

395 BT-Drucks.. 12/7302 S. 167.

396 § 114 RegE InsO und Begründung, BT-Drucks. 12/2443, S. 26, 143.

oder aufgrund persönlicher Arbeit oder Dienste erworben worden sei." Zwar ist mit diesem Gesetz noch keine abschließende Gleichstellung der Einkunftsarten erzielt worden, da § 850 c ZPO nach wie vor an das „Arbeitseinkommen" anknüpft und hierunter nur das Einkommen aus abhängiger Beschäftigung verstanden wird, § 850 Abs. 2 ZPO.[397] Der Gesetzgeber hat jedoch mit dem beabsichtigten Gesetz zur Neustrukturierung und Modernisierung des Pfändungsschutzes (GNeuMop) dem Schutzbereich des § 850 c ZPO auch das Einkommen aus selbständiger Tätigkeit unterstellen wollen, indem § 850 Abs. 2 ZPO nicht mehr an den Begriff „Arbeitseinkommen" anknüpfen sollte, sondern an den Begriff „Einkommen", unabhängig von der Herkunft der Einkünfte. Hierdurch sollte eine Harmonisierung mit dem Recht der Kontpfändung herbeigeführt werden, bei welchem ebenfalls nicht von Bedeutung ist, aus welcher Quelle das Guthaben stammt.[398] Die Materialien sprechen daher dafür, dass der Gesetzgeber eine Notwendigkeit der Angleichung der Einkunftsarten erkannt hat und diese über eine Anpassung der §§ 850 ff. ZPO herbeiführen wollte.

b) Teleologische Auslegung

Fraglich ist, ob auch die *ratio legis* der Pfändungsschutzvorschriften der §§ 850 ff. ZPO es gebietet, dem Erwerb aus selbständiger Tätigkeit - ebenso wie dem Arbeitseinkommen - einen ex-ante-Schutz zu gewähren. Sinn und Zweck der Pfändungsschutzvorschriften ist einerseits die Gewährleistung existenzsichernder Einkünfe.[399] Dies ergibt sich im Hinblick auf den Schutz des Arbeitseinkommens daraus, dass dem Schuldner regelmäßig mehr als das Existenzminimum verbleiben muss, was aus dem Umkehrschluss aus § 850 f ZPO folgt.[400] Aus diesem Grund darf eine Pfändung auch nicht zu Lasten öffentlicher Mittel erfolgen. Es dürfen dem Schuldner bei der Zwangsvollstreckung keine Gegenstände entzogen werden, die ihm der Staat aus sozialen Gründen mit Leistungen der Sozialhilfe wieder zur Verfügung stellen müsste.[401] Dieser Schutzgedanke, dass aus dem

---

397 PG/*Ahrens* § 850 ZPO Rdnr. 11.

398 BT-Drucks.. 17/2167 S. 11, 17.

399 BGH ZInsO 2006, 708, 710; PG/*Ahrens* § 850 ZPO Rdnr. 1.

400 PG/*Ahrens* § 850 ZPO Rdnr. 1.

401 BSG ZVI 2013, 244, 246; BGH ZVI 2004, 935, 937; BGH ZInsO 2011, 1420, 1421; Baumbach/Lauterbach/*Hartmann*, ZPO, Einführung §§ 850 ff. Rdnr. 2 und § 811 Rdnr. 2; Stein/Jonas/*Münzberg*, ZPO, § 811 Rdnr. 1 ff.; Zöller/*Stöber*, ZPO, § 811 Rdnr. 1; *Walker*, in: Schuschke/Walker, Vollstreckung und vorläufiger Rechtsschutz, § 811 Rdnr. 1 f.

Erwerb eigenen Schaffens die eigene Existenz zu sichern ist, ist auch dem § 850 i ZPO zu entnehmen. Denn sein Modell ist an den Grundgedanken der Einkommenspfändung ausgerichtet.[402] So bestimmt § 850 i Abs. 1 Satz 1 2. Alt. ZPO n.F., dass wiederkehrende Einkünfte „wie Arbeitseinkommen" zu schützen seien. Ein Grund für eine Sonderstellung des Arbeitseinkommens ist demnach, gemessen an dem Schutzzweck der Gewährleistung existenzsichernder Einkünfte, nicht ersichtlich.

Weiterer Zweck der Pfändungsschutzvorschriften der §§ 850 ff. ZPO ist die Erhaltung der Arbeitskraft und des Arbeitswillens.[403] Ein eben solcher Schutzzweck ist auch dem § 850 i ZPO n.F. zu entnehmen. Der Gesetzgeber hat durch den geänderten Wortlaut deutlich gemacht, dass nicht nur der „notwendige" Unterhalt, sondern ein Schutzniveau des § 850 c ZPO erreicht werden soll.

Möglicherweise kann die Tatsache, dass wiederkehrende Einkünfte Selbständiger - im Vergleich zu Arbeitseinkommen - keine typisierten Grundmuster kennen, eine ex post-Regelung unumgänglich machen. Hiergegen spricht aber, dass auch die Vorschriften der §§ 850 a und b ZPO verschiedene Sonderregelungen vorsehen, die systematisch nicht aufeinander abgestimmt sind und Aufwand bei Gläubigern und Gerichten.[404] verursachen. Die Regelungen zum Kontopfändungsschutzrecht (§ 850 k ZPO) zeigen, dass auch das Einkommen aus selbständiger Tätigkeit typisierten Bestimmungen unterworfen werden kann. Insofern wird zwischen wiederkehrenden und nicht wiederkehrenden Einkünften unterschieden und im Hinblick auf die wiederkehrenden Einkünfte ein Grundpfandfreibetrag gemäß § 850 k Abs. 1, 2 ZPO ex ante gewährt; darüberhinausgehende, freizustellende Beträge sind dann gemäß § 850 k Abs. 4 Satz 2 ZPO i.V.m. § 850 i ZPO individuell anzupassen.

c) Verstoß gegen den allgemeinen Gleichheitssatz, Art. 3 Abs. 1 GG

Geprüft werden muss nun, ob die gegenwärtige Gesetzeslage mit dem Verfassungsrecht in Einklang steht und, falls dies nicht der Fall sein sollte, ob eine verfassungskonforme Auslegung.[405] in Betracht kommt oder die Rechtslage verfassungskonform umgestaltet werden muss. Die Regelung, dass der nicht selbständige Schuldner *ipso iure* gemäß § 36 Abs. 1 Satz 2 InsO i.V.m. §§ 850

402 PG/*Ahrens* § 850 i ZPO Rdnr. 2.
403 BGH ZInsO 2006, 708, 710; P/G-*Ahrens* § 850 ZPO Rdnr. 1.
404 BT-Drucks.. 17/2167 S. 13.
405 Vgl. BVerfGE 96, 315, 320, 325, 328.

Abs. 2, 850 c ZPO einen unpfändbaren Freibetrag ex ante erhält, während der selbständige Schuldner um einen adäquaten Betrag im Wege eines Antrages nach § 36 InsO Abs. 1 Satz 2 InsO i.V.m. § 850 i ZPO ex post „kämpfen“ muss, könnte zudem gegen Art. 3 Abs. 1 GG verstoßen.

Der allgemeine Gleichheitssatz des Art. 3 Abs.1 GG kennt keinen Gesetzesvorbehalt. Dies führt jedoch nicht zu einer Uneinschränkbarkeit des Grundrechtes und somit zu einem Gebot faktischer Gleichheit. Das Bundesverfassungsgericht verwendete zur Bestimmung eines Verstoßes gegen den Gleichheitsgrundsatz zunächst die sogenannte „Willkürformel“.[406] Demnach liege eine Ungleichbehandlung vor, wenn wesentlich Gleiches willkürlich ungleich und wesentliches Ungleiches willkürlich gleich behandelt werde. Liege kein vernünftiger, sich aus der Natur der Sache ergebender Grund für eine Differenzierung vor, so verstoße dies gegen Art. 3 Abs. 1 GG.[407] Der erste Senat des Bundesverfassungsgerichts hat in der Entscheidung vom 07.10.1980[408] die sogenannte „Neue Formel“ entwickelt. Demnach liege ein Verstoß gegen den Gleichheitsstatz vor, wenn eine Gruppe von Normadressaten im Vergleich zu anderen Normadressaten anders behandelt werde, obwohl zwischen beiden Gruppen keine Unterschiede von solcher Art und Gewicht bestünden, dass sie die ungleiche Behandlung rechtfertigen könnten. Es ist fraglich, ob das Bundesverfassungsgericht die „Neue Formel“ durch die „Willkür-Formel“ ersetzen wollte. Der erste Senat hat sich dafür ausgesprochen, dass sich, je nach Regelungsgegenstand und Differenzierungsmerkmalen, unterschiedliche Grenzen für den Gesetzgeber ergeben könnten, die vom bloßen Willkürverbot bis zu einer strengen Bindung an die Verhältnismäßigkeitsanforderungen reichten.[409] Die „Neue Formel“ ist in der Literatur vor allem wegen der Verhältnismäßigkeitsprüfung kritisiert worden.[410] Denn bei Art. 3 Abs. 1 GG liege ein Dreiecksverhältnis vor, nämlich ein horizontales Verhältnis zwischen Bürgern und Staat. Deswegen lasse sich die Rechtfertigung einer Ungleichbehandlung nicht im Schema der Zweck-Mittel-Relation abarbeiten. Vor diesem Hintergrund haben sich die Rechtsprechung des ersten und zweiten Senats mittlerweile angeglichen.[411] Die Struktur und die eigenständige Dogmatik des Art. 3 Abs. 1 GG kann demnach wie folgt präzisiert werden:

---

406 BVerfGE 1, 14, 52; 3, 58, 135; 97, 271, 291; 98, 365, 385.

407 BVerfGE 90, 145, 196; 94, 241, 260.

408 BVerfGE 55, 72, 88

409 BVerfGE 95, 267.

410 *Ipsen*, StaatsR II, Rdnr. 754.

411 *Albers*, JuS 2008, 945, 946.

Der Gleichheitssatz verweist auf ein Dreiecksverhältnis und erfordert einen Vergleich. Bei seiner Anwendung ergeben sich zwei Stufen. Die erste Stufe betrifft die Feststellung einer Ungleichbehandlung. Zwei Sachverhalte (Sachverhaltsgruppen oder Personengruppen), die vergleichbar und danach „gleich" sind, werden ungleich behandelt. In der nächsten Stufe findet eine dem Grundrecht des Art. 3 Abs. 1 GG angemessene, modifizierte Verhältnismäßigkeitsprüfung statt.

aa) Feststellung einer Ungleichbehandlung

Voraussetzung der Anwendung des Gleichheitssatzes sind zwei nicht identische, also verschiedene Sachverhalte. Des Weiteren müssen diese Sachverhalte mit Hilfe eines gemeinsamen Oberbegriffs (genus proximum) als übergeordnetem Vergleichsgesichtspunkt (tertium comparationis) entweder als „gleich" oder als „ungleich" eingestuft werden können.[412]

Der nicht selbständige Schuldner sichert seine Existenz durch sein Arbeitseinkommen, der nicht Selbständige durch wiederkehrende Leistungen für persönlich geleistete Arbeit oder Dienste. Beide Vergleichsgruppen sichern sich durch die Früchte ihrer Erwerbstätigkeit ihre Existenz. Die zueinander in Beziehung gesetzten Sachverhalte sind daher in den für die rechtliche Wertung wesentlichen Elementen miteinander vergleichbar.

Eine Ungleichbehandlung ist möglicherweise dadurch ausgeschlossen, dass der Selbständige die Möglichkeit hat, einen Pfändungsschutzantrag gemäß § 36 Abs. 1 Satz 2 InsO i.V.m. § 850 i ZPO zu stellen. Diese Möglichkeit stellt aber keinen gleichwertigen Ersatz für den ex ante-Schutz der nicht Selbständigen gemäß §§ 850 Abs. 2, 850 c ZPO dar. Der Selbständige ist im Antragsverfahren gemäß § 850 i ZPO darlegungs - und beweisbelastet, was er ohne (anwaltliche) Hilfe kaum bewerkstelligen kann. Denn beim „Pfändungsschutzrecht", so die Gesetzesbegründung zum „Gesetz zur Gesetz zur Neustrukturierung und Modernisierung des Pfändungsschutzes" (GNeuMop)[413] „handele sich um ein inhomogenes Normengeflecht, das bei der Berechung der dem Schuldner pfandfrei zu belassenen Beträge erheblichen Aufwand bereite und mit dem allgemeinen Pfändungsschutz in seiner heutigen Ausgestaltung nicht in Einklang stehe." Der selbständige Schuldner wird durch diesen Aufwand daher im Hinblick auf den nicht selbständigen Schuldner erheblich mehr belastet und erhält zudem wesentlich später seinen gemäß § 850 c ZPO vergleichbaren unpfändbaren Anteil, was ihn in eine existentiell ungewisse

---

412 *Albers*, JuS 2008, 945, 948.

413 BT-Drucks., 17/2167 S. 11, 17.

Lage versetzt. Aus § 36 Abs. 1 Satz 2 InsO i.V.m. § 850 i ZPO kann sich demach kein Ausschluss einer Ungleichbehandlung ergeben.

Die Personengruppen „Selbständige“ und „nicht Selbständige“ werden anhand der Einkommensart somit ungleich behandelt. Eine Ungleichbehandlung vergleichbarer Personengruppen ist durch das unterschiedliche Schutzniveau der Einkommensarten (ex ante beim nicht Selbständigen bzw. ex post beim Selbständigen) gegeben.

bb) Modifizierte Verhältnismäßigkeitsprüfung

Im Falle einer Ungleichbehandlung zweier gleicher Sachverhalte ist nun auf der zweiten Stufe zu prüfen, ob Regelungsziel und Differenzierungskriterien verfassungsmäßig sind. Differenzierungsverbote, etwa aufGrund des Art. 3 Abs. 3 GG, sind dabei ebenso zu beachten wie Differenzierungsgebote oder -erlaubnisse. Im Übrigen muss es hinreichende Gründe geben, die die Ungleichbehandlung rechtfertigen. Es muss sodann im Rahmen einer von der Kontrollintensität abhängigen Prüfung beantwortet werden, ob die Rechtfertigungskraft der Gründe dem allgemeinen Gleichheitssatz genügt. Hierhin gehört die „gleitende Skala vom Willkürverbot bis hin zu modifizierten Verhältnismäßigkeitserwägungen, zu der der Erste und der Zweite Senat des BVerfG mittlerweile übereinstimmend gelangt sind“.[414]

Eine Rechtfertigung kann sich daraus ergeben, dass Einkünfte aus selbständiger Tätigkeit als Wertschöpfung angesehen werden und nicht als Arbeitseinkommen.

Ob die Einkünfte aus selbständiger Tätigkeit als Arbeitseinkommen anzusehen sind, ist umstritten. Unter dem Gesichtspunkt, dass der Schuldner, der die Restschuldbefreiung beantragt hat, gemäß § 287 Abs. 2 Satz 1 InsO sein *pfändbares Einkommen* für die Dauer von sechs Jahren an den Treuhänder abzutreten hat, wird von einigen Stimmen in der Literatur und der Rechtsprechung[415] die Anwendbarkeit des § 287 Abs. 2 Satz 1 InsO auf Einkünfte aus selbständiger Tätigkeit verneint.[416] Hierfür könne angeführt werden, dass § 295 Abs. 2 InsO bestimme, dass ein selbstständig tätiger Schuldner – im Gegensatz zum abhängig Beschäftigten - eigenständig Zahlungen an den Treuhänder zu leisten habe, was gegen eine Vergleichbarkeit der beiden Einkunftsarten spreche.

414 *Albers*, JuS 2008, 945, 949.

415 BGH ZInsO 2010, 59, 60.

416 Uhlenbruck/*Vallendar* § 287 InsO Rdnr. 23 mit Hinweis auf die Begr. zu § 244 RegE, BR-Drucks. 1/92 S. 192; HK-InsO/*Landfermann* § 295 Rdnr. 8; Nerlich-Römermann/*Römermann* § 295 InsO Rdnr. 44, 47; *Wenzel*, in: Kübler/Prütting/Bork, § 295 InsO Rdnr. 14.

Nach anderer Ansicht seien die Einkünfte aus selbständiger Tätigkeit den Einkünften aus abhängiger Beschäftigung gleichzustellen.[417] Da der Gesetzgeber in seiner Gesetzesbegründung darauf verweise, dass -entsprechend der vollstreckungsrechtlichen Grundlegung zu den „Bezügen aus einem Dienstverhältnis" - sämtliche Arten von Arbeitseinkommen im Sinne des § 850 ZPO abzutreten seien, seien auch die Einkünfte Selbständiger von der Abtretung an den Treuhänder umfasst. Auch der selbstständig tätige Schuldner habe die Abtretung zu erklären, anderenfalls erlange er keine Restschuldbefreiung. Das Erfordernis der Abtretung sei bei selbstständig tätigen Schuldnern zwar meist ohne Sinn. Dies spräche aber gleichwohl nicht gegen die Vergleichbarkeit der Einkunftsarten, da auch die dem Arbeitseinkommen „gleichzustellenden Einkünfte" abzutreten seien. Dem stehe auch § 295 Abs. 2 InsO nicht entgegen, weil diese Vorschrift selbst nicht die Unabtretbarkeit von Einnahmen anordne, sondern nur die Konsequenzen ziehe, falls Einkünfte nicht abtretbar seien.

Für die letzt genannte Ansicht spricht, dass vollstreckungsrechtlich die meisten Einkünfte selbstständig tätiger Schuldner dem Arbeitseinkommen i.S.v. § 850 ZPO „gleichgestellt" werden sollen. Dies gilt für die Vergütungen für Dienstleistungen aller Art, welche die Erwerbstätigkeit des Schuldners vollständig oder zu einem wesentlichen Teil in Anspruch nehmen (§ 850 Abs. 2 2. HS ZPO). Dies sind auch die wiederkehrend zahlbaren Bezüge aus unabhängigen Dienstverträgen, soweit diese Tätigkeit den Schuldner vollständig oder zu einem wesentlichen Teil in Anspruch nimmt.[418] Zu dem Arbeitseinkommen im Sinne des § 850 Abs. 2 ZPO zählt auch der Entgeltanspruch eines (Zahn)Arztes gegen die Kassen(zahn)ärztliche Vereinigung, wenn dieser zum wesentlichen Teil durch seine kassen(zahn) ärztliche Tätigkeit in Anspruch genommen wird.[419]

Wenn das Einkommen aus selbständiger Tätigkeit den Einkünften aus nicht selbständiger Tätigkeit „gleich" zustellen ist, so ist eine Rechtfertigung für eine ungleiche Behandlung offensichtlich nicht gegeben.

Ein weiterer Wegweiser bei der Frage, ob das Einkommen aus selbständiger Tätigkeit im Insolvenzverfahren dem Arbeitseinkommen gleichzustellen ist, könnte § 114 InsO sein. Hat der Schuldner vor der Eröffnung des Insolvenzverfahrens eine Forderung für die spätere Zeit auf Bezüge aus einem Dienstverhältnis oder *an deren Stelle tretende laufende Bezüge* abgetreten oder verpfändet, so ist diese Verfügung nur wirksam, soweit sie sich auf die Bezüge für die Zeit vor Ablauf von

---

417 MüKo-InsO/*Stephan* § 287 Rdnr. 38; FK-InsO/*Ahrens* § 287 Rdnr. 50.

418 PG/*Ahrens* § 850 ZPO Rdnr. 27 f.

419 BGH Beschl. v. 28.09.1989, III ZR 280/88, Rdnr. 2 (juris).

zwei Jahren nach dem Ende des zur Zeit der Eröffnung des Verfahrens laufenden Kalendermonats bezieht. Ob Vergütungsansprüche aus selbstständiger Tätigkeit von § 114 Abs. 1 InsO erfasst werden, ist umstritten.[420]

Der Bundesgerichtshof sieht Ansprüche aus privatärztlichen Behandlungsverträgen nicht als „fortlaufende Bezüge aus einem Dienstverhältnis" im Sinne von § 114 Abs. 1 InsO an.[421] Er hat allerdings die Ansprüche eines Kassenarztes gegen die für ihn zuständige kassenärztliche Vereinigung als „Arbeitseinkommen" i.S.v. § 850 Abs. 2 ZPO eingeordnet.[422]

Dies ist nach Auffassung des BGH jedoch - zu Recht - kein Widerspruch.[423] Der BGH sieht die Frage der Abtretbarkeit einer Forderung i.S.v. § 114 InsO unabhängig davon, ob es sich um Einkommen aus selbständiger oder unselbständiger Tätigkeit handelt. Die Vorschrift des § 114 Abs. 1 InsO privilegiere für die Dauer von zwei Jahren Vorausabtretungen, welche der Masse den Ertrag der Arbeitskraft des Schuldners vorenthielten. Die Arbeitskraft des Schuldners gehöre nicht zur Masse (§ 36 Abs. 1 InsO); der Schuldner könne zur Aufnahme einer Erwerbstätigkeit nicht gezwungen werden. § 114 Abs. 1 InsO verzichte also auf mögliche, jedoch nicht erzwingbare Massemehrungen durch dienstleistende Tätigkeiten. Der z.B. in eigener Praxis tätige Kassenarzt erziele sein Einkommen demgegenüber nicht allein aus der Verwertung seiner Arbeitskraft, sondern aus dem Betrieb der Praxis. Damit sind notwendig Ausgaben verbunden, die vom Zeitpunkt der Eröffnung des Insolvenzverfahrens an von der Masse getragen werden müssen. Nur so könnten Vergütungsansprüche gegen die kassenärztliche Vereinigung erwirtschaftet werden. Ansprüche, welche die Begründung von Masseverbindlichkeiten voraussetzen, würden von § 114 Abs. 1 InsO jedoch nicht erfasst.

---

420 Bejahend: MüKO-InsO/*Löwisch/Caspers* § 114 Rdnr. 4; HambK-InsO/*Ahrendt* § 114 Rdnr. 3; verneinend: LG Köln ZInsO 2004, 756 ff.; Uhlenbruck/*Berscheid* § 114 InsO Rdnr. 6; Nerlich/Römermann/*Kießner* § 114 InsO Rdnr. 54; Braun/*Kroth* § 114 InsO Rdnr. 2; *Tetzlaff*, ZInsO 2005, 393, 400 f. *Sander*, ZInsO 2003, 1129, 1131, 1133; *Ries*, ZinsO 2003, 1079, 1081; LG Köln ZInsO 2004, 756 ff.

421 BGHZ 162, 187, 190.

422 BGHZ 96, 324 ff. 326.; ebenso OLG Nürnberg InVo 2003, 78 f.

423 Nach anderer Ansicht sollen die Anwendungsbereiche der Vorschriften des § 114 Abs. 1 InsO einerseits, des § 850 Abs. 2 ZPO andererseits übereinstimmen: FK-InsO/*Eisenbeis* § 114 Rdnr. 5; Uhlenbruck/*Berscheid* § 114 InsO Rdnr. 9; Nerlich/Römermann/*Kießner* § 114 InsO Rdnr. 17; MüKo-InsO/*Löwisch/Casper* § 114 Rdnr. 5 f. HK-InsO/*Irschlinger* § 114 Rdnr. 1; HambK-InsO/*Ahrendt* § 114 Rdnr. 3; *Uhlenbruck*, ZVI 2002, 49, 52.

Hierfür spreche, dass anderenfalls der Insolvenzverwalter, nach Maßgabe der §§ 103 ff. InsO, masseschädigende Verträge kündigen könnte. Anderenfalls würde die Situation bestehen, dass der Verwalter die Abtretung über die Dauer von zwei Jahren akzeptieren müsste und gleichzeitig Masseverbindlichkeiten abtragen müsste, die eben nicht von den Einkünften abzuziehen sind, die dem Abtretungsgläubiger zu Gute kommen.

Diese Auslegung des § 114 InsO diene letztlich dem Schutz des selbständigen Schuldners, der im Falle der Kündigung der (masseschädigenden) Verträge i.S.v. §§ 103 ff. InsO seine Selbständigkeit nicht weiter würde fortführen könne.

Die Auslegung des § 114 InsO, wonach hiervon nicht Einkünfte aus selbständiger Tätigkeit erfasst werden, spricht daher jedenfalls nicht gegen die Vergleichbarkeit des Einkommens aus selbständiger Tätigkeit mit Arbeitseinkommen.

Rechtfertigungsgründe für eine Ungleichbehandlung sind somit nicht ersichtlich.

Die Ungleichbehandlung müsste zudem angemessen sein „im Verhältnis zwischen der Rechtfertigungskraft der Gründe unter Berücksichtigung von Regelungsziel, Differenzierungskriterien und Regelungskontext einerseits und den nachteiligen Folgen der Ungleichbehandlung für die davon Betroffenen andererseits.“[424] Bei der Unterscheidung von Personengruppen und auch bei der Untersuchung einer mittelbaren Ungleichbehandlung sind strenge Anforderungen an die modifizierte Verhältnismäßigkeitsprüfung zu stellen. In diesem Rahmen können an bestimmten Punkten Freiheitsgrundrechte mit ihren Maßstäben verstärkend hinzutreten, z.B. bei der Beurteilung des Gewichts nachteiliger Folgen für die von einer Ungleichbehandlung Betroffenen.

Zu beachten ist hier, dass von der Ungleichbehandlung ebenso die Unterhaltsberechtigten betroffen sind, die unter dem Schutz des Art. 6 Abs. 1 GG stehen. Diese sind - ebenso wie der verpflichtete, selbständige Schuldner - von dem Einkommen aus selbständiger Tätigkeit existentiell abhängig. Ebenso wie der Schuldner erhalten sie aber nicht ex ante einen Grundfreibetrag als unterhaltsberechtigte Person zuerkannt. Die Befriedigung ihrer unterhaltsrechtlichen Ansprüche ist demnach mit größeren Unsicherheitsfaktoren verbunden. Im Gegensatz zu den Berechtigten des Nicht-Selbständigen können diese *ipso iure* auf den Differenzbetrag gemäß § 89 Abs. 2 Satz 2 InsO i.V.m. 850 d ZPO nicht zugreifen. Hinzu kommt, dass die Unterhaltsberechtigten, wegen der Einbeziehung des Neuerwerbs in die Insolvenzmasse einerseits, und der Erstreckung

424 *Albers*, JuS 2008, 945, 948.

der Restschuldbefreiung auch auf unterhaltsrechtliche Insolvenzforderungen andererseits, bereits in grundrechtsrelevanter Weise betroffen sind.[425]

Wenn der Schuldner seine Ansprüche gemäß § 36 Abs. 1 Satz 2 InsO i.V.m. § 850 i ZPO nicht rechtzeitig zugebilligt erhielte, wäre er und wären auch seine Berechtigten dazu gezwungen, ihr Grundrecht aus Art. 1 Abs. 1 GG i.V.m. dem Sozialstaatsprinzip aus Art. 20 Abs. 1 GG auf Gewährleistung eines menschenwürdigen Existenzminimums[426] in Anspruch zu nehmen, in Form der Regelleistung nach dem SGB II.

Das Grundrecht aus Art. 1 Abs. 1 GG i.V.m. Art. 20 Abs. 1 GG (Grundrecht auf Gewährleistung eines menschenwürdigen Existenzminimums) greift jedoch nur dann ein, wenn und soweit andere Mittel zur Gewährung eines menschenwürdigen Existenzminimums nicht zur Verfügung stehen.[427] Leistungen der Existenzsicherung sind grundsätzlich nachrangig gegenüber realisierbaren Ansprüchen, die als Vermögen oder Einkommen angerechnet werden.[428] Eine Regelung, wonach vom Schuldner selbständig erarbeiteter Verdienst bei der Berechnung einer Sozialleistung für ihn und seiner Berechtigten außer Acht zu bleiben hat, wäre demnach dann verfassungswidrig, wenn der Schuldner seinen Existenzsicherungsbedarf durch andere, realisierbare Ansprüche nicht alsbald durchsetzen kann.[429] Bis zur Entscheidung über seinen Antrag gemäß § 36 Abs. 1 Satz 2 InsO i.V.m. § 850 i ZPO wäre der Schuldner daher hilfebedürftig, wenn über den Antrag nicht alsbald entschieden würde. Es würde dann aber eine Rechtslage entstehen, die einerseits dem Schuldner einen Anspruch auf ein Existenzminimum gegen den Staat einräumt in Form von Leistungen nach dem SGB II, da dieser nicht alsbald sein Existenzminimum durch einen Beschluss gemäß § 850 i ZPO sichern kann und andererseits einen Eingriff mit den Zwangsmitteln dieses Staates i.S.v. § 35 Abs. 2 Satz 2 InsO in das so geschützte Existenzminimum dieser hilfebedürftigen Person vorsieht. Diese Widersprüchlichkeit ist aber nicht mit dem Rechtsstaatsprinzip des Art. 20 GG vereinbar.[430]

---

425 *Uhlenbruck*, KTS 1999, 413, 415; *ders.*, FamRZ 1998, 1473, 1474; ders., FamRZ 1993, 1026, 1027; *Rohleder*, Unterhaltsansprüche in der Insolvenz, S. 205, Rdnr. 819.

426 BVerfGE 125, 175, 180, 233, 245.

427 BVerfG FamRZ 2010, 1412, 1413.

428 Sog. Nachranggrundsatz, vgl. *Conradis*, in: Berlit/Conradis/Sartorius, Existenzsicherungsrecht, Kapitel 11 Rdnr. 22.

429 *Conradis*, in: Berlit/Conradis/Sartorius, Existenzsicherungsrecht, Kapitel 11 Rdnr. 22.

430 BVerfGE 1, 14, 45; BVerfGE 98, 106, 118; BVerfGE 98, 265, 301: Verbot „gegenläufiger Regelungen."

Die Ungleichbehandlung beim Pfändungsschutz des selbständigen mit dem nicht selbständigen Schuldner erweist sich daher als verfassungswidrig im Hinblick auf Art. 3 Abs. 1 GG.

3. Zwischenergebnis

Die Regelung gemäß §§ 35, 36 Abs. 1 Satz 2 InsO i.V.m. § 850 i ZPO, wonach nicht selbständige Schuldner im Gegensatz zu selbständigen Schuldnern ex ante ein unpfändbares Einkommen erhalten, während nich selbständige Schuldner durch ein aufwändiges Antragsverfahren hierum „kämpfen“ müssen, stellt eine Ungleichbehandlung dar. Dies ist weder dem Willen des Gesetzgebers, wie er sich in der jüngeren Geschichte zeigt, noch der *ratio legis* der Pfändungsschutzbestimmungen zu entnehmen. Zudem verstößt diese Ungleichbehandlung gegen Art. 3 Abs. 1 GG, da kein sachlicher Grund für eine solche Ungleichbehandlung gegeben ist und die modifizierte Verhältnismäßigkeitsprüfung ergibt, dass insbesondere den Rechten der mittelbar Betroffenen, von Art. 6 Abs. 1 GG geschützten Unterhaltsberechtigten hierdurch nicht hinreichend Rechnung getragen wird, die durch die Tatsache, dass die unmittelbare Befriedigung ihrer Ansprüche ungewiss ist, ebenfalls existentiell gefährdet sind. Bei Verstößen gegen den Gleichheitsgrundsatz stellt das Bundesverfassungsgericht regelmäßig die Unvereinbarkeit mit Art. 3 Abs. 1 GG fest und gibt dem Gesetzgeber, zeitlich befristet, die Aufgabe, die Rechtslage gesetzeskonform umzugestalten.[431]

4. Anspruch des Schuldners auf Partizipation am Neuerwerb *de lege ferenda*

Das österreichische Insolvenzverfahren[432] ist dem deutschen Insolvenzverfahren sehr ähnlich. Die Regelung des Neuerwerbs ist jedoch in einem gravierenden Punkt anders geregelt.

§ 5 Abs. 1 IO bestimmt, dass dem Schuldner das, was er durch eigene Tätigkeit erwirbt, ihm zu überlassen ist, soweit es zu einer bescheidenen Lebensführung für ihn und für diejenigen, die gegen ihn einen gesetzlichen Anspruch auf Unterhalt haben, unerlässlich ist. Nur der darüber hinausgehende Neuerwerb wird Massebestandteil.

---

431 BVerfG FamRZ 2013, 1103, 1108; BVerfGE 85, 191, 211; 98, 365, 402; 105, 73, 133.

432 Vgl. die konsolidierte Fassung (BGBl I Nr. 111/2010) der Kaiserlichen Verordnung über die Einführung einer Konkursordnung RGBl 337/1914.

Dem Schuldner ist demnach von vornherein ein Teil des Neuerwerbs überlassen. Soweit dem Gemeinschuldner/Schuldner nichts zu überlassen ist, hat der Masseverwalter mit Zustimmung des Gläubigerausschusses ihm und seiner Familie das zu gewähren, was zu einer bescheidenen Lebensführung unerlässlich ist; jedoch ist der Gemeinschuldner/Schuldner aus der Masse nicht zu unterstützen, soweit er nach seinen Kräften (es gilt der sogenannte Anspannungsgrundsatz[433]) zu einem Erwerb durch eigene Tätigkeit imstande ist.[434]

Der deutsche Weg, über die Verweisungsnorm des § 36 Abs. 1 Satz 2 InsO die Pfändungsvorschriften anzuwenden, ist jedoch ebenso geeignet, eine Gleichstellung des selbständigen mit dem nicht selbständigen Schuldners zu erreichen. Zudem spricht für eine solche Lösung, dass auch außerhalb eines Insolvenzverfahrens eine gebotene Gleichstellung des selbständigen mit dem nicht selbständigen Schuldner erreicht werden kann. Es sollte daher eine Änderung der Pfändungsschutzvorschriften erfolgen. Der Entwurf eines Gesetzes zur Neustrukturierung und Modernisierung des Pfändungsschutzes (GNeuMoP) hat dies durch eine Ersetzung des Begriffes „Arbeitseinkommen“ in § 850 c ZPO durch „Einkommen“ erreichen wollen. Es wären dann auch Einkünfte aus selbständiger Tätigkeit von dem „ex ante-Schutz“ des § 850 c ZPO erfasst worden, was auch zu einer Angleichung Kontopfändungsschutzrechtes geführt hätte. Allerdings wäre hiermit auch die Herabsetzung des pfändbaren Einkommens verbunden gewesen. Der unpfändbare Bereich des Einkommens sollte dem geltenden Sozial- und Wohnrecht angepasst werden. Dem erwerbstätigen Schuldner sollte durch pauschalierte Mehreinkommenszuschläge ein „Erwerbsanreiz“ geboten werden. Hiergegen spricht jedoch, dass sich durch eine Herabsetzung des Pfändungsfreibetrages und die Angleichung des pfändbaren Einkommens mit dem Existenzminimum keine Erwerbsanreize setzen lassen[435]. Zudem stellt sich die Anknüpfung an sozialrechtliche Leitlinien im Ergebnis als eine Schlechterstellung des (erwerbstätigen) Schuldners und seiner Unterhaltsberechtigten dar. Die vom Gesetzgeber zu Recht erkannte Notwendigkeit der Anpassung eines Pfändungsschutzes hinsichtlich beider Einkunftsarten lässt sich durch die Regelungen im GNeuMoP daher nicht erreichen. Vielmehr sollte den Schuldnern mit wiederkehrenden Einkünften aus selbständiger Tätigkeit, ebenso wie Arbeitnehmern, der vom Drittschuldner zu

433 Vergleichbar mit der deutschen „Erwerbsobliegenheit“.

434 *Duursma-Kepplinger*, in: Kindler/Nachmann, Handbuch Insolvenzrecht in Europa, Rdnr. 133–136.

435 Ebenso: *Meller-Hannich*, in: Kindl/Meller-Hannich/Wolf, Gesamtes Recht der Zwangsvollstreckung, § 850 i ZPO Rdnr. 4.

berechnende Freibetrag gemäß §§ 850, 850 c ZPO ebenfalls ex ante gewährt werden.[436] Darüber hinausgehende Beträge, die beim Selbständigen möglicherweise anzuerkennen sind, müssen durch diesen im Antragsverfahren gemäß § 850 i ZPO nachgewiesen werden. Hierdurch würde eine Gleichstellung der Einkommensarten und gleichzeitig eine Harmonisierung mit dem Recht der Kontopfändung erreicht werden.

5. Durchsetzung des Anspruches auf Teilhabe am Neuerwerb

Nach geltendem Recht ist der Schuldner gemäß §§ 35, 36 Abs. 1 Satz 2 InsO i.V.m. § 850 i ZPO gehalten, seinen unpfändbaren Teil an seinen Einkünften gerichtlich festsetzen zu lassen.[437] Wie festgestellt, verstößt diese Regelung jedoch gegen Art. 3 Abs. 1 GG. Fraglich ist, ob sich die §§ 35, 36 InsO i.V.m § 850 i ZPO bis zu einer verfassungskonformen Umgestaltung so auslegen lassen, daß sie nicht gegen Verfassungrecht verstoßen. Zu prüfen ist daher nun, ob und ggf. wie der Anspruch des Schuldners im Wege verfassungskonformer Auslegung bis zur Herstellung einer verfassungsgemäßen Gesetzeslage erreicht werden kann.

a) Antrag des Schuldners nach § 36 Abs. 1 Satz 2 InsO i.V.m. § 850 i ZPO

Der Schuldner hat gemäß § 36 Abs. 1, 4 InsO i.V.m. § 850 i Abs. 1 ZPO den Antrag auf Vollstreckungsschutz beim Insolvenzgericht zu stellen; dieses entscheidet funktional als Vollstreckungsgericht.[438]

aa) Berechnungsmethoden

aaa) Ermittlung der Forderungen

Zunächst sind die Forderungen des Schuldners gegen die Drittschuldner zu ermitteln und ggf. zusammenzurechnen und – da diese naturgemäß nicht kontinuierlich fließen – in eine angemessene Zahlungsperiode umzurechnen[439]. Die vielfältigen

436 Ebenso: *Meller-Hannich*, in: Kindl/Meller-Hannich/Wolf, Gesamtes Recht der Zwangsvollstreckung, § 850 i ZPO Rdnr. 4.

437 BGH ZInsO 2003, 413, 414.

438 BGH ZInsO 2004, 391, 392; außerhalb des Insolvenzverfahrens entscheidet das Vollstreckungsgericht, § 828 ZPO.

439 *Ahrens*, ZInsO 2010, 2357, 2360.

Leistungsformen hinsichtlich Vergütungen aus selbständiger Tätigkeit ermöglichen dem Gericht einen Ermessensspielraum bei der Frage der zeitlichen Umrechnung von nicht wiederkehrenden Leistungen; es verbietet sich daher eine einheitliche Festlegung.[440]

bbb) Bemessung analog § 850 c ZPO

Der Wortlaut des § 850 i ZPO wurde zum 1.7.2010 durch Art. 1 Nr. 6 des Gesetzes zur Reform des Kontopfändungsschutzes geändert.[441] Zu belassen ist dem Schuldner nunmehr so viel, wie ihm nach freier Schätzung des Gerichts bei Einkommen aus laufendem Arbeits- oder Dienstlohn verbleiben würde. Dies bestimmt sich nach den §§ 850 ff. ZPO. Bei der Vollstreckung von gewöhnlichen Geldforderungen nach § 850 c ZPO, bei Unterhaltsansprüchen nach § 850 d ZPO.[442]

Aus der ermittelten Vergleichsgröße sind daher im nächsten Schritt in entsprechender Anwendung des § 850 e Nr. 1 ZPO die Beträge, die unmittelbar aufgrund steuer- oder sozialrechtlicher Verpflichtungen abzuführen sind, herauszurechnen. Darüber hinaus ist dem Selbständigen auch ein Abzug für Versorgungsaufwendungen, Pflichtbeiträge zum Versorgungswerk (in der Höhe, wie sie ein sozialversicherungspflichtiger Arbeitnehmer zu entrichten hätte),[443] zum Aufbau einer privaten Altersvorsorge i.S.d. § 851 c ZPO sowie für einen privaten Krankenversicherungsschutz für sich und seine Angehörigen anzuerkennen.[444] Im Weiteren ist, neben dem Grundfreibetrag des Schuldners, der erhöhte Freibetrag für die unterhaltsberechtigten Personen anzuerkennen.

ccc) Ermessenskriterien, § 850 i Abs. 1 Satz 2 und 3 ZPO

§ 850 i ZPO sieht vor, dass in einem dritten Schritt die wirtschaftlichen Verhältnisse und sonstigen Verdienstmöglichkeiten des Schuldners, § 850.i Abs. 1 Satz 2 ZPO und im letzten Schritt entgegenstehende überwiegende Belange des Gläubigers, § 850.i Abs.1 Satz 3 ZPO, zu berücksichtigen sind.

Es ist jedoch umstritten, ob die letzten beiden Punkte bei der Anwendung des § 850 i ZPO im Kontext eines Insolvenzverfahrens ausgeschlossen werden sollen.[445]

---

440 LG Bochum ZInsO 2010, 1801, 1802.

441 Eingehend zum früheren Streitstand: LG Bochum ZInsO 2010, 1801, 1802.

442 Vgl. Zöller/*Stöber*, ZPO, Anhang zu § 850 k Rdnr. 2.

443 BGH FamRZ 2008, 2021, 2022.; PG/*Ahrens* § 850.i ZPO Rdnr. 16.

444 *Ahrens*, ZInsO 2010, 2357, 2362.

445 *Ahrens*, ZInsO 2010, 2357, 2362.

(1) Wirtschaftliche Verhältnisse und sonstige Verdienstmöglichkeiten

In Anbetracht der Tatsache, dass das Vermögen des Schuldners gemäß § 80 Abs. 1 InsO der Verwaltungs- und Verfügungsbefugnis des Schuldners entzogen ist und gemäß § 35 InsO massebefangen ist, wird teilweise vertreten, dass die Abwägung mit den wirtschaftlichen Verhältnissen im eröffneten Insolvenzverfahren bedeutungslos sei.[446]

Hierfür spreche, dass der gesetzliche Bezug auf die sonstigen Verdienstmöglichkeiten bereits einzelzwangsvollstreckungsrechtlich umstritten sei und daher nicht als „Haftung mit der Arbeitskraft" missverstanden werden dürfe.[447] Im Insolvenzverfahren sei von einer Unanwendbarkeit auszugehen, da den Schuldner im eröffneten Insolvenzverfahren keine Erwerbsobliegenheit treffe.[448] Gegen diese Auffassung könnte sprechen, dass der Gesetzgeber sich mit dem „Gesetz zur Verkürzung des Restschuldbefreiungsverfahrens und zur Stärkung der Gläubigerrechte"[449] für eine Erwerbsobliegenheit auch während der Phase des eröffneten Insolvenzverfahrens entschieden hat (§ 287 b InsO n.F.). Die Erwerbsobliegenheit im künftigen Recht gilt jedoch für selbständige und nicht selbständige Schuldner gleichermaßen. Für den Fall, dass der Schuldner Arbeitseinkommen erzielt, sehen §§ 850 Abs. 2, 850 c ZPO jedoch keine Abwägung mit den sonstigen wirtschaftlichen Verhältnissen vor. Insofern würde der selbständige Schuldner im Vergleich zum nicht selbständigen Schuldner benachteiligt, so dass eine verfassungskonforme Auslegung i.S.v. Art. 3 Abs. 1 GG dazu führt, dass eine Abwägung mit den sonstigen wirtschaftlichen Verhältnissen und Verdienstmöglichkeiten nicht in Betracht kommt.

(2) Abwägung mit Gläubigerbelangen

Die Unanwendbarkeit des § 850.i Abs. 1 Satz 3 ZPO solle sich daraus ergeben, dass eine Abwägung nach Insolvenzeröffnung jedenfalls nicht mehr gegenüber individueller Gläubigerbelangen, sondern nur noch gegenüber Interessen der Gläubigergesamtheit zulässig sei.[450] Hiergegen könnte man einwenden, dass es eine Billigkeitsprüfung, bei der alle in Betracht kommenden Umstände zu würdigen sind, auch im Insolvenzverfahren geben kann.[451] Abgewogen werden

---

446 *Ahrens*, ZInsO 2010, 2357, 2362.

447 PG/*Ahrens* § 850 i ZPO Rdnr. 41.

448 *Ahrens*, ZInsO 2010, 2357, 2362.

449 BGBl. I, S. 2379, verkündet am 18.7.2013.

450 *Ahrens*, ZInsO 2010, 2357, 2362.

451 BGH ZInsO 2010, 188, 189.

können die Interessen des Schuldners gegen das Gesamtinteresse der Gläubiger. Auch wenn die Art des beizutreibenden Anspruchs hier keine Bedeutung hat, weil es um eine Gesamtvollstreckung geht, sind Billigkeitsentscheidungen möglich. Eine verfassungskonforme Auslegung gemäß Art. 3 Abs. 1 GG spricht jedoch gegen eine Abwägung i.S.v. § 850 i Abs. 1 Satz 3 ZPO. So kommen Billigkeitsgesichtspunkte im Rahmen der Pfändung von Arbeitseinkommen nur im Rahmen einer bedingten Pfändung, z.B. gemäß § 850 b ZPO in Betracht.[452] Dies ist jedoch nicht mit dem Antragsverfahren gemäß § 850 i ZPO zu vergleichen, da bedingt pfändbare Ansprüche gemäß § 850 b ZPO zunächst einmal unpfändbar sind und aufgrund einer Billigkeitsabwägung gemäß § 850 b Abs. 2 ZPO für pfändbar erklärt werden können. Wenn es sich jedoch um Einkommen aus selbständiger Tätigkeit handelt, welches mit Arbeitseinkommen i.S.v. §§ 850 Abs. 2, 850 c ZPO gleichzustellen ist, so findet eine Billigkeitsabwägung des Arbeitseinkommens nicht statt. Dies muss daher auch für das Einkommen aus selbständiger Tätigkeit gelten.

bb) Zwischenergebnis

Der Schuldner hat im Wege einer verfassungskonformen Auslegung gemäß Art. 3 Abs. 1 GG im Rahmen des Antragsverfahrens gemäß 850 i ZPO einen Anspruch auf Gleichbehandlung mit dem nicht selbständigen Schuldner. Dies führt zur Unanwendbarkeit der §§ 850 i Abs. 1 Satz 2 und 3 ZPO.

b) Verfahren

Fraglich ist, wie der Schuldner seinen verfassungsrechtlich zu gewährenden ex ante-Schutz im geltenden Recht erwirken kann.

Da das Insolvenzgericht funktionell als Vollstreckungsgericht zuständig ist, richtet sich der Rechtsmittelzug nicht nach § 6 InsO, sondern nach den allgemeinen vollstreckungsrechtlichen Vorschriften.[453] Hat der Schuldner einen Antrag auf Zuerkennung des entsprechend § 850 c ZPO unpfändbaren Anteils am Neuerwerb gestellt, so trifft das Insolvenzgericht eine Entscheidung aufgrund vorheriger Anhörung des Schuldners. Entsprechend ist die sofortige Beschwerde gemäß § 36 Abs. 4 Satz 1 InsO i.V.m. § 4 InsO i.V.m. § 793 ZPO statthafter Rechtsbehelf.

---

452 Vgl. hierzu PG/*Ahrens* § 850b ZPO Rdnr. 25.

453 BGH ZInsO 2004, 391 f.; BGH ZInsO 2006, 139 f.; BGH ZVI 2007, 78 f.; BGH WuM 2011, 486; A/G/R- *Ahrens* § 36 InsO Rdnr. 96.

Das Verfahren richtet sich nach den §§ 567 ff. ZPO.[454] Gemäß § 570 Abs. 3 ZPO kann das Beschwerdegericht einstweilige Anordnungen erlassen.

Eine einstweilige Anordnung durch das Insolvenzgericht als Ausgangsgericht ist gesetzlich nicht vorgesehen. Eine verfassungsrechtliche Gleichbehandlung des Selbständigen mit dem nicht Selbständigen muss jedoch im Rahmen der §§ 36 Abs. 1 Satz 2, Abs. 4 InsO i.V.m. § 850 i ZPO ermöglicht werden, um diesen einen ex ante-Schutz für seinen unpfändbaren Anteil zu gewähren.

Die Insolvenzordnung sieht in § 21 Abs. 1 Satz 1 InsO die Anordnung einstweiliger Maßnahmen vor. Demnach kann das Insolvenzgericht bereits im Insolvenzeröffnungsverfahren vorläufige Maßnahmen treffen, zur Vermeidung einer nachteiligen Veränderung der Vermögenslage des Schuldners. Sinn und Zweck dieser Vorschrift ist demnach der Schutz der Insolvenzgläubiger und die Erhaltung der Insolvenzmasse. Die Vorschrift dient demnach ausschließlich Gläubigerinteressen[455]. Der Rechtsgedanke des § 21 Abs. 1 InsO scheidet zur Lückenschließung demnach aus. § 4 InsO verweist jedoch auf die Normen des Zivilprozessrechts. Hier ist durch die Leistungsverfügung des § 940 ZPO auch die teilweise Befriedigung eines Gläubigers anerkannt, wenn dieser auf die Leistung so dringend angewiesen ist, dass ein Abwarten des ordentlichen Verfahrens unzumutbar ist.[456] Ursprünglich allein im Unterhaltsrecht anerkannt, ist die einstweilige Leistungsverfügung auf jeden materiell-rechtlichen Anspruch anwendbar.[457] Die gebotene Dringlichkeit, als Voraussetzung für den Verfügungsgrund, ist anzunehmen, wenn der Antragsteller ohne die Erfüllung seines Anspruches existentiell gefährdet und die ihm drohenden Nachteile die des Antragsgegner überwiegen.[458] Dieser Rechtsgedanke und das Instrumentarium kann auf den Anspruch des Schuldners auf Erlangung seines unpfändbaren Anteiles am Neuerwerb übertragen werden. Der Schuldner ist durch ein Abwarten auf die Entscheidung über den Antrag nach §§ 36 Abs. 1 Satz 2, Abs. 4, 850 i ZPO in seiner wirtschaftlichen Existenz bedroht. Die Insolvenzgläubigerschaft hingegen kann diesen Anteil unter keinen Umständen beanspruchen, da die gebotene Gleichbehandlung mit dem nicht Selbständigen aus Art. 3 Abs. 1 GG zu einer Ermessenreduzierung auf Null führen muss. Dem Antrag ist demnach unzweifelhaft stattzugeben. Aus diesem Grund hat der Schuldner eine verzögerte Bearbeitung auch nicht hinzunehmen. Die planwidrige

---

454 PG/*Scheuch* § 793 ZPO Rdnr. 9.

455 A/G/R- *Sander* § 21 InsO Rdnr. 1.

456 PG/*Fischer* § 940 ZPO Rdnr. 4.

457 Musielak/*Huber*, ZPO, § 940 Rdnr. 4; PG/*Fischer* § 940 ZPO Rdnr. 4.

458 Musielak/*Huber*, ZPO, § 940 Rdnr. 14; PG/*Fischer* § 940 ZPO Rdnr. 5.

Regelungslücke des fehlenden „ex ante-Schutzes“ muss somit durch eine analoge Anwendung des § 940 ZPO in der Form der Leistungsverfügung geschlossen werden.

c) Antragsberechtigung der Unterhaltsberechtigten gemäß § 36 Abs. 1 Satz 2 i.V.m. § 850 i ZPO

Nach allgemeiner Meinung sind antragsberechtigt für den Antrag nach §§ 36 Abs. 1 Satz 2, Abs. 4 InsO i.V.m. § 850 i ZPO neben dem Schuldner auch die Unterhaltsberechtigten, denen der Pfändungsschutz zu Gute kommt.[459] Zuständig ist für den Antrag der Unterhaltsberechtigten ebenfalls das Insolvenzgericht, § 36 Abs. 4 InsO.[460] Für diese Ansicht spricht, dass der gebotene Schutz der Unterhaltsberechtigten nur durch eine eigene Antragsberechtigung erreicht werden kann. Da der Schuldner selbst nicht ex ante den unpfändbaren Anteil an seinem Neuerwerb erhält, gilt dies auch für den Grundfreibetrag für die Unterhaltsberechtigten, welchen er im Falle einer abhängigen Beschäftigung ohne einen entsprechenden Antrag gemäß § 850 c Abs. 1 Satz 2 ZPO *ipso iure* zugebilligt erhält. Unklar ist jedoch, ob der Berechtigte mit seinem Antrag auch die Zahlung des Grundfreibetrages zu seinen Händen erreichen kann, oder ob dieser allein zu Händen des Schuldners erfolgen muss. Für die letzte Ansicht spricht, dass es sich bei dem Antrag gemäß §§ 36 Abs. 1 Satz 2, Abs. 4 InsO i.V.m. § 850 i ZPO nicht um einen vollstreckungsrechtlichen Antrag des Unterhaltsgläubigers, sondern um einen Schutzantrag des Schuldners bzw. seiner Angehörigen handelt, entsprechend der gesetzlichen Folge des § 850 c Abs. 1 Satz 2 ZPO beim Selbständigen, ebenso wie beim nicht Selbständigen zu verfahren. Beim abhängig Beschäftigten ist es dem Berechtigten – jenseits von vollstreckungsrechtlichen Anträgen nach §§ 850 c, d ZPO – jedoch auch nicht möglich, einen isolierten „Antrag auf Einziehung des Grundfreibetrages für eine unterhaltsberechtigte Person“ zu stellen. Ein solcher Antrag würde daher rechtssystematisch nicht mit dem Prinzip der §§ 850 c, d ZPO in Einklang zu bringen sein, wonach dem Schuldner

459 PG/*Ahrens* § 850 i ZPO Rdnr. 44; *Kessal-Wulf*, in: Schuschke/Walker, Vollstreckung und vorläufiger Rechtsschutz, § 850 i ZPO Rdnr. 4; *Meller-Hannich*, in: Kindl/Meller-Hannich/Wolf, Gesamtes Recht der Zwangsvollstreckung, § 850 i ZPO Rdnr. 16.

460 BGH ZInsO 2003, 413, 414; *Ahrens*, ZInsO 2010, 2357, 2362; PG/*Ahrens* § 850 i ZPO Rdnr. 44; *Meller-Hannich*, in: Kindl/Meller-Hannich/Wolf, Gesamtes Recht der Zwangsvollstreckung, § 850 i ZPO Rdnr. 16; *Kessal-Wulf*, in: Schuschke/Walker, Vollstreckung und vorläufiger Rechtsschutz, § 850 i ZPO Rdnr. 4; Musielak/*Becker*, ZPO, § 850 i Rdnr. 9; Beck-OK/*Riedel* § 850 i ZPO Rdnr. 14.

der Grundfreibetrag sowie der Freibetrag für seine unterhaltsberechtigten Personen zusteht und die Unterhaltsberechtigten gemäß § 850 d ZPO den Schuldner bis auf seinen „notwendigen Unterhalt" pfänden können. Ein solches „isoliertes Einziehungsrecht des Grundfreibetrages" der Unterhaltsberechtigten würde zu unklaren Verhältnissen und Wertungswidersprüchen für den Fall, dass mehrere Unterhaltsberechtigte vorhanden sind und ggf. widersprüchliche Anträge stellen, führen. Auch würde dies mit § 850 d ZPO in Widerspruch stehen und ist *de lege lata* nicht vorgesehen.

Der Berechtigte kann demnach nur einen Antrag auf Zahlung des Freibetrages für eine unterhaltsberechtigte Person zu Händen des unterhaltsverpflichteten Schuldners, bis zur Beseitigung des verfassungswidrigen Zustands auch im Wege der Leistungsverfügung analog § 940 ZPO, stellen.

d) Vollstreckung der Unterhaltsberechtigten nach § 89 Abs. 2 Satz 2 InsO i.V.m. § 850 i ZPO i.V.m. § 850 d ZPO analog

aa) Zulässigkeit des Antrages

Fraglich ist, wie die Unterhaltsberechtigten ihre Neuerbindlichkeiten vollstreckungsrechtlich durchsetzen können.

Eine direkte Anwendung des § 89 Abs. 2 Satz 2 InsO i.V.m. § 850 d ZPO scheidet aus, da § 850 d ZPO dem Wortlaut nach, und auch hinsichtlich der systematischen Einordnung der Vorschrift, allein auf die Pfändung von Arbeitseinkommen zugeschnitten ist. Nach überwiegender Auffassung können auch die Unterhaltsberechtigten des selbständigen Schuldners jedoch entsprechend § 850 d ZPO im Rahmen des § 850 i ZPO auf den Vorrechtsbereich zugreifen[461]. Für diese Ansicht spricht, dass weder den Gesetzesmaterialien noch der *ratio legis* der Pfändungsvorschriften entnommen werden konnte, dass der selbständige Schuldner im Vergleich zum nicht selbständigen Schuldner benachteiligt werden sollte. Im Rahmen der verfassungsrechtlichen Prüfung gemäß Art. 3 Abs. 1 GG wurde festgestellt, dass eine Ungleichbehandlung des selbständigen Schuldners gegeben ist, da diesem *de lege lata* kein ex ante-Schutz seiner Einkünfte gewährt wird. Ebenso wurde festgestellt, dass hierdurch mittelbar auch eine Beeinträchtigung der dem

---

461 *Ahrens*, ZInsO 2010, 2357, 2362; PG/*Ahrens* § 850 i ZPO Rdnr. 44; *Meller-Hannich*, in: Kindl/Meller-Hannich/Wolf, Gesamtes Recht der Zwangsvollstreckung, § 850 i ZPO Rdnr. 16; *Kessal-Wulf*, in: Schuschke/Walker, Vollstreckung und vorläufiger Rechtsschutz, § 850 i ZPO Rdnr. 4; Musielak/*Becker*, ZPO, § 850 i Rdnr. 9; Beck-OK/*Riedel* § 850 i ZPO Rdnr. 14.

Schutz des Art. 6 Abs. 1 GG unterstellten Unterhaltsberechtigten gegeben ist. Diese Beeinträchtigung würde sich im Rahmen des Pfändungsrechtes vertiefen, wenn keine entsprechende Anwendung des § 89 Abs. 2 Satz 2 InsO i.V.m. § 850 d ZPO anerkannt würde. Eine verfassungskonforme Auslegung i.S.v. Art. 3 Abs. 1 GG gebietet daher eine analoge Anwendung des § 89 Abs. 2 Satz 2 InsO i.V.m. § 850 d ZPO auch für die Berechtigten des selbständigen Schuldners.

bb) Zuständigkeitsfragen

Umstritten ist, an welches Gericht (Vollstreckungsgericht oder Insolvenzgericht) ein Antrag nach § 89 Abs. 2 Satz 2 InsO i.V.m. § 850 i Abs. 1 Satz 2, 4 ZPO i.V.m. § 850 d ZPO zu richten ist. Eine allgemeine vollstreckungsbezogene Zuständigkeit des Insolvenzgerichtes für Entscheidungen nach § 36 Abs. 1 Satz 2 InsO besteht nicht.[462] Teilweise[463] wird die Zuständigkeit des Vollstreckunsgerichts angenommen. Hierfür läßt sich anführen, dass die Vorschrift des § 850 d ZPO in § 36 Abs. 1 Satz 2 InsO nicht erwähnt ist. Als Grund hierfür wird die Tatsache angesehen, dass ein privilegierter Zugriff zu Gunsten einzelner Unterhaltsgläubiger im Insolvenzverfahren nicht vorgesehen sei.[464] Aus der Tatsache, dass die bevorrechtigte Pfändung gemäß § 89 Abs. 2 Satz 2 InsO i.V.m. § 850 d ZPO vielmehr erlaubt ist, sei zu folgern, dass die Insolvenzmasse nicht tangiert sei,[465] was für eine fehlende Entscheidungskompetenz des Insolvenzgerichtes sprechen könnte. Nach anderer Auffassung[466] sei die Zuständigkeit des Insolvenzgerichtes im Sinne einer allgemeinen Entscheidungskompetenz, funktional als Vollstreckungsgericht zu entscheiden, anzunehmen. Hierfür spreche, dass der Gesetzgeber eine weitgehende Zuständigkeitskonzentration des Insolvengerichtes vorgesehen hat. Wegen der Sachnähe sei gemäß § 36 Abs. 4 InsO das Insolvengericht für Entscheidungen gemäß § 36 Abs. 1 Satz 2 InsO zuständig.[467] Über Einwendungen entscheide ebenfalls das Insolvenzgericht gemäß § 89 Abs. 3 InsO sowie gemäß § 148 Abs. 2 Satz 2 InsO.

Die Sachnähe könnte ebenfalls für eine Begründung der Zuständigkeit des Insolvenzgerichtes über den unmittelbaren Anwendungsbereich des § 36 Abs. 4 InsO hinaus sprechen. Das Argument der Sachnähe ist vom Bundesgerichtshof

---

462 A/G/R-*Ahrens* § 36 InsO Rdnr. 91.
463 FK-InsO/*Bornemann* § 36 Rdnr. 74.
464 A/G/R- *Ahrens* § 36 InsO Rdnr. 68.
465 BT-Drucks. 12/2443, S. 137; BAG NJW 2010, 253, 254.
466 FK-InsO/*Schmerbach* § 2 Rdnr. 8.
467 A/G/R-*Ahrens* § 36 InsO Rdnr. 91.

ebenfalls angeführt worden, wenn es um die Frage der Zuständigkeit des Insolvenzgerichtes im Rahmen von Einwendungen gemäß § 89 Abs. 3 InsO ging.[468] Hierfür spricht auch, dass dem Unterhaltsberechtigten ein eigenes Antragsrecht über § 36 Abs. 4 InsO zugebilligt wird, die Zahlung des Freibetrages für die unterhaltsberechtigte Person zu Händen des unterhaltsverpflichteten Schuldners zu verlangen. Es würde sich daher als zweckmäßig erweisen, wenn das Insolvenzgericht eine Pfändung gemäß § 850 d ZPO quasi „in einem Arbeitsgang" miterledigen könnte. Hierfür könnte auch die Sachnähe des Insolvenzgerichtes sprechen, welches mit der Systematik des § 850 i ZPO im Rahmen der selbständigen Tätigkeit, welche im Insolvenzverfahren häufig anzutreffen ist, praxiserprobt ist. Zudem ist den Gesetzesmaterialien nichts zu entnehmen, was für eine zwingend notwendige Zuständigkeit des Vollstreckunsgerichtes sprechen würde. Aus Gründen der Sachnähe ist daher die Zuständigkeit des Insolvenzgerichts gemäß § 89 Abs. 2 Satz 2 InsO i.V.m. § 850 i ZPO i.V.m. § 850 d ZPO analog anzunehmen.

cc) Einwendungen gegen die bevorrechtigte Pfändung

Über Einwendungen gegen die Vollstreckung gemäß § 89 Abs. 2 Satz 2 i.V.m. § 850 d ZPO entscheidet gemäß § 89 Abs. 3 InsO das Insolvenzgericht. Die Frage der Zuständigkeit des Gerichtes - Vollstreckungsgericht oder Inolvenzgericht - für Einwendungen des Schuldners gegen Vollstreckungsmaßnahmen gemäß § 89 Abs. 3 InsO ist ebenfalls umstritten.

Nach dem Wortlaut der Norm ist die Zuständigkeit des Insolvenzgerichts auf Rügen eines Verstoßes gegen § 89 Abs. 1 oder 2 InsO beschränkt. Nach teilweise vertretener Ansicht ist das Insolvenzgericht jedoch für jede Art zwangsvollstreckungsrechtlicher Einwendung berufen, auch wenn weder ein Fall des § 89 Abs. 1 noch des Abs. 2 vorliege; auf eine „insolvenzspezifische" Einwendung komme es nicht an.[469] Hierfür wird die in der Gesetzesbegründung[470] zum Ausdruck kommende Sachnähe des Insolvenzgerichtes sowie die aus verfahrensökonomischen Gründen anzustrebende Verhinderung „gespaltener" Zuständigkeiten angeführt.[471] Nach anderer Ansicht sei beim Insolvenzgericht nicht von einer Kompetenz für allgemeine vollstreckungsrechtliche Einwendungen auszugehen;

468 BGH ZInsO 2008, 39 f.

469 OLG Düsseldorf NZI 2002, 388; AG Göttingen ZInsO 2007, 1165 f.; *Lüke*, in: Kübler/Prütting/Bork § 89 InsO Rdnr. 34, 36; FK-InsO/*Schmerbach* § 2 Rdnr. 8; MüKo-InsO/*Breuer* § 89 Rdnr. 38.

470 BT-Drucks. 12/2443, S. 138.

471 AG Göttingen ZInsO 2007, 1165 f.

auch der Wortlaut und das Sachnäheargument sprächen gegen eine solche weitere Auslegung.[472]

Für die Ansicht, die Einwendungskompetenz des Insolvenzgerichts weit auszulegen, spricht das in der Gesetzesbegründung zum Ausdruck kommende Vertrauen in die vollstreckungsrechtliche Kompetenz des Insolvenzgerichtes hinsichtlich der Thematik „Vollstreckung trotz Insolvenzeröffnung“. Das Insolvenzgericht hat in diesem Fall die nötige Sachnähe, auch wenn es sich nicht um „insolvenzspezifische“ Einwendungen i.S.v. § 89 Abs. 1 und Abs. 2 InsO handelt. Denn es ist auch die entsprechende Kompetenz notwendig, zu erkennen, dass es sich gerade *nicht* um eine Einwendung i.S.v. § 89 Abs. 1 oder 2 InsO handelt. Diese Kenntnis ist bei den Insolvenzgerichten in diesem speziellen Fall der Vollstreckung nach Insolvenzeröffnung zu erwarten. Hinzu kommt, dass es für den Antragsteller auch nicht immer erkennbar sein dürfte, ob es sich im Einzelfall um eine „insolvenzspezifische“ oder um eine allgemeine vollstreckungsrechtliche Einwendung handelt. In den meisten Fällen dürfte zudem eine Kombination beider Einwendungsarten vorliegen, was nicht nur zu einer Inanspruchnahme beider Gerichte, sondern auch zu entgegenstehenden Entscheidungen führen könnte. Es ist demnach eine umfassende Zuständigkeit des Insolvenzgerichts anzunehmen.

6. Materiell-rechtliche Konsequenzen

Fraglich ist, wie sich die „Positiverklärung“ des Insolvenzverwalters gemäß § 35 Abs. 2 InsO in materiell-rechtlicher Hinsicht auf die unterhaltsrechtliche Bedarfsberechnung auswirkt. Nach geltendem Recht *kann* der selbständige Schuldner nach Insolvenzeräffnung über sein Vermögen einen Antrag gemäß § 36 Abs. 1 Satz 2 InsO i.V.m. § 850 i ZPO stellen, um sein Einkommen in Höhe eines dem § 850 c ZPO vergleichbaren Freibetrages für sich uns seine Unterhaltsberechtigten vom Insolvenzbeschlag zu lösen. Erst nachdem das Gericht diesem Antrag entsprochen hat, hat er seine unterhaltsrechtliche Leistungsfähigkeit einem nicht selbständigen Schuldner gleichgestellt, da dem nicht Selbständigen nach Inolvenzeröffnung *ipso iure* das pfandfreie Einkommen in den Grenzen des § 850 c ZPO zur Verfügung steht, um den unterhaltsrechtlichen Bedarf seiner Berechtigten zu decken.[473] Es ist daher zu prüfen, ob den selbständigen Schuldner nach Insolvenzeröffnung

472 *Rohleder*, Unterhaltsansprüche in der Insolvenz S. 99 Rdnr. 379; Jaeger/*Eckardt* § 89 InsO Rdnr. 82; FK-InsO/*App* § 89 Rdnr. 25; HK-InsO/*Eickmann* § 89 Rdnr. 6.

473 BGH FamRZ 2008, 137, 139.

eine Obliegenheit trifft, seine Leistungsfähigkeit durch einen Antrag gemäß § 36 Abs. 1 Satz 2 InsO i.V.m. § 850 i ZPO zu steigern. Zur Beantwortung dieser Frage ist zunächt einmal die Problematik der unterhaltsrechtlichen Obliegenheit, einen Verbraucherinsolvenzantrag zu stellen, darzustellen. Hieraus ergeben sich möglicherweise Rückschlüsse darauf, ob einerseits auch eine unterhaltsrechtliche Obliegenheit besteht, einen Regelinsolvenzantrag zu stellen. Ebenso kann dies zur Beantwortung der Frage, ob die Obliegenheit eines Antrages gemäß § 36 Abs. 1 Satz 2 InsO i.V.m. § 850 i ZPO besteht, dienlich sein.

a) Unterhaltsrechtliche Obliegenheit eines aktuell Selbständigen, einen Regelinsolvenzantrag zu stellen

aa) Meinungsstand

Der XII. Senat des BGH hat am 23.02.2005[474] unter Aufgabe seiner bisherigen Rechtsprechung die unterhaltsrechtliche Obliegenheit des Unterhaltsschuldners aufgestellt, im Fall einer Überschuldung, einen Insolvenz – und Restschuldbefreiungsantrag zu stellen, wenn dieser zulässig und geeignet sei, den Unterhaltsansprüchen minderjähriger oder ihnen gleichgestellter Kinder nach § 1603 Abs. 2 BGB Vorrang vor sonstigen Verbindlichkeiten des Unterhaltsschuldners einzuräumen. Diese Obliegenheit treffe den Unterhaltsschuldner, wenn er nicht Umstände vortrage, die eine Antragspflicht im konkreten Einzelfall als unzumutbar darstellten. Diese Obliegenheit gilt nach der Rechtsprechung des BGH allerdings nur, wenn der Verpflichtete i.S.v. § 1613 Abs. 2 BGB gesteigert unterhaltspflichtig sei. Hinsichtlich dieser Ansprüche seien Eltern stärkere Anstrengungen zumutbar, als es bei anderen Tatbeständen der Fall sei, was den Eingriff in ihre durch Art. 2 Abs. 1 GG geschützte Handlungsfreiheit, der mit der Zumutung der Durchführung des Insolvenzverfahrens verbunden sei, rechtfertigen könne. Eine solche Obliegenheit könne nur bei der gesteigerten Unterhaltspflicht gerechtfertigt sein, da hier das verfassungsrechtliche Gebot zur Pflege und Erziehung der Kinder aus Art. 6 Abs. 2 und 5 GG die allgemeine Handlungsfreiheit des Unterhaltsschuldners aus Art. 2 Abs. 1 GG überlagere. So hat sich der BGH in der Entscheidung vom 12.12.2007[475] beim Trennungs – und nachehelichen Unterhalt ausdrücklich gegen eine in der Literatur[476] teilweise ebenfalls postulierte Ausweitung dieser

474 BGH FamRZ 2005, 608, 610.

475 BGH FamRZ 2008, 497, 499.

476 *Hoppenz*, FPR 2006, 97, 100; *Hauß*, in: Melchers/Hauß, Unterhalt und Verbraucherinsolvenz, S. 80 ff., Rdnr. 260 ff.

Obliegenheit entschieden. Hierfür sei anzuführen, dass der Gesetzgeber den notwendigen Unterhaltsbedarf im Rahmen des Ehegattenunterhaltes nicht dem Unterhaltsbedarf beim Kindesunterhalt gleichgestellt habe.[477] Insbesondere beim Anspruch auf Trennungsunterhalt scheide eine dem Unterhaltsanspruch minderjähriger Kinder vergleichbare Situation aus, weil es sich dabei regelmäßig um eine in den ehelichen Lebensverhältnissen angelegte Verschuldung handele, die der unterhaltsberechtigte Ehegatte mittragen müsse.[478]

Von der Literatur war eine solche unterhaltsrechtliche Obliegenheit, sich auf die Pfändungsfreigrenze zu berufen bzw. einen Verbraucherinsolvenzantrag zu stellen, bereits deutlich vor der BGH-Entscheidung vom 23.02.2005 gefordert worden. Insbesondere *Hauß*[479] sah es als einzig probates Mittel an, die mit der grassierenden Überschuldung privater Haushalte einhergehende Mangelfallberechnung auf eine verlässliche und gerechte Grundlage zu stellen. Denn es wurde bis zur Entscheidung des BGH vom 23.02.2005 von der Rechtsprechung des BGH[480] und einiger Oberlandesgerichte,[481] abgelehnt, dem Unterhaltsschuldner die Inanspruchnahme der Pfändungsfreigrenzen und des Verbraucherinsolvenz- und Restschuldbefreiungsverfahrens zuzumuten. Die ablehenden Gerichte argumentierten einerseits, dass eine Leistungsunfähigkeit als Voraussetzung jedes Insolvenzverfahrens nicht gegeben sei, wenn die Drittschulden beglichen würden. Die Zahlungsunfähigkeit trete daher erst durch die Verurteilung zu Unterhaltsleistungen ein und der Nichtberücksichtigung der Kreditverbindlichkeiten.[482] Darüber hinaus richte sich die unterhaltsrechtliche Leistungsfähigkeit nach materiellem Recht, nicht nach vollstreckungsrechtlichen Gesichtspunkten. Teilweise wurde auch die Tatsache, dass die unterhaltsrechtlichen Rückstände der Restschuldbefreiung unterlägen, gegen die Annahme einer Obliegenheit vorgebracht.[483] Da der Neurwerb gemäß § 35 InsO insolvenzbefangen sei, stehe der Unterhaltsberechtigte schlechter da.[484]

---

477 BGH FamRZ 2008, 497, 499.

478 Ebenso: OLG Celle FamRZ 2006, 1535 f.; OLG Koblenz ZVI 2005, 626, 627 f. für einen Anspruch auf § 1615 l Abs. 1 und 2 BGB.

479 *Hauß*, in: Melchers/Hauß,Unterhalt und Verbraucherinsolvenz, S. 36 ff., Rdnr. 106 ff.

480 BGH FamRZ 1984, 657, 658.

481 OLG Düsseldorf FuR 2004, 308, 310; OLG Stuttgart FamRZ 2002, 982 f.; OLG Naumburg FamRZ 2003, 1769, 1770; a.A. OLG Dresden FamRZ 2003, 1028, 1029; OLG Nürnberg FamRZ 2004, 300.

482 OLG Naumburg FamRZ 2003, 1769, 1770.

483 OLG Stuttgart, Beschluss vom 17.9.2001, 16 UF 383/01, FamRZ 2002, 982 f.

484 OLG Düsseldorf FuR 2004, 308, 310.

Der BGH hat in der Entscheidung vom 23.02.2005 vor allem damit argumntiert, dass durch die Schaffung des Instrumentes der Verbraucherinsolvenz und Restschuldbefreiung nicht (mehr) von einem Vorrang dieser Verbindlichkeiten im Hinblick auf den Kindesunterhalt ausgegangen werden könne und seine bisherige Rechtsprechung ausdrücklich aufgegeben.

Die Entscheidung ist in der Literatur nicht auf uneingeschränkte Zustimmung gestoßen. Insbesondere das vom BGH aufgestellte Kriterium der „Unzumutbarkeit im Einzelfall" ist sowohl in der unterhaltsrechtlichen als auch in der insolvenzrechtlichen Literatur kritisiert worden.

Die familienrechtliche Literatur setzte ihre Kritik eher an zeitlichen Fragen des Verfahrens an. So sei unklar, wann genau die Obliegenheit einzusetzen habe, da ein zulässiger Verbraucherinsolvenantrag das vorherige Scheitern eines außergerichtlichen Eingungsversuches voraussetze.[485] Auch das vom BGH aufgestellte Kriterium der „Unzumutbarkeit im Einzelfall" lasse offen, wann genau eine solche Unzumutbarkeit anzunehmen sei.[486]

Hier setzte auch die Kritik der insolvenzrechtlichen Literatur an. *Ahrens* bemängelte, dass die „insolvenzrechtlichen Zulässigkeitsvoraussetzung und Verfahrensregeln in dem unbestimmten Rechtsbegriff der Unzumutbarkeit aufgelöst würden. Sollte etwa ein Versagungsgrund für die Restschuldbefreiung bestehen, eine berufsrechtliche Zulassung wegen des Insolvenzeröffnungsantrags widerrufen werden oder eine Kostenstundung ausgeschlossen sein, sei dies lediglich unter Zumutbarkeitsgesichtspunkten zu prüfen."[487] Vorzugswürdig sei vielmehr eine insolvenzrechtliche Lösung über einen dem Unterhaltsberechtigten möglichen Gläubigerantrag.[488] Ungeklärt sei zudem die Frage, ob einem aktuell Selbständigen ein Insolvenzantrag zuzumuten sei. *Ahrens*[489] bezweifelt dies, da im Hinblick darauf, dass die Pfändungsfreigrenzen dem Berechtigten nicht wie beim Nichtselbständigen ohne Weiteres zu Gute kämen, sehr fraglich sei, ob für den Berechtigten hierdurch ein Vorteil entstehe. Auch *Schürmann*[490] bezweifelt die Übertragung der Obliegenheit auf den aktuell Selbständigen, da die Eröffnung des Insolvenzverfahrens für den Schuldner und Verpflichteten

---

485 *Wohlgemuth*, FamRZ 2005, 2035 f.

486 *Schürmann*, Anmerkung zu BGH Urt. v. 23.2.2005, XII ZR 114/03, FamRZ 2005, 887, 888.

487 *Ahrens*, NZI 2008, 159 f.

488 *Ahrens*, NZI 2008, 159 f.; *Wohlgemuth*, FamRZ 2005, 2035 f.

489 *Ahrens*, NZI 2008, 159 f.

490 *Schürmann*, Anm. zu BGH Urt. v. 23.2.2005, XII ZR 114/03, FamRZ 2005, 887, 888.

eine Unzumutbarkeit darstellen könnte, wenn dem selbstständigen Unterhaltsschuldner wegen des Insolvenzverfahrens die Fortsetzung seines Betriebes nicht möglich sei.

Grundsätzlich[491] wurde die Entscheidung jedoch begrüßt, wenngleich das Postulat der Beantragung des Insolvenzverfahrens teilweise als überzogen angesehen wurde. *Hauß*[492] hätte eine Obliegenheit zum Berufen auf die Pfändungsfreigrenzen für ausreichend erachtet. Soweit es um laufenden Unterhalt gehe, profitiere der Berechtigte weniger vom neuen Insolvenzrecht als vom Pfändungsschutz. Zum Teil wurde auch die Ausdehnung der Rechtsprechung auf den Trennungs - und nachehelichen Unterhalt gefordert.[493]

bb) Stellungnahme

Die Rechtsprechung des BGH wirft viele Fragen auf.[494] Zu kären ist einerseits, ob mit dem BGH eine solche Obliegenheit der Insolvenzbeantragung anzunehmen ist oder ein Berufen auf die Pfändungsfreigrenzen für ausreichen zu erachten ist und wann ggf. eine Unzumutbarkeit vorliegt. Ferner ist von Bedeutung, ob diese Obliegenheit ggf. auch auf aktuell Selbständige zu erstrecken ist. Ebenso ist von Belang, ab welchem Zeitpunkt ggf. die Obliegenheit einsetzt und welche Konsequenzen die Nichtbeachtung der Obliegenheit nachsichzieht.

Der BGH[495] und auch die Ansichten in der Literatur,[496] die sich bereits vor der Entscheidung für eine Obliegenheit des Schuldners zur Beantragung einer Verbraucherinsolvenz ausgesprochen haben, begründen die Herleitung der Obliegenheit mit der Einführung der Möglichkeit einer Verbraucherinsolvenz mit Restschuldbefreiung. Dies verändere die Unterhaltsberechnung und damit die Berücksichtigung von Drittschulden.[497] Mit der Einleitung des Insolvenzverfahrens ergebe sich, neben der erhöhten Unterhaltspflicht, auch eine ungeschmälerte Vollstreckbarkeit. Denn Unterhaltsgläubiger könnten fortan wegen des Verbots

---

491 *Ahrens*, NZI 2008, 159 f.; *Schürmann*, Anm. zu BGH Urt. v. 23.2.2005, XII ZR 114/03, FamRZ 2005, 887, 888; *Niepmann*, FPR 2006, 91, 94;.*Rauscher*, JR 2009, 65 f.

492 BGHReport 2005, 715 f., ebenso *Foerste*, ZInsO 2010, 1961, 1962; *Fischer*, ZVI 2005, 357; *Krause*, FamRZ 2005, 1725 f.

493 *Hoppenz*, FPR 2006, 97,100; OLG Koblenz FamRZ 2004, 823, 824; vgl. auch *Hauß*, in: Melchers/Hauß, Unterhalt und Verbraucherinsolvenz, S. 80 ff. Rdnr. 260 ff.

494 *Foerste*, ZInsO 2010, 1961.

495 BGH FamRZ 2005, 608, 610.

496 *Hauß*, in: Melchers/Hauß, Unterhalt und Verbraucherinsolvenz, Seite 80 ff., Rdnr. 260 ff.

497 *Hoppenz*, FPR 2006, 97, 100.

der Einzelzwangsvollstreckung für andere Gläubiger hinsichtlich ihrer laufenden Unterhaltsansprüche auf den Differenzbetrag zwischen den Pfändungsfreigrenzen des § 850 c ZPO und dem dem Schuldner zu belassenden Unterhalt i.S. v. § 850 d Abs. 1 Satz 2 ZPO zugreifen. Hiergegen lässt sich einwenden, dass ein Zugriff der Unterhaltsgläubiger auf den Vorrechtsbereich des § 850 d ZPO auch ohne die Beantragung eines Verraucherinsolvenzverfahrens möglich ist, was für die Ansicht sprechen könnte, die ein Berufen auf die Pfändungsfreigrenzen für ausreichend erachtet. Allerdings gilt der Vorrang gemäß § 850 d ZPO für den laufenden Unterhalt *und* Unterhaltsrückstände bis zu einem Jahr, vgl. § 850 d Abs. 1 Satz 4 ZPO. Nach Insolvenzeröffnung sind unterhaltsrechtliche Rückstände hingegen vom Vollstreckungsverbot des § 89 Abs. 1 InsO generell umfasst. Für die Obliegenheit zur Beantragung eines Verbraucherinsolvenzverfahrens spricht, dass dies dem Schutz *künftiger* Unterhaltsansprüche dient. Denn es macht für die Berechtigten während der Dauer der Laufzeit der Abtretungserklärung, abgesehen von der soeben geschilderten Differenzierung hinsichtlich des § 850 d Abs. 1 Satz 4 ZPO, kaum einen Unterschied, ob der Verpflichtete einen Insolvenzantrag stellt oder nicht. Erst *nach* Erteilung der Restschuldbefreiung zeigen sich die Konsequenzen in der nun ungeschmälerten Leistungsfähigkeit des Verpflichteten. Für den Schutz künftiger Ansprüche spricht die Gegenwartsbezogenheit der Unterhaltsschuld, welche in der *ratio legis* der Bestimmungen des materiellen Unterhaltsrechts und des Vollstreckungsrechts zum „Unterhalt für die Vergangenheit" zum Ausdruck kommt. Unterhalt für die Vergangenheit kann nur nach den in Teil 1 unter II 1 c) bb) eingehend beschriebenen Voraussetzungen geltend gemacht werden. Bereits aus den *Motiven*[498] ist ersichtlich, dass der historische Gesetzgeber des Bürgerlichen Gesetzbuches den Charakter der Unterhaltsschuld als gegenwartsbezogen verstanden hat. Denn eine auf die Vergangenheit gerichtete und rückwirkende Befriedigung von Lebensbedürfnissen sei nicht mehr möglich, selbst dann nicht, wenn der Unterhalt nachträglich in vollem Umfange erbracht werde. Hergeleitet wurde diese Charakterisierung der Unterhaltsschuld aus der lateinischen Rechtsparömie „in praeteritum non vivitur". Da der Berechtigte die unterhaltslose Zeit ohne Befriedigung der Bedürfnisse überlebt habe und diese mangels Gegenwartsbezogenheit nicht mehr befriedigt werden könnten, befreie

498 *Hahn/Mugdan*, Materialien zum BGB, Bd. IV, S. 369: In den Fällen, in denen es auf die Leistungsfähigkeit des Verpflichteten ankomme, sei eine rasche Durchführung des den Unterhaltsanspruches „erheischenden" Zweckes geboten.Die Unterhaltspflicht trete daher nur für die Zukunft ein.

dies den Unterhaltsschuldner von der Pflicht für rückliegende Zeiträume.[499] Da die Vorschriften zum „Unterhalt für die Vergangenheit" und im Vollstreckungrecht (überjährige Unterhaltsrückstände genießen im Vollstreckunsgrecht grundsätzlich nicht das Privileg der bevorrechtigten Pfändung, § 850 d Abs. 1 Satz 4 ZPO) auch im geltenden Recht überkommen sind, ist davon auszugehen, dass sich an dem Normzweck der Vorschriften nichts geändert hat.

Ebenso spricht für die Annahme der Obliegenheit eines Insolvenzantrages und gegen das bloße Berufen auf die Pfändungsfreigrenzen der gesetzgeberische Wille, auch die unterhaltsrechtlichen Rückstände der Restschuldbefreiung zu unterstellen. Dies wurde vor Inkrafttreten des neuen Gesetzes insbeondere von *Uhlenbruck*[500] als großes Manko des neuen Rechts wahrgenommen, da die Unterhaltsgläubiger ihre (Insolvenz)Forderungen nach Erteilung der Restschuldbefreiung endgültig verlören und mit ihren laufenden Einkünften nicht mehr ungeschmälert auf den Neuerwerb zugreifen könnten. Das „Preisgeben" der unterhaltsrechtlichen Rückstände ist aber systemkonform hinsichtlich der vom Gesetzgeber des Bürgerlichen Rechts charakterisierten „Gegenwartsbezogenheit" der Unterhaltsschuld. Diesem Gesetzeszweck, der Befriedigung gegenwärtiger bzw. künftiger Ansprüche, wird allein durch das Postulat einer „Obliegenheit zur Beantragung eines Verbraucherinsolvenz - und Restschuldbefreiungsverfahrens" Genüge getan. Denn der Unterhaltsschuldner wird hierdurch dauerhaft seine Leistungsfähigkeit wiederherstellen. Ausgehend von diesem Zweck, der Wiederherstellung der Leistungsfähigkeit zur Befriedigung künftiger Unterhaltsverpflichtungen, muss eine Obliegenheit zur Insolvenzbeantragung dann einsetzen, wenn dieser Zweck erforderlich ist und ausgeschlossen sein, wenn dieser Zweck nicht mehr erreicht werden kann. In diesem Sinne erforderlich ist der Zweck, wenn die gegenwärtigen Bedürfnisse der Berechtigten nicht mehr befriedigt werden können, also ab Eintritt des Mangelfalles.[501] Der Zweck kann nicht mehr erreicht werden, wenn das Unterhaltsbedürfnis eher enden wird, als der Verpflichtete die Restschuldbefreiung erreichen wird. Denn dann kann der Berechtigte an der Konsequenz der Restschuldbefreiung, Wiederherstellung der Leistungsfähigkeit, nicht mehr partizipieren. In diesem Fall dürfte während der Dauer des Unterhaltsverhältnisses das Berufen auf die Pfändungsfreigrenzen ausreichend sein.

---

499 *Thamm*, Unterhalt für die Vergangenheit, 2002, S. 52.

500 FamRZ 1998, 1473, 1474.

501 Ebenso: *Hoppenz*, FPR 2006, 97, 100; differenzierend: *Melchers*, FamRZ 2002, 897 (nicht vor Ablauf des Trennungsjahres).

Was die Frage der Obliegenheit beim aktuell selbständigen Schuldner anbelangt, so weist *Ahrens*[502] darauf hin, dass es eine Ungleichbehandlung darstelle, eine Obliegenheit beim Nicht-Selbständigen anzunehmen, beim Selbständigen hingegen nicht. Die Bedenken, die dagegen sprechen, eine Obliegenheit auch beim Selbständigen zu fordern, resultieren jedoch aus der (derzeitigen) verfassungswidrigen Ungleichbehandlung der Einkünfte aus selbständiger Tätigkeit hinsichtlich des Arbeitseinkommens. Werden der selbständige Schuldner und seine Unterhaltsberechtigten verfassungskonform behandelt, so ist für eine Differenzierung auch im Hinblick auf eine Obliegenheit kein Raum. Es ist daher das sinnvolle Instrument der „Obliegenheit zur Beantragung eines Insolvenz – und Restschuldbefreiungsverfahrens" eines Unterhaltsschuldners auch auf den selbständigen Schuldner zu erweitern.

Fraglich ist, ob mit dem BGH davon auszugehen ist, dass die Obliegenheit nicht für alle gesetzlichen Unterhaltsansprüche, sondern nur für Unterhaltsschuldner gilt, die eine gesteigerte Erwerbsobliegenheit trifft. Der BGH stützt seine Argumentation darauf, dass beim Anspruch auf Trennungsunterhalt eine dem Unterhaltsanspruch minderjähriger Kinder vergleichbare Situation nicht gegeben sei, weil es sich dabei regelmäßig um eine in den ehelichen Lebensverhältnissen angelegte Verschuldung handele, die der unterhaltsberechtigte Ehegatte mittragen müsse. Die Obliegenheit ist jedoch, wie festgestellt, in der Gegenwartsbezogenheit der Unterhaltsschuld begründet. Diese Gegenwartsbezogenheit gilt für alle Unterhaltsansprüche, wie die korrespondierenden Vorschriften der §§ 1360 a Abs. 3, 1361 Abs. 4 Satz 4, 1586 b Abs. 1 BGB, 12 Satz 2 und 16 Satz 2 LPartG, die auf § 1613 Abs. 2 BGB verweisen, zeigen. Die Obliegenheit zur Einleitung eines Insolvenz – und Restschuldbefreiungsantrages muss daher auch für jeden gesetzlichen Unterhaltsanspruch gelten.[503] Allerdings stellt sich bei Ansprüchen auf Trennungsunterhalt und nachehelichen Unterhalt die Frage, ob der Zweck (Leistungsfähigkeit für künftige Ansprüche) erreicht werden kann, da das Unterhaltsbedürfnis nicht über die Restschuldbefreiung des Verpflichteten hinaus besteht und daher eine Unzumutbarkeit der Insolvenzbeantragung vorliegt. In diesem Fall ist mit dem BGH davon auszugehen, dass eine Obliegenheit nicht gefordert werden kann, da sich die Beantragung für den Verpflichteten dann möglicherweise als einen Eingriff in seine verfassungrechtlich geschützte allgemeine Handlungsfreiheit gemäß Art. 2 Abs. 1 GG darstellt.

---

502 NZI 2008, 159 f.

503 Im Ergebnis ebenso: *Hoppenz*, FPR 2006, 97, 100.

cc) Ergebnis

Die Obliegenheit zur Einleitung eines Insolvenzverfahrens ist aus der Gegenwartsbezogenheit der Unterhaltsschuld herzuleiten. Ermöglicht werden muss die Befriedigung *künftiger* Ansprüche. Diese Gegenwartsbezogenheit gilt grundsätzlich für alle gesetzlichen Untrhaltsansprüche. Die Obliegenheit setzt ein, wenn der Zweck (Befriedigung künftiger Ansprüche) nicht mehr erreicht werden kann, also mit Eintritt des Mangelfalls. Sie ist unzumutbar, wenn der Zweck nicht mehr erreicht werden kann, weil das Unterhalsbedürfnis endet, bevor die Leistungsfähigkeit des Berechtigten durch Erteilung der Restschuldbefreiung wieder endgültig hergestellt ist. Dann ist das Berufen auf die Pfändungsfreigrenzen des Verpflichteten ausreichend. Im Fall einer verfassungskonformen Auslegung der §§ 35, 36 Abs. 1 Satz 2 InsO i.V.m. § 850 i ZPO gilt die Obliegenheit für den nicht Selbständigen genauso wie für den Selbständigen.

b) Obliegenheit des Verpflichteten zur Beantragung gemäß §§ 36 Abs. 1 Satz 2 InsO i.V.m. § 850 i ZPO

Der XII. Senat des BGH hat in seiner Entscheidung vom 31.10.2007[504] zum unterhaltsrelevanten Einkommen eines Selbständigen, gesteigert Unterhaltsverpflichteten, nach Insolvenzeröffnung über sein Vermögen, Stellung bezogen. Die Selbständigkeit wurde hierbei durch den Insolvenzverwalter fortgeführt, weswegen der Unterhaltsschuldner einen Antrag nach § 36 Abs. 1 InsO i.V.m. § 850 i ZPO beim Insolvenzgericht gestellt hat und ihm ein Freibetrag für sich und seine unterhaltsberechtigten Personen zuerkannt wurde. Der Unterhaltsschuldner hat sich selbst bereits für die Einleitung eines Insolvenzverfahrens entschieden. Die Eröffnung eines Insolvenzverfahrens habe Auswirkungen auf die Unterhaltsmessung. Durch die Eröffnung des Insolvenzverfahrens seien unterhaltsrechtlich nicht mehr die - mit den erheblichen Verbindlichkeiten belasteten - vollen Erwerbseinkünfte des Unterhaltsschuldners zu berücksichtigen, sondern nur noch die ihm in der Insolvenz für den eigenen Unterhalt und für die Ansprüche seiner Unterhaltsberechtigten im Rahmen von § 850 i ZPO gewährten Beträge maßgeblich.

Dies ist konsequent. Denn wenn dem Verpflichteten die Beantragung eines Insolvenzverfahrens zugemutet wird, so muss nach der Insolvenzeröffnung die Bedarfsermittlung ausschließlich nach den dem Schuldner insolvenzrechtlich gewährten Einkommen erfolgen. Anderenfalls würde die Überschuldung des

504 FamRZ 2008, 137, 139, 140.

Unterhaltspflichtigen wegen der auflaufenden Unterhaltsverbindlichkeiten weiter anwachsen. Dies kann aber weder im Interesse der Unterhaltsberechtigten noch der übrigen Gläubiger sein, die naturgemäß mit ihren Ansprüchen vollstreckungsrechtlich konkurrieren.

Fraglich ist aber, wie die Bedarfsberechnung zu erfolgen hat, wenn der selbständige Schuldner es versäumt hat, einen Antrag gemäß § 36 Abs. 1 Satz 2 InsO i.V.m. § 850 i ZPO für sich und/oder seine Berechtigten zu stellen. Möglicherweise kann ihm auch eine Obliegenheit zur Beantragung gemäß §§ 36 Abs. 1 Satz 2 InsO i.V.m. § 850 i ZPO zugemutet werden, mit der Folge bei Nichtbeachtung, dass ihm ein fiktives, i.S.v. § 850 c ZPO vergleichbares Einkommen aus selbständiger Tätigkeit zugerechnet werden muss.

Teilweise wird eine Obliegenheit des selbständigen Schuldners, in der Insolvenz einen Antrag nach §§ 36 Abs. 1 Satz 2 InsO i.V.m. 850 i ZPO zu stellen, angenommen. Diese bestehe jedoch (nur) gegenüber minderjährigen, unverheirateten Kindern.[505] Hierfür könnte sprechen, dass sich die Obliegenheit des Unterhaltsverpflichteten, einen Insolvenzantrag zu stellen, im eröffneten Insolvenzverfahren durch die Obliegenheit der Beantragung gemäß § 36 Abs. 1 Satz 2 InsO i.V.m. § 850 i ZPO weiter fortsetzt. Der Schutzzweck der Obliegenheit, die Wiederherstellung der Leistungsfähigkeit des Verpflichteten im Interesse künftigen Unterhaltes, würde anderenfalls leer laufen, da der Verpflichtete nur durch einen Antrag gemäß § 36 Abs. 1 Satz 2 InsO i.V.m. § 850 i ZPO seine Leistungsfähigkeit im Verfahren wieder herstellen kann.

Gegen die Annahme einer Obliegenheit des Verpflichteten spricht aber, dass die unterschiedliche Behandlung des Einkommens aus nicht selbständiger Tätigkeit mit Arbeitseinkommen, wie festgestellt, gegen Art. 3 Abs. 1 GG verstößt. Selbst wenn der Verpflichtete einen Antrag gemäß § 36 Abs. 1 Satz 2 InsO i.V.m. § 850 i ZPO stellen würde, würde der Verpflichtete und - mittelbar auch der Berechtigte - nach geltendem Recht nicht die gleiche Rechtsposition erreichen, wie ein Schuldner mit Arbeitseinkommen und dessen Berechtigte. Wie festgestellt, zeigt sich die ungleiche Behandlung gemäß Art. 3 Abs. 1 GG in dem mit erheblichem Aufwand verbundenen Antragsverfahren gemäß § 36 Abs. 1 Satz 2 InsO i.V.m. 850 i ZPO, da dem Selbständigen kein „ex ante-Schutz" seines „unpfändbaren Teiles" vom Neuerwerb verbleibt. Diese verfassungswidrige Situation trifft den Verpflichteten ebenso wie den Berechtigten und würde durch die Annahme einer Obliegenheit nicht beseitigt werden. Eine Obliegenheit zu Lasten des Verpflichteten kann nach

505 *Meller-Hannich*, in: Kindl/Meller-Hannich/Wolf, Gesamtes Recht der Zwangsvollstreckung, § 850 i ZPO Rdnr. 25.

geltendem Recht daher nicht angenommen werden. Wie festgestellt, kann der verfassungswidrige Zustand bis zu einer verfassungsgemäßen Gesetzeslage nur im Wege verfassungskonformer Auslegung geheilt werden, indem dem Verpflichteten das Recht eingeräumt wird, im Wege einer Leistungsverfügung den unpfändbaren Grundfreibetrag für sich und seine Unterhaltsberechtigten zu erlangen. Wie ebenfalls dargelegt wurde, hat nicht nur der Schuldner und der Unterhaltsverpflichtete selbst das Recht, einen Antrag gemäß § 36 Abs. 1 Satz 2 InsO i.V.m. § 850 i ZPO auf den unpfändbaren Anteil des Neuerwerbs zu stellen, sondern auch die Unterhaltsberechtigten. Eine verfassungskonforme Auslegung i.S.v. Art. 3 Abs. 1 GG hat daher ergeben, dass auch für die Berechtigten gelten muss, dass diese ihr Recht im Wege einer Leistungsverfügung, bis zum verfassungsgemäßen Rechtszustand, erlangen müssen.

Eine Obliegenheit zur Beantragung gemäß § 36 Abs. 1 Satz 2 InsO i.V.m. § 850 i ZPO mit der Folge zurechenbarer Einkünfte des Verpflichteten ist somit abzulehnen.

7. Konsequenzen der Insolvenzeröffnung und Positiverklärung für Unterhaltsprozesse

Gemäß § 240 Satz 1 ZPO wird im Falle der Eröffnung des Insolvenzverfahrens über das Vermögen einer Partei das Unterhaltsverfahren, wenn es die Insolvenzmasse betrifft, unterbrochen, bis es nach den für das Insolvenzverfahren geltenden Vorschriften aufgenommen oder das Insolvenzverfahren beendet wird. Fraglich ist, inwiefern eine Unterbrechung gemäß § 240 Satz 1 ZPO für rechtshängige Unterhaltsprozesse anzunehmen ist und inwiefern unterhaltsrechtliche Ansprüche trotz Insolvenzeröffnung über das Vermögen des Verpflichteten eingeklagt werden können.

a) Meinungsstand

Einheitlich wird in Rechtsprechung[506] und Literatur[507] zunächst differenziert im Hinblick auf den Zeitpunkt der Insolvenzeröffnung. Durch die Eröffnung des

---

506 OLG Koblenz FamRZ 2003, 109, 110; OLG Naumburg FamRZ 2004, 1975; OLG Karlsruhe FamRZ 2004, 821, 822.

507 Uhlenbruck/*Hirte* § 40 InsO Rdnr. 11; Jaeger/*Henckel* § 40 InsO Rdnr. 8; Braun/*Bäuerle* § 40 InsO Rdnr. 10; Saenger/*Wöstmann*, ZPO, § 240 Rdnr. 7; Musielak/*Stadler*, ZPO, § 240 Rdnr. 5.

Verbraucherinsolvenzverfahrens über das Vermögen des Unterhaltsschuldners werde ein anhängiger Unterhaltsprozess nur hinsichtlich der zur Zeit der Eröffnung fälligen Ansprüche unterbrochen; hierzu zähle auch der für den Monat der Eröffnung des Insolvenzverfahrens laufende Unterhalt. Begründet wird dies damit, dass das Insolvenzverfahren nur das laufende Einkommen des Schuldners insoweit erfasse, als dieses den Pfändungsfreibetrag des § 850 c ZPO übersteige (§§ 35, 36 InsO). Die Unterhaltsansprüche seien daher an dem „insolvenzfreien" Teil des Einkommens zu orientieren, der dem Schuldner nach den zuvor zitierten Vorschriften zu seinem und den Unterhalt seiner Familie belassen werde. Dieses Einkommen stehe ungeschmälert zur Unterhaltsbemessung zur Verfügung.

Wird rückständiger und laufender Unterhalt in einem einheitlichen Prozess geltend gemacht, so ist umstritten, ob der Rechtsstreit allein hinsichtlich des Rückstandes gemäß § 240 Satz 1 ZPO unterbrochen sei und das Gericht im Übrigen durch Teilurteil entscheiden könne[508] oder ob die Unterbrechung das gesamte Verfahren umfasse.[509]

Teilweise wird auch im Hinblick auf die Einkunftsart des Verpflichteten differenziert. So folge nach Auffassung des OLG Hamm[510] daraus, dass die Einkünfte aus selbständiger Tätigkeit Insolvenzmasse darstellten, dass der Rechtsstreit auch wegen der Zahlung laufenden Unterhalts gemäß § 240 Satz 1 ZPO durch die Eröffnung des Insolvenzverfahrens unterbrochen sei. Dies ergebe sich auch aus § 85 InsO, welcher dem Insolvenzverwalter die Aufnahme von Aktivprozessen nur dann gestatte, wenn es sich um Vermögen handele, das zur Insolvenzmasse gehöre. Daraus ergebe sich zugleich, dass der Insolvenzschuldner selbst nur insoweit prozessführungsbefugt bleibe, als es um Vermögen gehe, das nicht in die Insolvenzmasse falle.

---

508 OLG Koblenz FamRZ 2002, 31, 32 und FamRZ 2003, 109, 110; OLG Hamm FamRZ 2005, 279, 280; OLG Brandenburg FamRZ 2008, 286; ebenso: A/G/R-*Ahrens* § 40 InsO Rdnr. 6; Jaeger/*Henckel* § 40 InsO Rdnr. 8; Saenger/*Wöstmann*, ZPO, § 240 Rdnr. 7; Musielak/*Stadler*, ZPO, § 240 Rdnr. 5; Beck-OK/*Jaspersen* § 240 ZPO Rdnr. 13.04; seit Inkrafttreten des Gesetzes über das Verfahren in Familiensachen und in den Angelegenheiten der freiwilligen Gerichtsbarkeit (FamFG) am 1.9.2009 entscheidet das Familiengericht gemäß § 95 Abs. 2 FamFG durch Beschluss.

509 MüKo-ZPO/*Gerhlein* § 240 Rdnr. 17 unter Bezugnahme auf BGH NJW 1966, 51, wonach der Beklagte jedoch berechtigt sei, den Rechtsstreit selbst aufzunehmen.

510 OLG Hamm NJW 2005, 2788.

b) Stellungnahme

Für eine Differenzierung, ob es sich bei den geltend gemachten Ansprüchen um Insolvenzforderungen gemäß § 38 InsO handelt, spricht, dass diesen Ansprüchen die Insolvenzmasse haftungsrechtlich zugewiesen ist, § 35 InsO. Aus diesem Grund verliert der Schuldner die Vermögens – und Verfügungsbefugnis über sein Vermögen, § 80 Abs. 1 InsO. Daher tritt die Unterbrechungswirkung des § 95 Abs. 1 FamFG, § 240 Satz 1 ZPO auch nur ein, soweit die Insolvenzmasse betroffen ist. Hinsichtlich nach Insolvenzeröffnung fällig werdender Unterhaltsansprüche „familienrechtlicher Natur" gemäß § 40 Satz 1 InsO ist die Insolvenzmasse nicht betroffen, da es sich um Nachinsolvenzforderungen handelt und diesen Forderungen die Insolvenzmasse haftungsrechtlich nicht zur Verfügung steht. Dies ergibt sich aus den Massezuordnungsregeln der §§ 35, 36, 38, 40 Satz 1 InsO, die den Insolvenzgläubigern das zur Zeit der Insolvenzeröffnung vorhandene Vermögen und den Neuerwerb zuweisen. Hinsichtlich des Arbeitseinkommens hat dies zur Folge, dass die Unterhaltsberechtigten mit ihren nach Insolvenzeröffnung entstehenden Ansprüchen nicht auf den pfändbaren Teil des Arbeitseinkommens zugreifen können, sondern nur auf denjenigen Teil der Bezüge, der für andere Gläubiger nicht pfändbar ist, § 89 Abs. 2 Satz 2 InsO. Hinsichtlich der Einkünfte aus selbständiger Tätigkeit hat die Insolvenzeröffnung und Positiverklärung des Verwalters zur Folge, dass der Neuerwerb *de lege lata* zunächst im Ganzen insolvenzbefangen ist (§§ 35, 36 InsO). Wenn das OLG Hamm aus der Insolvenzbefangenheit des Neuerwerbs beim Selbständigen den Schluss zieht, dass über den nach Insolvenzeröffnung fällig werdenden Unterhalt nicht entschieden werden könne und daher das Verfahren insgesamt gemäß § 95 Abs. 1 FamFG, § 240 Satz 1 ZPO unterbrochen sei, so spricht gegen diese Auffassung, dass der Neuerwerb den Insolvenzgläubigern zugeordnet wird, weswegen die Neugläubiger gemäß § 40 Satz 1 InsO gerade nicht auf die Insolvenzmasse zugreifen können. Die Insolvenzmasse ist in diesem Fall genauso wenig betroffen wie beim nicht Selbständigen, da in beiden Fällen die Neugläubiger nur auf den für die anderen Gläubiger unzugänglichen Bereich zugreifen können. Dieser ergibt sich beim nicht Selbständigen - anders als beim Selbständigen - *ipso iure.* Es ist daher sowohl beim nicht selbständigen als auch beim selbständigen Schuldner davon auszugehen, dass eine Unterbrechung des Rechtsstreits nur hinsichtlich der zur Zeit der Eröffnung fälligen Ansprüche eintritt, einschließlich desjenigen Unterhalts, der im Monat der Insolvenzeröffnung fällig geworden ist, §§ 95 Abs. 1 FamFG, § 240 Satz 1 ZPO.

Ggen eine einheitliche Unterbrechung, auch hinsichtlich laufender Ansprüche, spricht auch die Teilbarkeit des Streitgegenstandes. Die gegenteilige Auffassung würde zudem faktisch dazu führen, dass Unterhaltsberechtigten auch hinsichtlich ihrer künftigen Ansprüche eine Titelerlangung wesentlich erschwert würde. Die Vorschrift des § 40 Satz 1 InsO und des § 89 Abs. 2 Satz 2 InsO bezweckt aber, dass die Unterhaltsberechtigten „familienrechtlicher Natur" durch die Insolvenzeröffnung gerade nicht an der Verwirklichung ihrer künftigen Ansprüche gehindert werden sollen. Hinzu kommen auch prozessökonomische Gründe. So will es die Gegenansicht auch zulassen, dass der Unterhaltsschuldner den Prozess selbst wieder aufnehmen könnte. Insofern dürfte es im Interesse aller Beteiligten sein, den Rechtsstreit von vornherein nur hinsichtlich der Insolvenzforderungen zu unterbrechen.

II. „Negativerklärung" des Insolvenzverwalters gemäß § 35 Abs. 2 Satz 1 InsO

Erachtet der Verwalter die selbständige Tätigkeit auf der Grundlage der ihm zur Verfügung stehenden Informationen als verlustbringend für die Masse, wird er eine sogenannte Negativerklärung abgeben. Hier stellt sich für die Berechtigten die Frage, wie sie vollstreckungsrechtlich auf den „freigegebenen" Neuerwerb zugreifen können und wie sie hier ggf. mit weiteren Neugläubigern vollstreckungsrechtlich konkurrieren. Darüber hinaus ist von Belang, wie sich das zurechenbare Einkommen des Verpflichteten darstellt, welches einer unterhaltsrechtlichen Bedarfsberechnung zu Grunde zu legen ist.

1. Meinungsstand und aktuelle Diskussionen zu § 35 Abs. 2 Satz 1, 2 InsO

Mit der Neuregelung des § 35 InsO sind auch weiterhin zahlreiche mit der Selbständigkeit des Schuldners sich ergebende Fragen nicht geklärt; die Diskussionen in der insolvenzrechtlichen Literatur sind daher zahlreich.[511] Insbesondere die vom Gesetzgeber gewählte Formulierung in § 35 Abs. 2 Satz 3 InsO, dass § 295 Abs. 2 InsO „entsprechend" gelte, ist Anknüpfungspunkt für den Meinungsstreit, ob hiermit auch im Falle der Nichtbeachtung eine Obliegenheitsverletzung (im eröffneten

---

511 Zum Streitstand eingehend: FK-InsO/*Ahrens* § 295 InsO Rdnr. 72 ff.; *Smid*, DZWiR 2008, 131 ff.; *Grote*, ZInsO 2011, 1489 ff., der die Probleme zum Teil als „selbst geschaffen" ansieht.

Insolvenzverfahren) gemäß §§ 295 Abs. 2, 296 InsO gesehen werden kann,[512] sowie die Frage, ob es sich hierbei um eine durch den Insolvenzverwalter einklagbare Zahlungspflicht handelt.[513] Daneben ist umstritten, ob mit der Negativerklärung auch das gesamte Vermögen, was zur Ausübung der selbständigen Tätigkeit erforderlich ist und schon vor der Negativerklärung vorhanden war, verbunden ist. Zudem ist streitig, ob die, bezogen auf die selbständige Tätigkeit, vertraglichen Ansprüche nach erfolgter Negativerklärung nur noch gegen den Schuldner und nicht mehr gegen die Masse geltend gemacht werden können.[514] Von Bedeutung ist in diesem Zusammenhang zudem die Frage, ob auch für Neugläubiger ein Vollstreckungsverbot aus § 89 Abs. 1 InsO abzuleiten ist.[515] Denn hieran schließt sich für die Unterhaltsberechtigten die Frage an, ob und in welcher Form sie im Hinblick auf § 35 Abs. 2 InsO mit den übrigen Neugläubigern vollstreckungsrechtlich konkurrieren. Schließlich wird mit unterschiedlichen Ergebnissen diskutiert, auf welcher Grundlage die Abführungsverpflichtung zu ermitteln ist.

a) Rechtsfolgen der Erklärung

Die Erklärung begründet drei Rechtsfolgen.[516] sie hat Einfluss auf das Vermögen des selbständigen Schuldners, auf die Vertragsverhältnisse sowie wegen des Verweises auf § 295 Abs. 2 InsO auf das Einkommen des Selbständigen. Für den Unterhaltsberechtigten zeigen sich die Folgen daher einerseits in der Frage des vollstreckungsrechtlichen Zugriffs, in der Gläubigerkonkurrenz sowie in der Höhe des unterhaltsrechtlichen Einkommens.

---

512 Für die Geltung: *Grote*, ZInsO 2011, 1489, 1490; *Menn*, ZVI 2011, 197, 199; dagegen: A/G/R- *Ahrens* § 35 InsO Rdnr. 163; *ders.*, NJW-Spezial 2013, 85 f.; *ders.* NZI 2007, 622, 626.

513 Für eine einklagbare Verpflichtung: A/G/R-*Ahrens* § 35 InsO Rdnr. 163; *ders.*, NJW-Spezial 2013, 85 f.; *ders.*, NZI 2007, 622, 626; *Dahl*, NJW-Spezial 2007, 453 f.; *Menn*, ZVI 2011, 197, 199; *Wischemeyer*, ZInsO 2009, 2121, 2127; HambK-InsO/*Lüdtke* § 35 Rdnr. 264; a.A. OLG Brandenburg NZI 2013, 650, 651 m. (abl.) Anm. *Ahrens*; LG Düsseldorf NZI 2012, 970 m. (zust.) Anm. *Grund*; nunmehr ebenso *Wischemeyer*, ZInsO 2010, 2068, 2072.

514 Zuletzt eingehend zum Streitstand BGHZ 192, 322, 323 f.

515 Dafür: KG Berlin, ZInsO 2005, 1047, 1048; Uhlenbruck/*Uhlenbruck* § 89 InsO Rdnr. 19; differenzierend *Häsemeyer*, Insolvenzrecht, Rdnr. 10.05, der die Vollstreckung nicht durch § 89 Abs. 1 InsO sondern durch § 91 Abs. 1 InsO ausgeschlossen sieht; dagegen: A/G/R-*Piekenbrock* § 89 InsO Rdnr. 7; MüKo-InsO/*Breuer* § 89 InsO Rdnr. 26; Jaeger/*Eckhard* § 40 InsO Rdnr. 25.

516 A/G/R-*Ahrens* § 35 InsO Rdnr. 158.

aa) Auswirkungen der Negativerklärung auf das Vermögen des Selbständigen

Ahrens[517] sieht in der Negativerklärung des Verwalters auch zugleich die Freigabe der der selbständigen Tätigkeit gewidmeten, massezugehörigen Gegenstände. Über den Anwendungsbereich des § 811 Abs. 1 Nr. 5, 7, 10 ZPO hinaus, der einen Pfändungsschutz für die genannten Gegenstände ohnehin vorsehe, habe die Negativerklärung eine dynamische Wirkung auch auf die über das Schutzniveau des § 811 Abs. 1 Nr. 5, 7 und 10 ZPO hinausgehenden Gegenstände. Die Erklärung sei ganzheitlich zu verstehen, dass eine wirtschaftliche Einheit aus dem Haftungsverbund entlassen werde. Der Verwalter habe in der konkreten Ausgestaltung der Erklärung eine Ermessensentscheidung zu treffen. So könne er auch nur einzelne Tätigkeiten, z.B. im Rahmen von kombinierten Tätigkeiten, herauslösen. Die Erklärung sei mit den Auslegungsregeln für empfangsbedürftige Willenserklärungen auszulegen. Schränke der Verwalter seine Aussage nicht ein, werde auch bei einer Mischnutzung die haftungsrechtliche Bindung gelöst. Auf dass infolge der Negativerklärung entstandene Sondervermögen, könnten die Neugläubiger, nicht jedoch die Insolvenzgläubiger, zugreifen.

Demgegenüber will die überwiegende Auffassung in der Literatur aus der Formulierung des Gesetzgebers, wonach Vermögen *aus* der selbständigen Tätigkeit freigegeben werden könne, nur das künftige Vermögen, nicht jedoch das bei Freigabe bereits vorhandene Vermögen, fassen.[518]

bb) Auswirkungen auf durch die Selbständigkeit veranlasste Vertragsverhältnisse des Schuldners

Die umstrittene Frage, ob auch die auf die selbständige Tätigkeit bezogenen Miet-, Pacht-, Versorgungs-, Versicherungs- und Telekommunikationsverträge sowie die sonstigen Verträge durch die Negativerklärung separiert würden, soweit sie sich nicht im engeren Sinne auf die Masse bezögen, ist von der überwiegenden Ansicht in der Literatur so beantwortet worden, dass es dem Sinn und Zweck einer solchen Erklärung, die auf die Masseschonung abziele, nur entsprechen könne, den Insolvenzverwalter bei einer Negativerklärung nicht weiter durch Entscheidungen über den Fortbestand oder die Beendigung möglicher, masseschädigender

517 A/G/R-*Ahrens* § 35 InsO Rdnr. 159; *ders.*, NZI 2007, 622, 623.

518 *Menn*, ZVI 2011, 197, 199; Uhlenbruck/*Hirte* § 35 InsO Rdnr. 100; FK-InsO/*Bornemann* § 35 Rdnr. 20; HambK-InsO/*Lüdtke* § 35 Rdnr. 261; *Wischemeyer*, ZInsO 2009, 937, 942.

Dauerschuldverhältnisse zu belasten.[519] Auch der BGH hat sich in seiner Entscheidung vom 09.02.2012[520] dementsprechend positioniert und sich gegen die in der Literatur[521] teilweise vertretene Auffassung gestellt, dass die Verbindlichkeiten aus den von dem Schuldner eingegangenen Dauerschuldverhältnissen auch nach einer Freigabeerklärung bis zu einer wirksamen Kündigung durch den Insolvenzverwalter die Masse treffen. Die Befürworter der Auffassung, dass mit der Negativerklärung nicht „automatisch" die zur Selbständigkeit erforderlichen Verträge den Schuldner (wieder) persönlich treffen, begründen ihre Auffassung damit, dass die Verwaltungszuständigkeit des Verwalters aus § 80 InsO mit der Negativerklärung auch nicht in die Hände des Schuldners zurückfalle. Das Beispiel des § 109 InsO zeige, dass eine „Enthaftung" nur dann eintrete, wenn Erklärungen gegenüber dem Vertragspartner, nicht aber gegenüber dem Schuldner, abgegeben würden.[522] Die andere Ansicht stellt dem gegenüber auf den Gesetzeszweck ab. Erklärtes Ziel sei die Masseschonung und die praxisgerechte Ausübung einer selbständigen Tätigkeit.[523]

cc) Auswirkungen auf das Einkommen des Schuldners

Nach Ansicht eines Teils der Literatur ist die sich aus § 35 Abs. 2 Satz 2 InsO ergebende Anforderung des Schuldners, am Maßstab des § 295 Abs. 2 InsO ausgerichtete Beträge zu entrichten, nicht als Obliegenheit i.S.v. § 296 InsO, sondern als insolvenzrechtliche Verpflichtung i.S.v. § 290 Abs. 1 Nr. 5 InsO zu verstehen.[524] Daher habe der Schuldner eine einklagbare Pflicht, nach § 35 Abs. 2 InsO fiktive Beträge in die Masse zu zahlen.

---

519 A/G/R-*Ahrens* § 35 InsO Rdnr. 169; *ders.*, NZI 2007, 622, 624; HambK-InsO/*Lüdtke* § 35 Rdnr. 262; Graf-Schlicker/*Kexel* § 35 InsO Rdnr. 24; Braun/*Bäuerle* § 35 InsO Rdnr. 84; *Menn*, ZVI 2011, 197, 199; *Heinze*, ZVI 2007, 349, 354; *Stiller*, ZInsO 2010, 1374, 1375.

520 BGHZ 192, 322, 323; ebenso LG Krefeld, NZI 2010, 485 f.

521 Uhlenbruck/*Hirte* § 35 InsO Rdnr. 101; HK-InsO/*Eickmann* § 35 InsO Rdnr. 59; FK-InsO/*Bornemann* § 35 Rdnr. 20; *Wischemeyer/Schur* ZInsO 2007, 1240, 1241, 1242; *Gutsche*, ZVI 2008, 41, 45; *Berger*, ZInsO 2008, 1101, 1107; *Smid*, DZWiR 2008, 133, 140 f.; *Wischemeyer*, ZInsO 2009, 937, 942; 2121, 2125.

522 *Smid*, DZWiR 2008, 133, 137.

523 BGHZ 192, 322, 323.

524 A/G/R-*Ahrens* § 35 InsO Rdnr. 163; *ders.*, NZI 2013, 651, 652; *ders.*, NJW-Spezial 2013, 85 f.; *ders.*, NZI 2007, 622, 624; *Dahl*, NJW-Spezial 2007, 458 f.; *Menn*, ZVI 2011, 197, 199; *Wischemeyer*, ZInsO 2009, 2121, 2127; HambK-InsO/*Lüdtke* § 35 Rdnr. 264; Uhlenbruck/*Hirte* § 35 InsO Rdnr. 105; FK-InsO/*Bornemann* § 35 Rdnr. 24 a.

Demgegenüber legt ein Teil der Literatur[525] und Rechtsprechung[526] die Vorschrift so aus, dass keine Zahlungsverpflichtung des Schuldners bestehe. Nach dem Wortlaut handele es sich bei der Vorschrift des § 295 InsO um die Formulierung einer Obliegenheit des Insolvenzschuldners. Sie stehe im Regelungszusammenhang mit dem Antrag auf Restschuldbefreiung des Insolvenzschuldners. Die Rechtsfolge der Obliegenheitsverletzung sei nun auch im eröffneten Verfahren nach der Negativerklärung in § 296 InsO geregelt. Danach führe die Obliegenheitsverletzung dazu, dass ein Antrag auf Versagung der Restschuldbefreiung gestellt werden könne. Eine klagbare Zahlungsverpflichtung folge aus dem Wortlaut nicht; das Gesetz behandele vielmehr selbständige und nicht selbständige Schuldner bewusst unterschiedlich.[527]

dd) Bemessungsgrundlage, Höhe der abzuführenden Beträge und Zahltermine

Unterschiedliche Ansichten werden auch zur Bemessungsgrundlage der zu zahlenden Beträge vertreten. Die überwiegende Ansicht, die dem selbständigen Schuldner über die „entsprechende" Anwendung des § 295 Abs. 2 InsO eine Erwerbsobliegenheit nach den Maßstäben der Treuhandperiode aufbürdet, möchte dem Schuldner einen fiktiven Arbeitslohn aufgrund seiner Ausbildung und seiner Erwerbsbiographie zurechnen.[528] Zum Teil wird auch darauf abgestellt, was der Schuldner verdienen könnte, wenn er die *konkrete* selbständige Tätigkeit in abhängiger Arbeitsweise verrichten würde.[529] Aber auch einige Vertreter der Meinung, wonach den Schuldner eine insolvenzrechtliche Verpflichtung treffe, verweisen auf die Kommentierungen zu § 295 Abs. 2 InsO und treffen somit die Zuordnung zu einer fiktiven Betrachtungsweise.[530] Demgegenüber argumentieren die Befürworter[531] einer Abführungspflicht mit den unterschiedlichen Anforderungen und Prinzipien in der Insolvenz – und Treuhandperiode. Den Schuldner treffe im Insolvenzverfahren keine Erwerbsobliegenheit; § 295 Abs. 2 InsO bezwecke lediglich einen Ausgleich für das zum Zwecke der Ausübung der selbständigen Tätigkeit

525 *Wischemeyer*, ZInsO 2010, 2068, 2072; *Grote*, ZInsO 2011, 1489, 1492.

526 OLG Brandenburg NZI 2013, 650, 651 m. (abl.) Anm. *Ahrens*; LG Düsseldorf NZI 2012, 970, m. (zust.) Anm. *Grund*; abl.: *Ahrens*, NJW-Spezial 2013, 85 f.

527 OLG Brandenburg NZI 2013, 650, 651 m. (abl.) Anm. *Ahrens*.

528 *Berger*, ZInsO 2008, 1101, 1107; *Wischemeyer*, ZInsO 2009, 2121, 2127.

529 *Wenzel*, in Kübler/Prütting/Bork § 295 InsO Rdnr. 82.

530 FK-InsO/*Bornemann* § 35 Rdnr. 24; Uhlenbruck/*Hirte* § 35 InsO Rdnr. 105; *Andres*, NZI 2006, 198, 200.

531 AG Wuppertal ZInsO 2011, 2150; *Wischemeyer*, ZInsO 2010, 2068, 2072.

freigegebene Vermögen. Die Zahlungspflicht habe sich daher - auch aus Gründen der Schuldnergleichbehandlung - nach dem tatsächlich erwirtschafteten Verdienst aus der selbständigen Tätigkeit zu richten.[532]

b) Stellungnahme

aa) Negativerklärung als Gesamterklärung über das Vermögen

Ahrens ist zuzustimmen, wenn er mit der Negativerklärung des Insolvenzverwalters zugleich die Herauslösung sämtlichen, auch bereits vorhandenen Betriebsvermögens, welches der Schuldner für die Ausübung seiner selbständigen Tätigkeit benötigt, verbindet. Diese Auffassung wird nicht nur durch die Formulierung in der Gesetzesbegründung[533] gestützt. Zugleich wird sie dem weiteren Zweck der Negativerklärung, neben der Verhinderung einer Masseschädigung, nämlich dem Schuldner eine neue, wirtschaftliche Existenz zu ermöglichen, gerecht. Diese Betrachtung geht auch nicht über den mit § 35 Abs. 2 InsO verfolgten Gesetzeszweck hinaus im Sinne einer Übervorteilung des Schuldners.[534] Es ist originäre Aufgabe des Insolvenzverwalters, die Negativerklärung auf ihre wirtschaftliche Sinnhaftigkeit zu prüfen. Zudem steht es dem Verwalter frei, im Rahmen seines pflichtgemäßen Ermessens auch differenzierte Erklärungen abzugeben, z.B. im Rahmen von Mischtätigkeiten oder im Hinblick auf einzelne Vermögensgegenstände. Sofern dem Schuldner dann noch die Ausübung seiner selbstständigen Tätigkeit möglich ist, ist es dem Verwalter unbenommen, die Negativwirkung bis zu den zwangsvollstreckungsrechtlichen Grenzen zu reduzieren. Wenn er sich hierzu jedoch nicht äußert, so hat seine Erklärung eine Gesamtwirkung, die über das Schutzniveau der § 811 Nr. 5, 7, 10 ZPO hinausgeht. Die andere Sichtweise würde der notwendigen Praxistauglichkeit der Erklärung insofern nicht gerecht, da Betriebsvermögen aufgespaltet werden müsste, was naturgemäß nicht nur zu Streit über die Frage der Massezugehörigkeit, sondern auch über die Verwertung durch

---

532 AG Wuppertal ZInsO 2011, 2150.

533 Vgl. BT-Drucks. 16/3227: „Ein Weg, dem Schuldner die Möglichkeit einer selbständigen Tätigkeit außerhalb des Insolvenzverfahrenes zu eröffnen, ist eine Art „Freigabe" des Vermögens, das der gewerblichen Tätigkeit *gewidmet* ist."

534 So aber *Menn*, ZVI 2011, 197, 199, der das Beispiel von *Wischemeyer* in ZInsO 2009, 2121, 2126 zitiert, wonach es nicht mit dem Gesetzeszweck zu vereinbaren sei, „wenn der Verwalter bei einem Fuhrunternehmer 20 in seinem Eigentum befindliche Fahrzeuge nicht verwerten dürfe, da sie der selbständigen Tätigkeit gewidmet seien. Es sei nicht Aufgabe des Verwalters, den Schuldner mit einer materiellen Grundlage für seine wirtschaftliche Tätigkeit auszustatten."

den Verwalter gemäß §§ 166 ff. InsO bzw. durch die Sicherungsgläubiger, § 173 InsO, führt. Diese Konflikte erschweren die Ausübung der selbständigen Tätigkeit und würden dem Gesetzeszweck, dem Schuldner gerade die Ausübung der Selbständigkeit zu ermöglichen, widersprechen.

bb) Negativerklärung als Enthaftungserklärung hinsichtlich Dauerschuldverhältnissen

Hinsichtlich der auf die Selbständigkeit bezogenen Verträge könnte für die Auffassung, die keine Separierung der Vertragsverhältnisse annehmen will, angeführt werden, dass es sich bei der geschaffenen Möglichkeit der Negativerklärung gemäß § 35 Abs. 2 InsO um eine nachträglich geschaffene Ausnahmevorschrift zu § 35 Abs. 1 HS 1 InsO handele und keine Änderung der §§ 103 ff. InsO beabsichtigt werden sollte, die Regelungen der §§ 103 ff.; 108 ff. InsO insofern Bestandschutz hätten. Hiergegen spricht aber die Gesetzesbegründung. Hierin zeigt sich der gesetzgeberische Wille, dass Vertragsverhältnisse nicht mehr dem Insolvenzverfahren unterliegen sollen, sondern auf den Schuldner übergeleitet werden.[535] Hinzu kommt, dass aufgrund der Befürchtung des Rechtsausschusses, dass ggf. Zweifel an der Entstehung von Masseverbindlichkeiten und deren Höhe aufkommen könnten, entgegen dem zunächst in § 35 Abs. 1 Satz 1 InsO vorgesehenen Ermessen des Verwalters, sich zu einer selbständigen Tätigkeit des Schuldners zu erklären, der Wortlaut des § 35 Abs. 1 Satz 1 InsO nunmehr ausdrücklich vorsieht, dass der Insolvenzverwalter eine Erklärung abgeben *muss*, ob Vermögen aus einer selbständigen Tätigkeit zur Insolvenzmasse gehört oder nicht. Durch die Verpflichtung zur Abgabe einer Erklärung sollte demnach zweifelsfrei klargestellt werden, ob im Rahmen der selbständigen Tätigkeit des Schuldners begründete Verbindlichkeiten Masseverbindlichkeiten darstellen oder nicht.[536] Nur eine solche Auslegung lässt sich mit dem Zweck der Norm vereinbaren, einerseits dem Schuldner eine selbständige Tätigkeit zu ermöglichen und anderseits die Masse vor schädigenden Dauerschuldverhältnissen zu schützen. Der Schuldner ist auf den Fortbestand z.B. des Miet-, Pacht- und Telekommunikationsverhätnisses zwingend angewiesen. Es wäre aber anderenfalls damit zu rechnen, dass die Vertragspartner kein Vertrauen in den Fortbestand des Vertrages haben würden, wenn sie mit einer Erklärung des Verwalters gemäß §§ 103 ff. InsO zu rechnen haben, was die weitere Ausübung der selbständigen Tätigkeit ungewiss machen würde. Dies gilt umso mehr nach einer Kündigung durch den Verwalter, da in diesem Fall

535 Vgl. BT-Drucks. a.a.O: „einschließlich der dazugehörenden Vertragsverhältnisse."
536 BT-Drucks. 16/4194, S. 14.

nicht damit zu rechnen sein kann, dass der (insolvente) Schuldner mit den Vertragspartnern noch einmal Verträge schließen kann. Eine ungestörte Ausübung der Tätigkeit dürfte daher nicht möglich sein.[537] Hiefür spricht auch, dass der Verwalter die Pflicht hat die Masse zu erhalten und zu schonen, was auch mit der Kündigung von Dauerschuldverhätnissen einhergeht.[538] Normzweck der §§ 103 ff. InsO ist, dass der Verwalter den durch die Vertragserfüllung entstehenden Mehrwert zur Masse ziehen kann.[539] Lässt sich durch die Vertragerfüllung ein solcher Mehrwert nicht erzielen, wäre der Verwalter demnach gehalten, hinsichtlich erst nach Ablauf einer Kündigungsfrist auf den Schuldner übergehender Verträge - zwecks Entlastung der Masse - zwischenzeitlich (vor der Freigabe) mit dem Schuldner eine Nutzungsvereinbarung zu schließen.[540] Hinzu kommt, dass die Vorschrift des § 35 Abs. 2 InsO gerade vor dem Hintergrund eingeführt wurde, dass die Rechtsprechung dem Verwalter, bei Aufnahme einer neuen wirtschaftlichen Tätigkeit durch den Schuldner, grundsätzlich die Aufgabe zuerkannt hat, die Einnahmen aus einer solchen zur Masse zu ziehen und dem Schuldner die Mittel zur Ausübung im Rahmen des § 850 i ZPO zur Verfügung zu stellen. Dies hat zu erheblichen Verunsicherungen in der Praxis geführt.[541] Um die Risiken für die Masse zu begrenzen, hat sich die Praxis im Vorfeld der Einführung des § 35 Abs. 2 InsO damit beholfen, die Tätigkeit des Schuldners „freizugeben“, ohne dass es hierfür eine gesetzliche Grundlage gab.[542] Die Vorschrift wurde daher gerade zur Verhinderung der Belastung der Masse vor Verbindlichkeiten, z.B. aus Dauerschuldverhältnissen oder Steuerverbindlichkeiten, eingeführt. Dies spricht demnach dafür, die nunmehr zulässige „Negativerklärung“ als „Enthaftungserklärung“ zu verstehen.

cc) Negativerklärung als Auslöser für eine Abführungsverpflichtung gemäß §§ 35 Abs. 2 Satz 2 InsO i.V.m. 295 Abs. 2 InsO

aaa) Geltendes Recht

Hinsichtlich der Auswirkungen auf das Einkommen des Schuldners aus freigegebener Tätigkeit spricht gegen die Ansicht, die keine (einklagbare) Zahlungsverpflichtung des Schuldners erkennen will, sondern eine Obliegenheit des Schuldners

537 BGHZ 192, 322, 323.

538 A/G/R-*Lind* § 60 InsO Rdnr. 11.

539 BGHZ 135, 25, 27 f.

540 BGHZ 192, 322, 323.

541 *Andres/Pape*, NZI 2005, 141, 142 f.; *Pape*, in: Pape/Uhlenbruck/Salus, Insolvenzrecht, Kapitel 15 Rdnr. 9.

542 *Pape*, in: Pape/Uhlenbruck/Salus, Insolvenzrecht, Kapitel 15 Rdnr. 9.

i.S.v. §§ 295, 296 InsO, dass eine solche Sichtweise dem Wortlaut und dem Zusammenspiel der beiden Normen der §§ 35 Abs. 2 Satz 2 i.V.m. 295 Abs. 2 Inso bereits nicht entnommen werden kann. Hätte der Gesetzgeber eine solche Obliegenheit konstituieren wollen, hätte er in § 35 Abs. 2 Satz 2 InsO nicht nur auf § 295 Abs. 2 InsO sondern auch auf § 296 InsO hinweisen müssen.[543] Da ein Verweis in § 35 Abs. 2 InsO auf § 295 Abs. 2 InsO fehlt, müsste das Erfordernis einer Analogie gegeben sein. An einer Gesetzeslücke fehlt es jedoch, da es ein eigenständiges Versagungsantragsverfahren in den §§ 290 ff InsO gibt.[544] Zudem würde dies nach geltendem Recht zu einer Ungleichbehandlung der beiden Einkommensgruppen Selbständiger/Nichtselbständiger führen, da den nicht Selbständigen die Obliegenheiten der §§ 295, 296 InsO erst in der Treuhandperiode treffen. Eine solche Ungleichbehandlung würde die bereits festgestellte, ungleiche Behandlung der Einkommensarten noch weiter vertiefen. Zudem kann den Gesetzesmaterialien nicht die Wertung entnommen werden, dass der Gesetzgeber durch § 35 Abs. 2 Satz 2 InsO das komplette, divergierende System des Insolvenz – und Restschuldbefreiungsverfahrens „auf den Kopf“ stellen wollte. Zu Recht weist *Wischemeyer*[545] darauf hin, dass den Schuldner im eröffneten Insolvenzverfahren keine Erwerbsobliegenheit treffe. Gleichwohl zieht er den falschen Schluss hieraus, nämlich, dass den selbständigen Schuldner daher im eröffneten Verfahren *keine Abführungsverpflichtung* treffen könne. Unter der Prämisse, dass der Gesetzgeber mit § 35 Abs. 2 Satz 2 InsO *keine* Erwerbsobliegenheit im eröffneten Verfahren konstituieren wollte und dass beide Einkommensarten aus Art. 3 Abs. 1 GG gleich behandelt werden müssen kann sich nur ergeben, dass es sich bei der „entsprechenden Geltung des § 295 Abs. 2 InsO“ um eine echte Verpflichtung des Schuldners handelt, die die insolvenzrechtlichen Pflichten des § 290 Abs. 1 InsO ergänzt. Dementsprechend kommt der Schuldner bei Verstoß gegen die Abführungspflicht gemäß §§ 35 Abs. 2 Satz 2 InsO i.V.m. 295 Abs. 2 InsO seinen Mitwirkungspflichten im eröffneten Insolvenzverfahren gemäß § 295 Abs. 1 Nr. 5 InsO nicht nach. Dieser Verstoß kann bei entsprechender Beantragung und Glaubhaftmachung durch den Gläubiger eine Versagung der Restschuldbefreiung nachsichziehen. Auf eine Gläubigerbeeinträchtigung kommt es hierbei – im Gegensatz zu einem Verstoß gegen §§ 295, 296 InsO - nicht an. Hiervon unberührt ist die Möglichkeit des Verwalters, die abzuführenden Beträge im Falle der Nichtzahlung klageweise geltend zu machen.

---

543 *Ahrens*, NJW-Spezial 2013, 85 f.

544 *Ahrens*, NZI 2013, 651 f.

545 ZInsO 2010, 2068, 2072.

bbb) Künftiges Recht

Fraglich ist, wie sich die neue Vorschrift des § 287 b InsO, welche durch das Gesetz zur Verkürzung des Restschuldbefreiungsverfahrens und zur Stärkung der Gläubigerrechte[546] eingefügt wurde und für ab dem 01. 07 2014 beantragte Verfahren Anwendung findet,[547] auf das Einkommen des Schuldners aus freigegebener Tätigkeit auswirkt. Möglicherweise kann sich aus der Konstituierung einer Erwerbsobliegenheit im eröffneten Verfahren ergeben, dass den Schuldner auch eine Abführungs*obliegenheit* trifft. Ein solcher Entschluss ist aber weder dem Wortlaut der Norm noch den Gesetzesmaterialien zu entnehmen.

Dem Gesetzentwurf[548] ist vielmehr zu entnehmen, dass an den beiden unterschiedlichen Verfahrensabschnitten „Insolvenzverfahren" und „Treuhandperiode" festgehalten werden soll. Hierfür spricht auch der Wortlaut der Norm, die mit § 287 b InsO eine eigene Erwerbsobliegenheit während des eröffneten Verfahrens schaffen will. Anderenfalls hätte der Verweis auf §§ 295, 296 InsO genügt. Es ist aber mit § 290 Abs. 1 Nr. 7 InsO n.F. auch ein eigenständiger Versagungsgrund geschaffen worden. Es ist daher davon auszugehen, dass die neue Erwerbsobliegenheit im eröffneten Verfahren neben die Abführungspflicht im eröffneten Verfahren tritt. Insofern hat sich an der Abführungs*pflicht* nichts geändert.

dd) Abführungsverpflichtung gemäß §§ 35 Abs. 2 Satz 2 i.V.m. 295 Abs. 2 InsO aufgrund des tatsächlichen Verdienstes

aaa) Geltendes Recht

Eine Obliegenheit i.S.v. § 296 InsO kann nur dann anzunehmen sein, wenn § 35 Abs. 2 Satz 2 InsO zugleich den sich aus den §§ 290, 291, 295, 296 InsO ergebenden Grundsatz, dass eine Erwerbsobliegenheit im eröffneten Verfahren nicht besteht, außer Kraft zu setzen beabsichtigt. Dies ist aber den Motiven des Gesetzgebers nicht zu entnehmen. Wenn mit der Änderung des § 35 InsO zugleich eine derartig gravierende Ungleichbehandlung des selbständigen mit dem nicht selbständigen Schuldner verbunden werden sollte,[549] hätte dies den Gesetzesmaterialen jedenfalls ansatzweise entnommen werden müssen. Dies ist auch deshalb nicht der Fall, da eine Ungleichbehandlung der beiden Einkommensarten gegen Art. 3 Abs. 1 GG verstoßen würde. Der Gesetzgeber hat in seinem Entwurf zum

546 BT-Drucks. 17/13535.
547 Vgl. Art. 9 EGInsO n.F.
548 BT-Drucks. 17/13535, S. 39.
549 LG Düsseldorf NZI 2012, 970, 971 f.

Gesetz zur Reform des Kontopfändungsschutzes[550] im Gegenteil deutlich gemacht, dass eine Ungleichbehandlung nicht zu erfolgen hat. Es ist daher nur der einzige Schluss zu ziehen, nämlich, dass den selbständigen Schuldner auch nach erfolgter Negativerklärung keine Erwerbsobliegenheit trifft, weswegen § 296 InsO unanwendbar ist. Hiermit ist freilich noch nicht entschieden, warum den Schuldner eine Abführungspflicht treffen sollte. Diese ergibt sich jedoch aus Folgendem: Der Gesetzgeber hat dem selbständigen Schuldner, wie soeben herausgearbeitet, eine insolvenzrechtliche Pflicht auferlegt. Diese Pflicht beinhaltet das Abführen von „entsprechenden" Beträgen. Es wurde demnach gemäß § 35 Abs. 2 Satz 2 InsO eine insolvenzrechtliche Mitwirkungspflicht gemäß § 97 InsO konstituiert.[551] Die Verletzung einer solchen Abführungspflicht kann zu einem Versagungsgrund des § 290 Abs. 1 Nr. 5 InsO führen. Da den Schuldner im Insolvenzverfahren keine Erwerbsobliegenheit trifft, er sogar die Selbständigkeit aufgeben könnte ohne mit Sanktionen rechnen zu müssen, kann ihm auch kein i.S.v. § 295 Abs. 2 InsO *fiktiver* Verdienst zugerechnet werden. Ausgangspunkt und Bemessungsgrundlage kann daher nur der tatsächliche Verdienst aus der selbständigen Tätigkeit sein. Die Bedeutung des Wortes „entsprechend" in § 35 Abs. 2 Satz 2 InsO kann nur so zu verstehen sein, dass hiermit für den Fall der Aufnahme einer (freigestellten) Tätigkeit „entsprechend § 850 c ZPO" pfändbare Beträge in die Masse zu bezahlen sind. Als Grundlage dient hierbei weder der fiktive Verdienst, der üblicherweise im Rahmen des § 295 Abs. 2 InsO herangezogen wird,[552] noch der aus der *konkreten* selbständigen Tätigkeit *fiktive* Verdienst.[553] Maßstab ist vielmehr der tatsächliche Ertrag aus der ausgeübten Selbständigkeit. Von dem erwirtschafteten Gewinn ist – entsprechend der Pfändungstabelle zu § 850 c ZPO – der pfändbare Anteil an die Masse zu erstatten. Dies ergibt sich aus der gebotenen Gleichstellung des Selbständigen mit dem nicht Selbständigen, bei welchem auch kein fiktiver Vergleichsmaßstab angelegt wird, sondern lediglich das pfändbare Einkommen aus der tatsächlich ausgeübten Tätigkeit vereinnahmt wird. Dies steht auch nicht der beabsichtigten Verfahrensvereinfachung entgegen. Der Insolvenzverwalter wird durch diese Vorgehensweise nicht mehr belastet, als er es beim nicht

550 BGBl. I. S. 1707, in Kraft getreten am 01.07.2010.

551 A.A. Wischemeyer, der an die *Aufnahme der Tätigkeit* anknüpft und hier eine Verpflichtung des Schuldners zu Recht verneint, anzuknüpfen ist aber an die *Abführung*, hierzu besteht eine Verpflichtung gemäß § 97 InsO, ähnlich wie hier: LG Wuppertal, ZInsO 2011, 2050; Uhlenbruck/*Hirte* § 35 InsO Rdnr. 105.

552 Vgl. hierzu FK-InsO/*Ahrens* § 295 Rdnr. 78 ff.

553 *Wenzel*, in: Kübler/Prütting/Bork § 295 InsO Rdnr. 15a.

Selbständigen ist. Auch hier ist er gehalten, den vom Arbeitgeber des Schuldners abzuhaltenden pfändbaren Betrag zu kontrollieren. Als Annex zur Abführungspflicht ergibt sich auch die Verpflichtung des Schuldners, betriebswirtschaftliche Gewinnermittlungen dem Insolvenzverwalter zu Verfügung zu stellen.[554] Denn anderenfalls wäre weder eine Kontrolle der Abführungsverpflichtung möglich noch könnte der Insolvenzverwalter in den Stand versetzt werden, die Beträge notfalls klageweise einzuziehen. Auch der nicht Selbständige ist zur Vorlage der Lohn – und Gehaltsabrechnungen verpflichtet.[555]

Gegen die Abführungsverpflichtung aus dem *tatsächlichen* Ertrag spricht auch nicht, dass die Gläubiger in diesem Fall das Risiko der Selbständigkeit tragen.[556] Die Gläubiger tragen auch beim nicht Selbständigen das „Risiko" der „nicht Selbständigkeit", da der Schuldner wegen der fehlenden Erwerbsobliegenheit auch sanktionslos erwerbslos sein darf. Da der Schuldner vielmehr dem insolvenzrechtlichen Kontrollsystem und nicht dem System der Treuhandperiode immanenten Obliegenheitsprinzip unterliegt, wäre es genauso verfehlt, lediglich den Zumutbarkeitsmaßstab auf einen *fiktiven konkreten* Verdienst zu senken. Unabhängig von den zahlreichen praktischen Schwierigkeiten[557] hat der Schuldner unter keinen Gesichtspunkten das Risiko seiner Selbständigkeit zu tragen, da er hierdurch i.S.v. Art. 3 Abs. 1 GG im Vergleich zum abhängig beschäftigten Schuldner unangemessen benachteiligt wäre. Genauso wie der abhängig Beschäftigte hat der Selbständige die pfändbaren Beträge monatlich an die Masse zu entrichten. Dies entspricht der Wertung einer Abführungsverpflichtung und der Gleichbehandlung mit dem nicht Selbständigen. Ein Vergleich mit der Obliegenheit der § 295 Abs. 2, 296 InsO und den hierzu vertretenen Auffassungen scheidet daher aus.[558]

bbb) Künftiges Recht

Fraglich ist, nach welchem Maßstab sich die Abführungspflicht im künftigen Recht zu orientieren hat. Möglicherweise ergibt sich aus der Konstituierung der Erwerbsobliegenheit des § 287 b InsO, dass der fiktive Verdienst, der üblicherweise im Rahmen des § 295 Abs. 2 InsO herangezogen wird, die Bemessungsgrundlage bilden soll. Hiergegen lässt sich aber einwenden, dass, wie oben

554 A.A. LG Göttingen NZI 2011, 775; A/G/R-*Ahrens*,§ 35 InsO Rdnr. 163.

555 A/G/R-*Piekenbrock* § 97 InsO Rdnr. 7.

556 *Menn*, ZVI 2011, 197, 199.

557 Vgl. hierzu *Menn*, ZVI 2011, 197, 199 bei seltener befristeter Tätigkeit oder dem fehlenden Vergleichslohn.

558 BGH ZInsO 2012, 1488, 1490.

festgestellt, der Gesetzgeber mit § 287 b InsO keine *Abführungs*obliegenheit, sondern eine *Erwerbs*obliegenheit begründet hat. Kommt der Schuldner dieser nicht hinreichend nach, so ist dies nunmehr im Rahmen eines Versagungsantragsverfahrens gemäß § 290 Abs. 1 Nr. 7 InsO n.F. darzulegen. Hiervon unberührt ist die insolvenzrechtliche *Pflicht* des nicht Selbständigen von seinem tatsächlichen Ertrag den „pfändbaren" Anteil abzuführen.

c) Ergebnis

Die Negativerklärung des Insolvenzverwalters gemäß §§ 35 Abs. 2 Satz 2 InsO i.V.m. 295 Abs. 2 InsO ist, wenn keine ausdrückliche Einschränkung erfolgt ist, als Gesamterklärung über bei Erklärung vorhandenes und der Selbständigkeit gewidmetes und, nach Erklärung, aus der selbständigen Tätigkeit heraus zu erwerbendes Vermögen des Schuldners zu verstehen. Hiermit ist auch zugleich eine Enthaftungserklärung hinsichtlich der aus der Selbständigkeit nach der Negativerklärung veranlassten Dauerschuldverhältnisse zu erblicken mit der Folge, dass es auf eine Erklärung des Verwalters gemäß §§ 103 ff. InsO nicht ankommt und der selbständige Schuldner selbst für Forderungen aus betrieblich veranlassten Dauerschuldverhältnissen nach erfolgter Negativerklärung einzustehen hat. Der selbständige Schuldner hat nach der Negativerklärung die einklagbare Verpflichtung Zahlungen in die Masse zu leisten. Da den selbständigen Schuldner im eröffneten Verfahren, ebenso wie den nicht selbständigen Schuldner, nach derzeit geltendem Recht keine Erwerbsobliegenheit trifft, ist das Wort „entsprechend" in § 35 Abs. 2 Satz 2 InsO so auszulegen, dass der Selbständige, wie es beim nicht Selbständigen *ipso iure* durch §§ 36, 850 c ZPO geschieht, den von seinem *tatsächlichen* Verdienst erwirtschafteten Teil seines Einkommens in die Masse zu entrichten hat, der dem pfändbaren Einkommen eines nicht Selbständigen „entspricht". Hierbei handelt es sich nicht um eine Obliegenheit i.S.v. § 296 InsO, sondern um eine insolvenzrechtliche Abführungsverpflichtung i.S.v. § 97 InsO, die im Falle der Verletzung zu einem Versagungsgrund gemäß § 290 Abs. 1 Nr. 5 InsO führen kann. Unberührt bleibt jedoch die Einklagbarkeit der abzuführenden Beträge durch den Verwalter. Hieran ändert auch § 287 b InsO im künftigen Recht nichts, da der Gsetzgeber hiermit eine *Erwerbs*obliegenheit und keine *Abführungs*obliegenheit konstutuieren wollte. Kommt der Schuldner dieser nicht hinreichend nach, ist dies im Versagungsantragsverfahren gemäß § 290 Abs. 1 Nr. 7 InsO n.F. zu klären, ändert aber nichts an der insolvenzrechtlichen *Pflicht*, (nur) von dem tatsächlichen Ertrag die pfändbaren Beträge abzuführen.

2. Materiell-rechtliche Konsequenzen

Nach der hier vertretenen Auffassung hat der selbständige Schuldner nach der Negativerklärung des Verwalters pfändbare Beträge entsprechend der Pfändungstabelle des § 850 c ZPO in die Insolvenzmasse zu entrichten, wobei Bemessungsgrundlage der tatsächliche Gewinn des Schuldners ist. Die Situation entspricht demnach der eines abhängig beschäftigten Schuldners. Hier haben die Unterhaltsberechtigten die Bereinigung des unterhaltsrechtlich relevanten Einkommens um die pfändbaren Beträge des § 850 c ZPO hinzunehmen.[559] Für den selbständigen, unterhaltsverpflichteten Schuldner kann dementsprechend nichts anderes gelten. In die unterhaltsrechtliche Bedarfsberechnung ist demnach nach erfolgter Negativerklärung des Verwalters der tatsächliche Gewinn des selbständigen Unterhaltsverpflichteten unter Abzug der monatlich auf dieser Grundlage zu entrichtenden Beträge analog § 850 c ZPO einzustellen.

3. Vollstreckung der unterhaltsrechtlichen Nachinsolvenzgläubiger

Unterhaltsrechtliche Nachinsolvenzgläubiger sind im Falle der Negativerklärung des Insolvenzverwalters nicht darauf angewiesen, mit den Insolvenzgläubigern um den Neuerwerb aus der selbständigen Tätigkeit des unterhaltsverpflichteten Schuldners zu konkurrieren, da dieser Neuerwerb durch die Negativerklärung gerade aus dem Insolvenzbeschlag herausgelöst wurde. Es stellt sich für die unterhaltsrechtlichen Nachinsolvenzgläubiger aber die Frage, ob diese vom Vollstreckungsverbot des § 89 Abs. 1 oder § 89 Abs. 2 InsO erfasst sind, inwiefern diese Unterhaltsberechtigten nach erfolgter Negativerklärung wegen ihrer Ansprüche daher am nicht mehr massebefangenen Neuerwerb partizipieren können. Ebenso stellt sich die Frage der Vollstreckungskonkurrenz im Hinblick auf die weiteren Nachinsolvenzgläubiger des Schuldners. Neben den Fragen der Zulässigkeit der Zwangsvollstreckung und des Vollstreckungsobjektes ist hierbei von Bedeutung, welche Einwendungen der Schuldner erheben kann und ob hierfür das Vollstreckungs- oder das Insolvenzgericht funktionell zuständig ist.

559 BGH FamRZ 2008, 137, 139 f.

a) Zulässigkeit der Vollstreckung

aa) Meinungsstand

Gemäß § 89 Abs. 1 InsO sind Zwangsvollstreckungen für Insolvenzgläubiger während des laufenden Insolvenzverfahrens unzulässig. Bei den unterhaltsrechtlichen Nachinsolvenzgläubigern handelt es sich nicht um Insolvenzgläubiger. Die herrschende Auffassung in der Literatur[560] und Rechtsprechung[561] ist sich jedoch einig, dass ein allgemeines Vollstreckungsverbot auch für Neugläubiger besteht. Unterschiede bestehen jedoch hinsichtlich der Herleitung des Vollstreckungsverbotes für Neugläubiger. Teilweise solle sich dies aus § 89 Abs. 1 InsO ergeben,[562] nach anderer Auffassung sei dies aus § 89 Abs. 2 InsO herzuleiten.[563] Diese erste Auffassung beruft sich auf den massesichernden Zweck des § 89 Abs. 1 InsO. Da das Neuvermögen nur für Insolvenzforderungen i.S.v. § 38 InsO hafte, müsse die Masse vor einem Zugriff von Nachinsolvenzgläubigern geschützt werden.[564] Nach der zweiten Auffassung bedürfe es einer besonderen Rechtfertigung, will man die Gläubiger von einer Vollstreckung ausschließen. Diese sei grundsätzlich in den Massezuordnungsregeln der §§ 38, 49, 50, 51 InsO zu suchen.[565] Nach herrschender Auffassung gelte das Vollstreckungsverbot auch für vom Insolvenzverwalter oder Treuhänder aus der Insolvenzmasse freigegebene Gegenstände.[566] Dies gelte aber nur für Insolvenzgläubiger; Neugläubiger könnten hingegen ungehindert auf

---

560 *Ahrens*, NZI 2008, 24, 25; FK-InsO/*App* § 89 Rdnr. 6; Uhlenbruck/*Uhlenbruck* § 89 InsO Rdnr. 15; MüKo-InsO/*Breuer* § 89 Rdnr. 18; *Lüke*, in: Kübler/Prütting/Bork, § 89 InsO Rdnr. 14; HK-InsO/*Eickmann* § 89 Rdnr. 13; Nerlich/Römermann/*Wittkowski* § 89 Rdnr. 4; HambK-InsO/*Kuleisa* § 89 Rdnr. 9; teilweise wird insofern differenziert, dass sich das Vollstreckungsverbot für Neugläubiger zwar nicht unmittelbar aus § 89 Abs. 1 InsO, jedoch aus § 91 Abs. 1 InsO ergebe, vgl. hierzu *Häsemeyer*, Insolvenzrecht, Rdn 10.05.

561 BGH ZInsO 2009, 818, 820; BGH NZI 2008, 50, 51; *AG* Göttingen ZVI 2007, 573, 574.

562 AG Göttingen ZVI 2007, 573, 574; FK-InsO/*App* § 89 Rdnr. 6; Uhlenbruck/*Uhlenbruck*, bis zur 12. Aufl. (2003), § 89 InsO Rdnr. 11.

563 BGH NZI 2008, 50, 51 m. (zust.) Anm. *Ahrens*; Uhlenbruck/*Uhlenbruck*, ab der 13. Auflage, § 89 InsO Rdnr. 19.

564 *Häsemeyer*, Insolvenzrecht, Rdnr. 10.01; FK-InsO/*App* § 89 Rdnr. 6.

565 *Ahrens*, NZI 2008, 24, 25.

566 BGH ZInsO 2009, 818, 820; AG Göttingen ZVI 2007, 573, 574; FK-InsO/*App* § 89 Rdnr. 6; Uhlenbruck/*Uhlenbruck* § 89 InsO Rdnr. 15; MüKo-InsO/*Breuer* § 89 Rdnr. 18; *Lüke*, in: Kübler/Prütting/Bork, § 89 InsO Rdnr. 14; HK-InsO/*Eickmann* § 89 Rdnr. 13; Nerlich/Römermann/*Wittkowski* § 89 Rdnr. 4; HambK-InsO/*Kuleisa* § 89 Rdnr. 9.

freigegebene Vermögensgegenstände zugreifen.[567] *Ahrens*, der das Vollstreckungsverbot für Neugläubiger aus § 89 Abs. 2 InsO herleiten will, ist der Auffassung, dass sich allerdings die Argumentationslast insofern umkehre, als ein Vollstreckungsverbot für Neugläubiger im Falle einer Negativerklärung gemäß § 35 Abs. 2 InsO einer besondere Rechtfertigung bedürfe.[568]

bb) Stellungnahme

Ausgangspunkt ist die Frage, ob Nachinsolvenzgläubiger im eröffneten Verfahren Zugriff auf den massefreien Neuerwerb nehmen können oder, ob das Vollstreckungsverbot des § 89 Abs. 1 oder des § 89 Abs. 2 InsO auch für den Fall einer Negativerklärung gemäß § 35 Abs. 2 InsO für (unterhaltsrechtliche) Nachinsolvenzgläubiger gilt. Es ist mit *Ahrens* davon auszugehen, dass die Massezuordnungsregelungen ein Vollstreckungsverbot zu rechtfertigen haben. Denn § 89 Abs. 1 InsO verfolgt den Zweck der Massesicherung.[569] Insolvenzgläubigern i.S.v. § 38 InsO ist demnach allein der Teil des Neuerwerbs reserviert, der auch Massebestandteil ist. Demnach würde es über den Sinn und Zweck des § 89 Abs. 1 InsO hinausgehen, würde man Nachinsolvenzgläubigern verbieten, in freigegebenes Vermögen des Schuldners zu vollstrecken. Aus § 89 Abs. 2 InsO ergibt sich, dass das für Insolvenzgläubiger geltende Verbot der Vollstreckung in künftige Forderungen aus Dienstverhältnissen auf alle nach Verfahrenseröffnung hinzukommenden Neugläubiger des Schuldners und auf Gläubiger der Unterhaltsansprüche, die gemäß § 40 Satz 1 InsO im Verfahren nicht geltend gemacht werden können, gilt.[570] Hierbei handelt es sich nicht um eine massesichernde Vorschrift; vielmehr soll der Schuldner hierdurch in der Lage sein, nach Verfahrensbeendigung seine pfändbaren Forderungen auf Bezüge aus einem Dienstverhältnis zum Zwecke der Restschuldbefreiung an den Treuhänder gemäß § 287 InsO abzutreten.[571] § 89 Abs. 2 Satz 2 InsO bestimmt wiederum eine Ausnahme für diejenigen unterhaltsrechtlichen Nachinsolvenzgläubiger, die berechtigt sind, in den Vorrechtsbereich gemäß §§ 850 d, f Abs. 2 ZPO zu vollstrecken. Gegen ein generelles Vollstreckungsverbot für Nachinsolvenzgläubiger spricht zudem die herausgearbeitete Bedeutung und Rechtsfolge der Negativerklärung. Es handelt sich um eine Art Freigabe des

567 Karsten Schmidt/*Keller* § 89 InsO Rdnr. 15, 16; Jaeger/*Meller-Hannich* § 89 InsO Rdnr. 7.

568 *Ahrens*, NZI 2008, 24, 25.

569 FK-InsO/*App* § 89 Rdnr. 2.

570 BGH NZI 2008, 50, 51.

571 FK-InsO/*App* § 89 Rdnr. 2; *Häsemeyer*, Insolvenzrecht, Rdnr. 10.01.

Vermögens, welches der gewerblichen Tätigkeit gewidmet ist, einschließlich der dazu gehörenden Vertragsverhältnisse. Die Einkünfte, welche der Schuldner von der Erklärung des Verwalters an im Rahmen dieser Tätigkeit erzielt, stehen den Gläubigern, deren Forderungen erst nach der Eröffnung des Insolvenzverfahrens entstanden sind, als Haftungsmasse zur Verfügung. Gibt es eine Haftungsmasse, ist auch ein gesondertes, zweites Insolvenzverfahren, das nur der Befriedigung der Neugläubiger dient, rechtlich möglich.[572] Der massefreie Neuerwerb steht daher erst Recht als Vollstreckungsobjekt für Nachinsolvenzgläubiger zu Verfügung. Hierfür spricht, wie bereits ausgeführt, der Sinn und Zweck des § 35 Abs. 2 InsO, welcher darin besteht, dem Schuldner einen wirtschaftlichen Neuanfang zu ermöglichen. Auf den massefreien Neuerwerb können auch die unterhaltsrechtlichen Nachinsolvenzgläubiger zugreifen. Diese sind aus § 89 Abs. 2 Satz 2 InsO nicht auf den Vorrechtsbereich (§ 89 Abs. 2 Satz 2 InsO i.V.m. § 850 d ZPO) beschränkt. Bei § 89 Abs. 2 Satz 2 InsO handelt es sich um eine Privilegierung derjenigen familienrechtlichen Gläubiger i.S.v. § 40 Satz 1 InsO, die wegen der Zuordnung des Neuerwerbs zur Insolvenzmasse nicht auf den Neuerwerb zugreifen können. In dem Sonderfall, dass der Neuerwerb aus der Massebefangenheit herausgelöst wird, muss den unterhaltsrechtlichen Nachinsolvenzgläubigern, ebenso wie den übrigen Nachinsolvenzgläubigern, der Zugriff auf das „freigegebene" Vermögen zulässig sein, denn § 89 Abs. 2 Satz 2 InsO bezweckt nicht den Schutz der (sonstigen) Nachinsolvenzgläubiger, die im Hinblick auf den aus der Insolvenzmasse herausgelösten Neuerwerb mit den unterhaltsrechtlichen Nachinsolvenzgläubigern konkurrieren. Hiervon unberührt ist der Zugriff der Unterhaltsgläubiger mit ihren nach Insolvenzeröffnung entstandenen Ansprüchen auf den für die übrigen Nachinsolvenzgläubiger unzugänglichen Bereich i.S.v. § 850 d ZPO analog.

b) Vollstreckungsobjekte

Unterhaltsrechtliche Nachinsolvenzgläubiger können, wie andere Nachinsolvenzgläubiger auch, in das Vermögen aus selbständiger Tätigkeit im Wege der Fahrnisvollstreckung vollstrecken, §§ 808 ff. ZPO. Auch hier gelten die Pfändungsschutzvorschriften des § 811 Nr. 5, 7, 10 ZPO. Daneben ist ein Zugriff

572 BGH ZInsO 2011, 1349 f.; Uhlenbruck/*Hirte* § 35 InsO Rdnr. 107; MüKo-InsO/*Lwowski/Peters* § 35 Rdnr. 75; *Holzer*, in Kübler/Prütting/Bork, § 35 InsO Rdnr. 116; FK-InsO/*Ahrens* § 287 Rdnr. 37; *Holzer*, ZVI 2007, 289, 292; *Zipperer*, ZVI 2007, 542 f.; *Berger*, ZInsO 2008, 1101, 1106; AG Hamburg ZVI 2008, 295, 296; AG Köln NZI 2010, 743, 744; a.A. AG Dresden ZVI 2009, 289 f.; LG Dresden, ZVI 2011, 179.

auf das Einkommen aus der selbständigen Tätigkeit im Wege der Forderungspfändung gemäß § 850 i ZPO möglich. Hier konkurrieren sie mit den sonstigen Nachinsolvenzgläubigern, soweit es um den nicht bevorrechtigten Bereich analog § 850 d ZPO geht.

c) Antrag gemäß § 850 i ZPO und § 850 i ZPO i.V.m. 850 d ZPO analog

aa) Zuständigkeitsfragen

Fraglich ist, ob der Antrag auf Pfändung der Einkünfte aus der „freigegebenen" Tätigkeit beim Vollstreckungsgericht oder Insolvenzgericht zu stellen ist. Eine allgemeine vollstreckungsbezogene Zuständigkeit des Insolvenzgerichtes für Entscheidungen nach § 36 Abs. 1 Satz 2 InsO besteht nicht.[573] Teilweise wird von einer allgemeinen Entscheidungskopetenz des Insolvezgerichtes in Zwangsvollstreckungssachen ausgegegangen.[574] Auch könnte hierfür wiederum das „Sachnäheargument" angeführt werden.[575] Hiergegen spricht aber, dass sich der Gegesetzgeber gegen eine allgemeine Zuständigkeitskompetenz des Insolvenzgerichtes ausgesprochen hat. Gegen die Zuständigkeitskompetenz des Insolvenzgerichtes spricht außerdem, dass Vermögen aus der selbständigen Tätigkeit gemäß § 35 Abs. 2 InsO vom Insolvenzbeschlag gerade herausgelöst worden ist. Das „Sachnäheargument" vermag nicht zu überzeugen, da die Negativerklärung als Gesamterklärung anzusehen ist, mit welcher die Herauslösung sämtlichen, auch bereits vorhandenen Betriebsvermögens, welches der Schuldner für die Ausübung seiner selbständigen Tätigkeit benötigt, verbunden ist. Eine „Sachnähe" des Insolvenzgerichtes ist folglich nicht vorhanden. Ebenso ist § 850 d ZPO in der Vorschrift des § 36 Abs. 1 Satz 2 InsO nicht erwähnt, weswegen bereits unterschiedliche Ansichten hinsichtlich der Zuständigkeit des Insolvenzgerichtes im Fall der Positiverklärung vertreten werden.[576]

Ebensowenig ist das Insolvenzgericht für die Einwendungen des Schuldners gegen die bevorrechtigte Pfändung eines unterhaltsrechtlichen Neugläubigers nach erfolgter Negativerklärung gemäß § 35 Abs. 2 InsO zuständig. Auch hier spricht gegen das „Sachnäheargument", welches für den Fall einer Positiverklärung für eine Kompetenz des Insolvenzgerichtes spricht, dass sich wegen

573 A/G/R-*Ahrens* § 36 InsO Rdnr. 91.

574 FK-InsO/*Schmerbach* § 2 Rdnr. 8.

575 Vgl. BGH ZInsO 2008, 39 f.

576 Vgl. unter Teil 2 I 5 d) bb).

der Wirkung der Negativerklärung gemäß § 35 Abs. 2 InsO keine gespaltene Zuständigkeit ergeben kann.

Das Vollstreckungsgericht ist daher sowohl ausschließlich zuständig für den erweiterten Zugriff auf das Vermögen des Schuldners nach erfolgter Negativerklärung gemäß § 35 Abs. 2 InsO, als auch für Einwendungen des Schuldners gegen die Zwangsvollstreckung gemäß § 850 i ZPO bzw. § 850 i ZPO i.V.m. § 850 d ZPO analog.

bb) Ermessensgesichtspunkte gemäß § 850 i Abs. 1 Satz 2 und 3 ZPO

Gemäß § 850 i Abs. 1 Satz 2 und 3 ZPO sind bei der Entscheidung die wirtschaftlichen Verhältnisse des Schuldners, insbesondere seine sonstigen Verdienstmöglichkeiten, frei zu würdigen. Der Antrag des Schuldners ist insoweit abzulehnen, als überwiegende Belange des Gläubigers entgegenstehen. Hinsichtlich einer erfolgten Positiverklärung wurde die Ansicht vertreten, dass eine Abwägung hinsichtlich sonstiger Verdienstmöglichkeiten nicht in Betracht kommt, da dies zu einer Ungleichbehandlung des selbständigen Schuldners mit dem nicht Selbständigen führen würde. Nach einer Negativerklärung kann nicht anderes gelten, da sich die verfassungswidrige Ungleichbehandlung bereits aus dem Vollstreckungsrecht ergibt, welches dem nicht Selbständigen einen „ex ante-Schutz“ bewilligt, dem Selbständigen hingegen nicht.

Für die Zulässigkeit einer Abwägung mit Einzelbelangen des pfändenden Gläubigers spricht, dass sich der Vollstreckungszugriff außerhalb des Insolvenzverfahrens vollzieht; die Interessen der gesamten Insolvenzgläubigerschaft den Interessen des Schuldners nicht entgegenstehen und sich vollstreckungsrechtlich das Verhältnis allein zwischen dem Schuldner und dem zu pfändenden Gläubiger vollzieht. Allerdings darf die Einzelabwägung nicht zu einer Ungleichbehandlung des selbständigen Schuldners mit dem nicht selbständigen Schuldner führen, da eine verfassungskonforme Auslegung des § 850 i ZPO im Lichte von Art. 3 Abs. 1 GG eine Gleichbehandlung des selbständigen mit dem nicht selbständigen Schuldner gebietet. Solange dem hinreichend Rechnung getragen wird, steht einer Einzelabwägung nichts entgegen.

III. Die selbständige Tätigkeit in der Treuhandperiode

Hat der Schuldner die Erteilung der Restschuldbefreiung beantragt und ist ihm diese gemäß § 291 InsO angekündigt worden, so hat er in der Treuhandperiode die in § 295 InsO normierten Anforderungen zur Erlangung der Restschuldbefreiung zu erfüllen.[577] Oberstes Gebot hierbei ist wiederum die Ausübung einer angemessenen Erwerbstätigkeit bzw. bei Erwerbslosigkeit, sich um eine solche zu bemühen sowie keine zumutbaren Tätigkeiten abzulehnen, § 295 Abs. 1 Nr. 1 InsO. Für den Fall der Ausübung einer selbständigen Tätigkeit ordnet § 295 Abs. 2 InsO an, dass es dem Schuldner obliegt, die Gläubiger durch Zahlungen an den Treuhänder so zu stellen, wie wenn er ein angemessenes Dienstverhältnis eingegangen wäre. Aus § 295 Abs. 2 InsO ist demnach herauszulesen, dass der Schuldner grundsätzlich die Wahl hat, wie dies schon Art. 12 Abs. 1 GG[578] gebietet, ob er einer selbständigen oder unselbständigen Tätigkeit nachgeht.[579] Für den Fall der tatsächlichen Ausübung einer selbständigen Tätigkeit, ist § 295 Abs. 2 InsO lex specialis zu § 295 Abs. 1 InsO,[580] genauer gesagt jedoch nur in der ersten Alternative des § 295 Abs. 1 Nr. 1 InsO. Denn wenn der selbständige Schuldner in der Wohlverhaltensphase erkennt, dass er mit der von ihm ausgeübten selbständigen Tätigkeit nicht genug erwirtschaftet, um seine Gläubiger so zu stellen, als übe er eine entsprechende abhängige Tätigkeit aus, braucht er seine selbständige Tätigkeit zunächst nicht aufzugeben. Er muss sich dann aber - ebenso wie ein beschäftigungsloser Schuldner - gemäß § 295 Abs. 1 Nr. 1 InsO nachweisbar um eine angemessene Erwerbstätigkeit bemühen, um den Verschuldensvorwurf zu entkräften.[581] Hintergrund dieser allein für den Selbständigen geltenden Obliegenheit ist, dass die für den abhängig beschäftigten Schuldner vorgesehene Abtretungserklärung des § 287 Abs. 2 InsO bei Einkünften aus selbständiger Tätigkeit nicht greift.[582] Das Versagungsantragsverfahren des § 296 InsO stellt das Instrumentarium der Sanktionierung der vom Schuldner verschuldeten Obliegenheitsverletzung dar.

577 FK-InsO/*Ahrens* § 295 Rdnr. 1.

578 FK-InsO/*Ahrens* § 295 Rdnr. 72.

579 FK-InsO/*Ahrens* § 295 Rdnr. 62; vgl. auch *Häsemeyer*, Insolvenzrecht, Rdnr. 26.52; MüKo-InsO-*Ehricke* § 295 Rdnr. 5.

580 A/G/R-*Weinland* § 295 InsO Rdnr. 14.

581 BGH ZInsO 2009, 1217; BGH ZInsO 2011, 1301, 1302 f.: 2–3 Bewerbungen pro Woche; AG München ZVI 2005, 384 f.; *Grote*, ZInsO 2004, 1105, 1107; Uhlenbruck/*Vallender* § 295 InsO Rdnr. 73;FK-InsO/*Ahrens* § 295 Rdnr. 64; HambK-InsO/*Streck* § 295 Rdnr. 26; HK-InsO/*Landfermann* § 295 Rdnr. 12.

582 RegE, BT-Drucks. 12/2443, 192 f.; FK-InsO-*Ahrens* § 295 Rdnr. 72; HK-InsO/*Landfermann* § 295 Rdnr. 4; MüKo-InsO/*Ehricke* § 295 Rdnr. 103; A/G/R-*Weinland* § 295 Rdnr. 42; *Wischemeyer*, ZInsO 2010, 2068, 2070. Der Schuldner hat die Erklärung gemäß § 287 Abs. 2 InsO jedoch auch im Falle einer selbständigen Tätigkeit bei Antragstellung zu unterzeichnen, da ansonsten nicht sicher gestellt wäre, dass diese zum Zuge käme, falls er im Laufe des Verfahrens eine abhängige Beschäftigung aufnimmt; vgl. Uhlenbruck/*Vallendar* § 295 InsO Rdnr. 65.

1. Meinungsstand

Abgesehen von der Konturierung eines hypothetischen, angemessenen Dienstverhältnisses und der damit verbundenen Frage nach der Höhe der vorzunehmenden Zahlungen, wird darüber diskutiert, ab wann die Obliegenheit einsetzt sowie, wann die Zahlungen an den Treuhänder, ggf. mit Ausgleich eines Zinsverlustes, zu zahlen sind sowie, ob ein Rechtsschutzbedürfnis für ein Zwischenfestsetzungsverfahren besteht, falls Streit über die genaue Höhe der zu leistenden Zahlungen besteht. Schließlich ist von Belang, wie sich der Selbständige zu verhalten hat, wenn seine Selbständigkeit ihn nicht in die Lage versetzt, Zahlungen an die Gläubiger zu leisten, sowie die Frage, ob der Schuldner einen etwaigen Mehrerlös für sich behalten kann. Diese streitigen Fragen beeinflussen auch die Nachinsolvenzforderungen der Unterhaltsberechtigten. Wenn der Verpflichtete aufgrund der Obliegenheit des § 295 Abs. 2 InsO „fiktive" Beträge zu leisten hat, er anderenfalls seine Restschuldbefreiung gefährdet, ist für die Berechtigten von Bedeutung, ob und ggf. wie sich diese zu leistenden Beträge auf die unterhaltsrechtliche Bedarfsberechnung auswirken. Insofern bedarf es einer Gegenüberstellung der insolvenzrechtlichen Obliegenheit gemäß § 295 Abs. 2 InsO mit den unterhaltsrechtlichen Obliegenheiten. Ebenso ist von Belang, wie die unterhaltsrechtlichen Nachinsolvenzgläubiger in der Treuhandperiode ihre Ansprüche vollstreckungsrechtlich durchsetzen können. Hinsichtlich der Frage, *wann* Beträge zu leisten sind, hat dies möglicherweise auch für die unterhaltsrechtlichen Nachinsolvenzgläubiger eine Bedeutung, da die zu leistenden Beträge ggf. das unterhaltsrechtlich relevante Einkommen des Verpflichteten bereinigen.

a) Obliegenheiten des Selbständigen in der Treuhandphase

aa) Normzweck der Obliegenheiten gemäß § 295 InsO

Bei den Anforderungen des § 295 InsO handelt es sich um materielle Obliegenheiten und nicht um Pflichten des Schuldners. Obliegenheiten sind Anforderungen, die im eigenen Interesse liegen. Sie lösen keine Schadensersatzansprüche aus. Ein Verstoß führt vielmehr zu einem Rechtsverlust des Belasteten. Dieser setzt sich der Gefahr eines Versagungsantrages gemäß § 296 InsO aus, wenn die Obliegenheitsverletzung schuldhaft begangen wurde und hierdurch die Gläubigerbefriedigung beeinträchtigt wurde.[583] Sinn und Zweck der in §§ 295, 296 InsO normierten Obliegenheiten wird teilweise unterschiedlich betrachtet. Einigkeit besteht insofern, als

---

583 A/G/R-*Weinland* § 295 InsO Rdnr. 4.

dass die Anforderungen der Vorschriften bestmöglich zur Gläubigerbefriedigung beitragen sollen.[584] Durch die Versagungsregeln soll beim Schuldner die Motivation bewirkt werden, das künftige Einkommen nach Kräften einzusetzen.[585] Darüber hinaus wird durch das formalisierte Verfahren zur Versagung der Restschuldbefreiung und der konkreten Normierung der Obliegenheiten klargestellt, welche Anforderungen der Schuldner genau erfüllen muss, um in den Genuss der Restschuldbefreiung zu gelangen. Der Schuldner weiß, worauf er sich „einlässt" und was von ihm erwartet wird.[586] Die §§ 295, 296 InsO schaffen dementsprechend einen angemessenen Ausgleich zwischen Gläubiger – und Schuldnerinteressen.[587]

Teilweise wird aus den §§ 295, 296 InsO ebenfalls eine pönale[588] bzw. pädagogische[589] Zielsetzung abgeleitet.

Letzteres widerspricht jedoch dem in § 296 InsO aufgestellten Kriterium der erforderlichen Beeinträchtigung der Gläubigerbefriedigung. Anders als bei den insolvenzrechtlichen Pflichten des § 290 Abs. 1 InsO kommt es bei der Verletzung der in § 295 InsO normierten Obliegenheiten nicht allein auf den „Taterfolg" i.S. der Verwirklichung eines bestimmten sanktionierten Sachverhaltes an. Der Schuldner hat nur dann den Verlust der in Aussicht gestellten Restschuldbefreiung zu fürchten, wenn die Gläubiger durch sein Verhalten konkret messbar schlechter gestellt wurden. Hinzu kommt, dass das Restschuldbefreiungsversagungsverfahren nur auf Antrag eines Gläubigers stattfindet. Ebenso spricht gegen eine solche Auslegung der Wesentlichkeitsgrundsatz. Bei ganz unwesentlichen Verstößen soll demnach die Versagung der Restschuldbefreiung ausscheiden.[590]

Dem pönalen bzw. pädagogischen Charakter der Obliegenheiten des § 295 InsO widerspricht zudem, dass es mit der Verfassung in Einklang steht, die sich aus Art. 2 Abs. 1 GG ergebenden Schuldnerinteressen an den Erteilung der Restschuldbefreiung durch das System der Restschuldbefreiung näher

---

584 „Befriedigungsfunktion", vgl.: *Ahrens*, in: Gottwald, Handbuch Insolvenzrecht, § 78 Rdnr. 16.

585 „Anreizfunktion", vgl.: FK-InsO/*Ahrens* § 295 Rdnr. 2.

586 „Typisierungsfunktion", vgl.: FK-InsO/*Ahrens* § 295 Rdnr. 2.

587 *Wimmer*, BB 1998, 386, 387; FK-InsO/*Ahrens* § 295 Rdnr. 2.

588 MüKo-InsO/*Ehricke* § 295 Rdnr. 2: Der Schuldner habe seine „durch die Insolvenz aus Sicht des Wirtschaftsverkehrs entstandene „Scharte" auszuwetzen und einen gewissen Lernprozess durchzustehen, um als kreditwürdiger Akteur in das Wirtschaftsleben zurückzukehren."

589 AG Regensburg ZVI 2004, 499 f.

590 Vgl. Begründung des Rechtsausschusses BT-Drucks. 12/7302 S. 188; FK-InsO/*Ahrens* § 296 Rdnr. 18 m.w.N.

auszugestalten.[591] Das Interesse des Schuldners wiederum muss mit den Gläubigerinteressen abgewogen werden. Dies steht jedoch nur dann in einem abgewogenen Verhältnis, wenn der Schuldner nicht (über das Ziel der bestmöglichen Gläubigerbefriedigung hinaus) für ein Verhalten bestraft wird, was nicht in einem Kausalzusammenhang zur Gläubigerbeeinträchtigung steht.

bb) Obliegenheiten des Selbständigen gemäß § 295 Abs. 2 InsO und § 295 Abs. 1 Nr. 2 und 3. Alt. InsO

Der Schuldner soll sich in der Treuhandphase nach Kräften bemühen, die Gläubiger so weit wie möglich zu befriedigen.[592]

Übt der Schuldner eine nicht selbständige Tätigkeit aus, so muss diese *angemessen* sein, § 295 Abs. 1 Nr. 1 1. Alt.InsO. Auch im Fall der selbständigen Tätigkeit wird auf die Angemessenheit der Tätigkeit rekurriert: die zu leistenden Zahlungen haben einem *angemessenen* Dienstverhältnis zu entsprechen, § 295 Abs. 2 HS 2 InsO. Bei dem Tatbestandsmerkmal der Angemessenheit handelt es sich um einen unbestimmten Rechtsbegriff, der durch Auslegung zu konturieren ist.[593] Die Gesetzesbegründung hält sich im Rahmen des § 295 Abs. 2 InsO mit Definitionen zurück und gibt als Auslegungshilfe für die Angemessenheit lediglich die Ausbildung und die Vortätigkeiten an.[594]

Wenzel[595] hält es für sachgerecht im Rahmen der Angemessenheitsprüfung den Lohn zu fingieren, den der Schuldner verdienen würde, wenn er die *konkret* ausgeübte Selbständigkeit abhängig verrichten würde. Hierfür sei anzuführen, dass, wenn die grundsätzlich zulässige selbständige Tätigkeit angemessen sei, dies auch für die Einkünfte aus der selbständigen Tätigkeit gelten müsse. Anderenfalls würde dem Schuldner das Risiko aus der Selbständigkeit aufgebürdet, was die Wahlfreiheit des Schuldners, eine selbständige oder unselbständige Tätigkeit aufzunehmen, konterkarieren würde. Dies würde letztlich auch den Gläubigerinteressen widersprechen, die an einem Erfolg des Schuldners nicht partizipieren würden.

Hiergegen spricht zunächst der eindeutige Gesetzeswortlaut und die Gesetzesbegründung[596], was auch Wenzel konstatiert.[597] Es entspricht auch gerade

591 BVerfG ZVI 2004, 126, 127 f.

592 BT-Drucks. 12/2443, S. 192.

593 BT-Drucks. 12/2443 S. 192 f. und BT-Drucks. 12/7302, S. 188.

594 *Grote*, ZInsO 2004, 1105.

595 NZI 1999, 15, 17 f. ; *ders.*, in: Kübler/Prütting/Bork,§ 295 InsO Rdnr. 15a.

596 BT- Drucks. 12/2443, S. 192.

597 *Wenzel*, NZI 1999, 1517.

dem Gesetzeszweck, das Risiko der Selbständigkeit in der Wohlverhaltensphase dem Schuldner aufzuerlegen.[598] Dies korrespondiert mit der Erwerbsobliegenheit in der Treuhandperiode, welche selbständigen und unselbständigen Schuldner gleichermaßen trifft.

Die überwiegende Ansicht stellt daher nicht auf die konkrete selbständige Tätigkeit ab. Maßgebend sei vielmehr das hypothetische Einkommen aus einem nicht notwendigerweise der selbständigen Tätigkeit entsprechenden Dienstverhältnis.[599] Grundlage für ein angemessenes Dienstverhältnis seien Ausbildung und Vortätigkeit; die Bemessung erfolge nach dem in abhängiger Stellung gezahlten Tariflohn oder der sonstigen üblichen Vergütung.[600] Als Maßstab könne sich auch der BAT eignen.[601] Angemessen sei daher nur eine dem Schuldner *mögliche* abhängige Tätigkeit.[602]

Die Angemessenheit gemäß § 295 Abs. 2 InsO sei dabei nach den Kriterien zu ermitteln, die auch im Rahmen des § 295 Abs. 1 Nr. 1 InsO herangezogen würden.[603]

Soweit im Rahmen des § 295 Abs. 2 InsO auf die hinsichtlich § 295 Abs. 1 Nr. 1 InsO entwickelten Kriterien abzustellen sei, würden diese zudem dadurch konkretisiert, dass die Erwerbsanforderungen dem konkreten gegenwärtigen Lebenszuschnitt des Schuldners entsprechen müssten.[604] Neben der beruflichen Ausbildung und der bisherigen Tätigkeit seien demnach auch die Entwicklungschancen am Arbeitsmarkt sowie die persönlichen Verhältnisse zu berücksichtigen. So könne der Gesundheitszustand die Erwerbsfähigkeit ganz oder teilweise ebenso ausschließen wie das Erreichen des Rentenalters gemäß §§ 35 SGB VI.[605]

---

598 LG Siegen JurBüro 2009, 209; FK-InsO/*Ahrens* § 295 Rdnr. 78.

599 BGH ZInsO 2013, 405, 406; BGH ZInsO 2011, 1301, 1302; BGH ZInsO 2006, 547 f.

600 PK-H-W-F/*Schmerbach* § 295 InsO Rdnr. 5.3.7.2.

601 BGH ZInsO 2009, 1217.

602 BGH ZInsO 2009, 1217: Keine Möglichkeit, wenn der Schuldner wegen Alters und der problematischen Verhältnisse am Arbeitsmarkt nicht die Möglichkeit gehabt hätte, in ein angemessenes abhängiges Beschäftigungsverhältnis zu wechseln, bei dem er ein höheres pfändbares Einkommen hätte erzielen können.

603 FK-InsO/*Ahrens* § 295 Rdnr. 78; Graf-Schlicker/*Kexel* § 295 InsO Rdnr. 19; KS-InsO/*Fuchs*, 2. Aufl., S. 1741 Rdnr. 181; MüKo-InsO/*Ehricke* § 295 Rdnr. 106; kritisch: *Schmerbach*, ZVI 2003, 256, 257 f., der es nicht für sachgerecht hält, diese Kriterien anzuwenden, ohne jedoch andere Kriterien vorzuschlagen.

604 FK-InsO/*Ahrens* § 295 Rdnr. 15.

605 FK-InsO/*Ahrens* § 295 Rdnr. 15.

Nach herrschender Meinung[606] handelt es sich bei der Obliegenheit des § 295 Abs. 2 InsO um ein lex specialis zur Erwerbsobliegenheit des § 295 Abs. 1 Nr. 1 1. Alt. InsO. Dies bedeutet, dass im Falle unauskömmlichen Erwerbs aus selbständiger Tätigkeit der Schuldner seine selbständige Tätigkeit nicht aufgeben muss. Er ist jedoch gehalten, sich aktiv und ernsthaft um eine Arbeitsstelle zu bemühen, etwa durch stetige Lektüre einschlägiger Stellenanzeigen und durch entsprechende Bewerbungen. Als ungefähre Richtgröße können zwei bis drei Bewerbungen in der Woche gelten, sofern entsprechende Stellen angeboten werden.[607]

Für die herrschende Meinung spricht, dass § 295 Abs. 2 InsO nicht zu entnehmen ist, dass hierdurch die Obliegenheiten des § 295 Abs. 1 Nr. 1 InsO vollumfänglich ersetzt werden sollen. Dies würde auch zu einer Ungleichbehandlung des selbständigen Schuldners mit dem unselbständigen Schuldner führen, was Art. 3 Abs. 1 GG entgegenstehen würde. Beim nicht Selbständigen wird die Erwerbslosigkeit in der Treuhandphase hingenommen, wenn dieser Bemühungen zeigt, diese zu beseitigen. Dies muss dem Selbständigen ebenfalls eingeräumt werden, da kein sachlicher Grund für eine diesbezügliche Ungleichbehandlung besteht. Fraglich ist, ob die Anforderungen von zwei bis drei Bewerbungen pro Woche eine zumutbare Zahl ist, der gebotenen Gläubigerbefriedigung beim Schuldner Nachdruck zu verleihen. Zu denken wäre an eine weitergehende Anzahl, etwa wie bei der gesteigerten Erwerbsobliegenheit des Unterhaltsverpflichteten gemäß § 1603 BGB[608]. Hiergegen spricht aber, dass an die Erwerbsbemühungen eines gesteigert Unterhaltsverpflichteten deshalb hohe Anforderungen gestellt werden, da dieser den laufenden Mindestunterhalt eines minderjährigen Kindes sicher zu stellen hat. Der Schuldner, der die Restschuldbefreiung anstrebt, möchte sich hingegen von Verbindlichkeiten für zurückliegende Zeiträume befreien.

Nach allgemeiner Meinung[609] ist im Rahmen des § 295 Abs. 1 Satz 1 InsO zudem § 1570 BGB als Konkretisierungshilfe heranzuziehen. Ist die Schuldnerin oder der Schuldner demnach wegen der Kinderbetreuung an einer vollzeitlichen Erwerbstätigkeit gehindert, sei demnach auf die von der familienrechtlichen

---

606 BGH NZI 2012, 721 f.; BGH NZI 2011, 596; Nerlich-Römermann/*Römermann* § 295 InsO Rdnr. 44; Braun/*Lang* § 295 InsO Rdnr. 18; PK-H-W-F/*Schmerbach* § 296 InsO Rdnr. 27; A/G/R-*Weinland* § 295 InsO Rdnr. 14.

607 BGH NZI 2012, 721 f.

608 Vgl. z.B. OLG Jena NJW-RR 2004, 76, 77: 20–30 Bewerbungen pro Monat.

609 BGH ZInsO 2010, 105, 106; FK-InsO/*Ahrens* § 295 Rdnr. 16; Uhlenbruck/*Vallender* § 295 InsO Rdnr. 27; Graf-Schlicker/*Kexel* § 295 InsO Rdnr. 8; MüKo-InsO/*Ehricke* § 295 Rdnr. 46.

Rechtsprechung zur Erwerbsobliegenheit im Rahmen des Betreuungsunterhaltes entwickelten Kriterien zurückzugreifen.

Bislang nicht in den Diskurs eingebracht, - trotz der von der herrschenden Meinung vorgenommenen Heranziehung der im Rahmen des § 295 Abs. 1 Nr. 1 InsO entwickelten Kriterien – ist die Frage, ob auch hinsichtlich § 295 Abs. 2 InsO auf § 1570 BGB und die hierzu entwickelten Kriterien zurückzugreifen ist, wenn die selbständige Schuldnerin bzw. der selbständige Schuldner neben der Selbständigkeit Kinder betreut.

Fraglich ist, ob die Heranziehung des § 1570 BGB als Konkretisierungshilfe zur Ermittlung der Anforderungen an die Erwerbsfähigkeit eines Schuldnes in der Treuhandperiode der *ratio legis* des Restschuldbefreiungsverfahrens entspricht. § 1570 BGB stellt den praktisch wichtigsten Unterhaltsanspruch dar, den das Gesetz einem Elternteil wegen der Betreuung minderjähriger Kinder gewährt.[610] Hiergegen könnte eingewendet werden, dass es dem kinderbetreuenden Schuldner freistehe, ob er Kinder betreut oder die Restschuldbefreiung erreichen will. Allerdings ist der Betreuungsunterhalt Ausfluss des in Art. 6 Abs. 2 GG normierten Elternrechts[611]. Dieses verfassungsrechtlich geschützte Recht muss grundsätzlich auch durch die Regelungen des Insolvenz – und Restschuldbefreiungsrechts beachtet werden. Daher muss dem die Kinder betreuenden Schuldner zunächst einmal grundsätzlich das Recht eingeräumt werden, beides - Kinder zu betreuen und von seinen Schulden befreit zu werden - in Einklang zu bringen. Hinzu kommt, dass die Restschuldbefreiung - wie dargelegt - auch den Interessen der Unterhaltsberechtigten dient. Wie festgestellt steht dieser, für die Unterhaltsberechtigten vorteilhafte Zweck, mit der Gegenwartsbezogenheit der Unterhaltsschuld in Einklang. Eine Aberkennung einer unterhaltsrechtlich anerkannten Kinderbetreuung würde dem widersprechen.

---

610 Beck-OK/*Beutler* § 1570 BGB Rdnr. 1.

611 BVerfGE 118, 45–79: Hier stellt das BVerfG fest, dass die Ungleichbehandlung ehelicher (§ 1570 BGB a.F. mindestens drei Jahre) mit nicht ehelichen Kindern (§ 1615 l BGB a.F. sechs Wochen vor und acht Wochen nach der Geburt) gegen Art. 6 Abs. 5 GG verstößt, woraufhin der Gesetzgeber die Angleichung beider Betreuungsunterhaltsansprüche gleichlautend in § 1570 BGB n.F. durch das Gesetz zur Änderung des Unterhaltsrechts vom 21.12.2007 (BGBl I S 3189) vorgenommen hat. Im Unterschied zum bisherigen Wortlaut normiert § 1570 BGB in bewusster Abkehr von dem durch die Rechtsprechung entwickelten Altersphasenmodell einen gestuften Anspruch mit einem bis zum dritten Lebensjahr befristeten Basisunterhalt, der sich nach Maßstab der Billigkeit aus kindes- oder elternbezogenen Gründen verlängert.

Aus demselben Grund muss die Kinderbetreuung auch beim selbständigen Schuldner anerkannt werden. Die festgestellte, gebotene Gleichbehandlung i.S.v Art. 3 Abs. 1 GG beider Einkommensarten muss dazu führen, dass im Rahmen des hypothetischen Einkommens aus nicht selbständiger Tätigkeit auf die Belange zu betreuender Kinder ebenfalls gemäß § 1570 BGB Rücksicht genommen wird.

b) Höhe der Zahlungen

Mit Aufhebung des Insolvenzverfahrens erfolgt der Paradigmenwechsel. In der Restschuldbefreiungsphase ist nun nicht der tatsächliche Verdienst aufgrund realen Gewinns, sondern der fiktive Erwerb des Schuldners alleinige Grundlage für die Bemessung des Abführungsbetrages. Wurde nach den soeben dargestellten Kriterien das hypothetische, angemessene Dienstverhältnis, ggf. unter Berücksichtigung von Kindesbetreuung auf Teilzeitbasis, ermittelt, so ist entsprechend §§ 292 Abs. 1 Satz 3, 36 Abs. 1 Satz 2 InsO, 850 ff. ZPO der konkrete pfändbare Betrag unter Berücksichtigung unterhaltsberechtigter Personen zu ermitteln.[612] Hat die unterhaltsberechtigte Person eigene Einkünfte, so ist entsprechend § 850 c IV ZPO ein Antrag auf Nichtberücksichtigung des Treuhänders ebenfalls zu fingieren.[613]

Nach überwiegender Auffassung in der Literatur darf der Schuldner einen Mehrgewinn aus selbständiger Tätigkeit für sich behalten.[614] Nach teilweiser Auffassung in der Rechtsprechung soll ein Mehrerlös dem Schuldner hingegen nicht zustehen.[615] Die letzte Meinung ist jedoch mit dem gesetzgererischen Willen, die Selbständigkeit in der Treuhandperiode vom tatsächlichen Verdienst abzukoppeln und stattdessen ein Obliegenheitssystem zu installieren, nicht in Einklang zu bringen. Wenn der Schuldner zudem das Risiko der Selbständigkeit trägt, muss ihm im Fall des wirtschaftlichen Erfolges auch der Mehrgewinn verbleiben. Denn für den Fall, dass sein Ertrag aus der Selbständigkeit unterhalb dessen liegt, was der Schuldner aus abhängiger Beschäftigung erzielen könnte, verbleibt es ebenfalls bei der Obliegenheit des § 295 Abs. 2 InsO.[616]

---

612 *Schmerbach*, ZVI 2003, 256, 260 ff.; *Grote*, ZInsO 2004, 1105, 1107,1109; FK-InsO/*Ahrens* § 295 Rdnr. 78.

613 *Grote*, ZInsO 2004, 1105, 1107.

614 *Schmerbach*, ZVI 2003, 256, 260; *Grote*, ZInsO 2004, 1105, 1109; FK-InsO/*Ahrens* § 295 Rdnr. 78; Uhlenbruck/*Vallender* § 295 InsO Rdnr. 76, HK-InsO/*Landfermann* § 295 Rdnr. 12.

615 AG München, ZVI 2005, 384 f.

616 *Grote*, ZInsO 2004, 1105, 1110.

c) Zeitlicher Anwendungsbereich

Die Obliegenheiten des § 295 InsO treffen den Schuldner ab Aufhebung des Insolvenzverfahrens und Ankündigung der Restschuldbefreiung.[617] Teilweise wird vertreten, dass der Zeitpunkt der Bekanntgabe hierbei entscheidend sei.[618] Nach höchstrichterlicher Rechtsprechung kommt es hingegen auf den Zeitpunkt der Beschlussfassung an.[619] Der Schuldner habe die Obliegenheiten jedoch erst ab dem Zeitpunkt einzuhalten, in dem er von dem Ankündigungsbeschluss und somit von den Anforderungen Kenntnis erlangt habe; offen sei hierbei aber, ob die Anforderungen erst mit Rechtskraft der Beschlüsse gelten.[620]

Dem BGH ist zuzustimmen, wenn er auf die Kenntnis der Beschlüsse abstellt. Der Schuldner muss sich über die von ihm verlangten Anforderungen Kenntnis verschaffen können, nur dann ist ihm auch zumutbar, sich den Obliegenheiten entsprechend zu verhalten.

d) Zahltermine

Umstritten ist ferner, wann der selbständige Schuldner in der Treuhandphase Zahlungen an den Treuhänder zu leisten hat. Während die überwiegende Auffassung[621] aus der fehlenden Normierung eines konkreten Zahltermines schließt, dass sich der Schuldner hiermit bis zum Ende der Wohlverhaltensphase Zeit lassen könne, um sodann seine gesamten addierten Leistungen zu erbringen, hält es die Gegenmeinung für sachgerecht, dass der Schuldner zumindest jährliche Leistungen zu erbringen habe.[622] Dies folge aus der gebotenen Gleichbehandlung der Gläubiger. In der Gesetzesbegründung[623] komme klar zum Ausdruck, dass der Schuldner die Gläubiger nicht schlechter stellen dürfe, als wenn er ein

---

617 BGH ZInsO 2010, 1496 f. ; A/G/R-*Weinland* § 295 InsO Rdnr. 8.

618 Uhlenbruck/*Knof* § 200 InsO Rdnr. 6; HambK-InsO/*Press* § 200 Rdnr. 5; MüKo-InsO/*Hintzen* § 200 Rdnr. 17.

619 BGH ZInsO 2010, 1496 f.

620 BGH ZInsO 2010, 345, 346.

621 LG Bayreuth ZInsO 2009, 1555 f.; LG Potsdam, ZInsO 2010, 252, 253; AG Charlottenburg ZInsO 2009, 1219 f.; AG Göttingen ZVI 2011, 466; MüKo-InsO/*Ehricke* § 295 Rdnr. 112; Uhlenbruck/*Vallender* § 295 InsO Rdnr. 71; Nerlich/Römermann/*Römermann* § 295 InsO Rdnr. 45; HambK-InsO/*Streck* § 295 Rdnr. 27; *Trendelenburg*, ZInsO 2000, 437, 438; *Schmerbach*, ZVI 2003, 256, 260 f.

622 A/G/R-*Weinland* § 295 InsO Rdnr. 17; *Wenzel*, in Kübler/Prütting/Bork, § 295 InsO Rdnr. 17b.

623 BT-Drucks. 12/2443.

Angestelltenverhältnis ausübe. Im Falle einer abhängigen Beschäftigung erhielten die Gläubiger gemäß § 292 Abs. 1 InsO jährliche Zahlungen. Der BGH hat sich der letzt genannten Ansicht angeschlossen.[624] Er begründet dies einerseits mit dem Sanktionscharakter der §§ 295, 296 InsO. Wenn der Schuldner berechtigt sei, die Zahlungen erst am Ende der Treuhandphase zu erbringen, wird man ihm nicht vorwerfen können, dass er wegen einer Einkommensverschlechterung, für die ihn kein Verschulden i.S.v. § 296 InsO treffe, hierzu (am Ende) nicht in der Lage sei. Den Gläubigern wäre es zudem praktisch unmöglich, das Verhalten des Schuldners zu kontrollieren und einen Versagungsantrag glaubhaft zu machen, so dass das System des Versagungsverfahrens gemäß §§ 295 Abs. 2, 296 InsO praktisch ad absurdum geführt würde. Würde dem Selbständigen gestattet sein, am Ende die Zahlungen zu erbringen, würde ihm ein Verschulden kaum nachweisbar sein; die Obliegenheit, im Falle unauskömmlichen Erwerbs Bewerbungsbemühungen zu entfalten, würde leer laufen.[625] Habe sich gegen Ende der Treuhandphase der Ertrag wesentlich verschlechtert, so dass keine Rücklagen mehr zur Zahlung an den Treuhände verfügbar seien, so dürfte dies zudem entschuldbar sein. Im Falle einer jährlichen Zahlweise wären die Gläubiger zudem teilweise befriedigt. Hierdurch würden dann nicht die Gläubiger das Risiko der Selbständigkeit tragen, da dies auch nach dem Willen des Gesetzgebers der Schuldner tragen solle.[626]

Für die Auffassung des BGH spricht, dass sich den Materialien nicht entnehmen lässt, dass eine Zahloption am Ende der Treuhandperiode dem selbständigen Schuldner eingeräumt werden sollte und somit eine wesentliche Besserstellung des Selbständigen bezweckt war. Wie bereits festgestellt, handelt es sich bei der Vorschrift des § 295 Abs. 2 InsO um ein lex specialis zu § 295 Abs. 1 Nr. 1 1. Alt. InsO. Daraus folgt die Obliegenheit des Selbständigen, sich im Falle unauskömmlichen Erwerbs um eine abhängige Beschäftigung zu bemühen. Diese würde durch die Gegenauffassung bedeutungslos sein, was dem Willen des Gesetzgebers widerspricht.

Hinzu kommt noch ein Weiteres: in den bisherigen Diskurs wurde den Unterhaltsverpflichteten des selbständigen Schuldners in der Wohlverhaltensphase wenig Beachtung geschenkt. In diesem Zusammenhang ist auch für den Schuldner eine jährliche Zahlweise sachdienlich. Das unterhaltsrechtlich relevante Einkommen

624 BGH ZInsO 2012, 1488, 1489.
625 BGH ZInsO 2012, 1488, 1489 f.
626 BGH ZInsO 2012, 1488, 1490.

orientiert sich am Bruttoeinkommen[627], hiervon sind jedoch die unterhaltsrechtlich relevanten Positionen in Abzug zu bringen.[628] Will der unterhaltsverpflichtete Schuldner daher sein Einkommen um die zu leistenden Beträge bereinigen, so muss er diese belegen, was ihm nur durch geleistete Zahlungen gelingen wird.

e) Zwischenfeststellungsverfahren gemäß § 4 InsO i.V.m. § 256 Abs. 2 ZPO analog

Kontrovers behandelt wird die Frage, ob für ein eigenständiges Feststellungsverfahren zur Festlegung der vom selbständigen Schuldner zu leistenden Zahlungen ein Rechtsschutzbedürfnis besteht. Einigkeit besteht insofern, als eine entsprechende Festlegung jedenfalls nicht zu den Aufgaben des Treuhänders gemäß § 292 InsO zähle.[629] Nach überwiegender Ansicht wird auch eine gerichtliche Vorabentscheidung mangels entsprechender gesetzlicher Regelung abgelehnt.[630] Es sei nur eine nachträgliche Kontrolle im Rahmen des Versagungsantragsverfahrens zulässig.[631] Möglich sei jedoch, eine Vereinbarung mit den Gläubigern bis zum Schlusstermin zu treffen.[632] Nach anderer Auffassung[633] bestehe ein Rechtsschutzbedürfnis für eine gerichtliche Festlegung der Höhe der zu leistenden Zahlungen. Der Schuldner habe einen Anspruch auf Rechts – und Planungssicherheit zur Erlangung der Restschuldbefreiung.

Gegen die letzt genannte Ansicht könnte sprechen, dass unter Anwendung der Rechtsprechung des BGH[634], wonach der Selbständige jährliche Zahlungen zu erbringen habe, ein Rechtsschutzbedürfnis nunmehr bereits aus diesem Grund ausscheidet. Allerdings dürfte der Schuldner nach wie vor ein Bedürfnis haben, zu erfahren, ob er mit den Zahlungen die Restschuldbefreiung wird erreichen können. Der Schuldner, der unterhaltsverpflichtet ist, hat darüber hinaus auch ein Interesse

627 *Kleffmann*, in: Scholz/Kleffmann/Motzer, Praxishandbuch Familienrecht, Teil G Rdnr. 29.

628 *Kleffmann*, in: Scholz/Kleffmann/Motzer, Praxishandbuch Familienrecht, Teil G Rdnr. 42.

629 Müko-InsO/*Ehricke* § 295 Rdnr. 110; FK-InsO/*Ahrens* § 295 Rdnr. 82; AG Charlottenburg ZInsO 2009, 1220.

630 HambK-InsO/*Streck* § 295 Rdnr. 25; *Grote*, ZInsO 2004, 1105, 1108; *Schmerbach*, ZVI 2003, 256, 261 f.; Uhlenbruck/*Vallendar* § 295 InsO Rdnr. 71.

631 PK-H-W-F/*Schmerbach* § 295 InsO Rdnr. 24.

632 *Küpper/Heinze*, ZInsO 2009, 1785, 1787: jedoch ohne rechtlich bindende Vorgabe.

633 FK-InsO/*Ahrens* § 295 Rdnr. 82; MüKo-InsO/*Ehricke* § 295 Rdnr. 110.

634 BGH ZInsO 2012, 1488, 1490.

an der Festlegung der zu leistenden Zahlungen, um diese ggf. seinen Unterhaltsberechtigten im Rahmen einer unterhaltsrechtlichen Bedarfsberechnung entgegen halten zu können. Und auch die Gläubiger dürfte interessieren, ob sie durch die Selbständigkeit des Schuldners benachteiligt werden, was einen begründeten Versagungsantrag nachsichziehen kann. An diesem, über den Verfahrensstand hinausgehenden Informationsanspruch des Schuldners und der Gläubiger, ändert die Rechtsprechung des BGH nichts, da diese sich nur im Falle eines beantragten Versagungsverfahrens auswirkt. Der Schuldner möchte dieses durch den Feststellungsantrag jedoch vermeiden. § 4 InsO i.V.m. § 256 Abs. 2 ZPO ist hierfür die richtige Norm, da ein Feststellungsantrag grundsätzlich zulässig ist, wenn der streitige Gegenstand über den derzeitigen Verfahrensgang hinaus Bedeutung gewinnen kann.[635]

2. Materiell-rechtliche Konsequenzen

Fraglich ist, wie sich der Beginn der Treuhandphase auf das unterhaltsrechtlich relevante Einkommen des unterhaltsverpflichteten Selbständigen auswirkt. Es ist in diesem Zusammenhang zu prüfen, ob und ggf. wie sich die Obliegenheit des § 295 Abs. 2 InsO auf die unterhaltsrechtliche Bedarfsermittlung niederschlägt. Bemisst sich der unterhaltsrechtliche Bedarf an dem „fiktiven" Einkommen, welches Bemessungsgrundlage der Abführungsobliegenheit des § 295 Abs. 2 InsO ist oder nach dem tatsächlichen Ertrag aus der selbständigen Tätigkeit. Wenn die letzte Alternative zutreffend sein sollte, stellt sich darüber hinaus die Frage, ob das unterhaltsrechtlich relevante Einkommen um die gemäß § 295 Abs. 2 InsO abzuführenden Beträge bereinigt werden muss. Wenn dem Verpflichteten der zurechenbare Erwerb i.S.v. § 295 Abs. 2 InsO auch unterhaltsrechtlich zugerechnet werden soll, muss zunächst untersucht werden, inwiefern die unterhaltsrechtliche Erwerbsobliegenheit mit der Obliegenheit des § 295 Abs. 2 InsO zu vergleichen ist.

a) Unterhaltsrechtliche Obliegenheiten

In der Bestimmung zum nachehelichen Unterhalt findet sich allein in § 1569 Satz 1 BGB unter der Überschrift „Grundsatz der Eigenverantwortung" die Formulierung,

---

635 BGHZ 83, 251, 257 f.; FK-InsO/*Ahrens* § 295 Rdnr. 82, der darauf hinweist, dass wegen des Fehlens einer originären Vorschrift in der InsO, durch die Überleitungsnorm das § 4 InsO, § 256 Abs. 2 InsO Anwendung finde.

dass nach der Scheidung es jedem Ehegatten *obliege*, selbst für seinen Unterhalt zu sorgen. Gleichwohl hat der Begriff der „unterhaltsrechtlichen Obliegenheit" in der unterhaltsrechtlichen Kasuistik eine zentrale Bedeutung.[636] Neben der Erwerbsobliegenheit[637] findet man u.a. eine gesteigerte Erwerbsobliegenheit,[638] eine Ausbildungsobliegenheit,[639] eine Fortbildungsobliegenheit,[640] eine Obliegenheit zur Wiederherstellung der Arbeitskraft,[641] eine Obliegenheit zur Vermögensverwertung[642] und Vermögensumschichtung,[643] und nicht zuletzt die Obliegenheit zur Beantragung eines Verbraucherinsolvenz - und Restschuldbefreiungsverfahrens.[644] Rechtsfolge einer Erwerbsobliegenheitsverletzung kann die Zurechnung fiktiver Einkünfte sein, die der Verplichtete oder Berechtigte unter Beachtung seiner Obliegenheit hätte erzielen können.[645]

aa) Entwicklung in der Rechtsprechung

Eine der ersten Erwähnungen des Begriffes „unterhaltsrechtliche Obliegenheit" ist in einem Urteil des BGH vom 07.11.1979[646] zu verzeichnen. Hintergrund dieser Entscheidung war die Frage, inwiefern ein in zweiter Ehe verheirateter Vater, der in der zweiten Ehe die „Hausmannrolle" übernommen hat, hierdurch von der Unterhaltspflicht für sein Kind aus erster Ehe, was bei der Kindesmutter lebt, befreit wird. Der Senat hat sich dagegen entschieden und dies damit begründet, dass die – grundsätzlich zulässige Rollenwahl in der neuen Ehe - den Berechtigten aus erster Ehe nicht zu Gute käme. Da dieser Berechtigte unterhaltsrechtlich jedoch gleich zu behandeln sei, müsse der Verpflichtete seine Arbeitskraft zum Wohle aller Berechtigten einsetzen, worauf auch der jetzige Ehepartner Rücksicht zu nehmen habe. Hierzu bestehe unterhaltsrechtlich eine „Obliegenheit". Das Ergebnis der Entscheidung als solche war keine Überraschung, stand das gefundene Ergebnis mit der überwiegenden Auffassung in Rechtsprechung und Literatur in

---

636 *van Els*, FPR 2005, 348.
637 BGH FamRZ 1996, 345.
638 BGH FamRZ 1994, 372, 373 f.
639 BGH FamRZ 1986, 553, 555.
640 OLG Hamburg FamRZ 1991, 1298, 1300 für den Fall des Trennungsunterhalts.
641 BGH FamRZ 1981, 1042, 1043 f.
642 BGH FamRZ 2012, 345; BGH FamRZ 1984, 364, 367.
643 BGH NJW-RR 1986, 682 f.
644 BGH FamRZ 2005, 608, 610.
645 BGH FamRZ 2013, 616, 617; BGH FamRZ 2011, 1041, 1043 f.; BGH FamRZ 2002, 813, 815; MüKo-BGB/*Born* § 1603 Rdnr. 60.
646 BGH FamRZ 1980, 43.

Einklang.[647] Der BGH hat mit der Bezeichnung „unterhaltsrechtliche Obliegenheit" aber einen neuen *termins technicus* begründet, der die unterhaltsrechtliche Literatur und Rechtsprechung in der Folgezeit „erobern" sollte. In der Entscheidung vom 04.11.1981[648] hat der BGH die Bezeichnung der „Obliegenheit" fünfmal verwendet und in der vom 31. 03. 1982[649] zehnmal. Der Begriff hat sich in der Rechtsprechung des *BGH* in kurzer Zeit „etabliert".[650]

Die Rechtsprechung der Oberlandesgerichte und des BGH hat im Folgenden eine umfangreiche Kasuistik gebildet; an der dogmatischen Aufarbeitung, ähnlich wie im Versicherungsvertragsrecht, fehlt es jedoch bislang.[651] In den Leitlinien der Oberlandesgerichte finden sich eine Reihe von „Obliegenheiten": Neben der Erwerbsobliegenheit des Unterhaltsberechtigen hat sich die sogenannte „gesteigerte" Erwerbsobliegenheit des Verpflichteten nach § 1603 Abs.2 BGB herauskristallisiert als wichtigste unterhaltsrechtliche Obliegenheit. Daneben gibt es aber auch die Obliegenheit, Steuervorteile in Anspruch zu nehmen. Beim nachehelichen Ehegattenunterhalt nach § 1577 Abs. 3 BGB besteht die Obliegenheit des Bedürftigen, sich ausbilden, fortbilden oder umschulen zu lassen, um so eine angemessene Erwerbstätigkeit zu finden oder die derzeitige Erwerbssituation zu verbessern.[652] Ferner ist die Obliegenheit der Kinder anerkannt, sich ausbilden zu lassen.[653] Volljährigen Kindern obliegt es, ihre Ausbildung zielstrebig und mit Fleiß zu betreiben und innerhalb angemessener Zeit zu beenden.[654]

bb) Dogmatische Herleitung

Überragende Bedeutung hatte der Begriff der „Obliegenheit" zunächst allein im Versicherungsvertragsrecht. Ausgehend von den §§ 6, 32, 62 VVG sowie den

---

647 OLG Köln FamRZ 1979, 1055, 1056; OLG Frankfurt FamRZ 1979, 621, 622; OLG Bremen FamRZ 1979, 623 f.; *van Els*, FPR 2005, 348.

648 BGH FamRZ 1982, 148, 149 f.

649 BGH FamRZ 1982, 590, 591.

650 *van Els*, FPR 2005, 348.

651 *van Els*, FPR 2005, 348: Z.B. bei den Abgrenzungsfragen zwischen Obliegenheit und Nebenpflicht oder der schuldhaften Obliegenheitsverletzung und der unterhaltsrechtlichen Verwirkung gemäß § 1579 BGB.

652 *Niepmann*, in: Büttner/Niepmann/Schwamb, Die Rechtsprechung zur Höhe des Unterhalts, Rdnr. 628; *Bömelburg*, in: Wendl/Dose, Das Unterhaltsrecht in der familienrichterlichen Praxis, § 4 Rdnr. 144.

653 *Scholz*, in: Wendl/Dose, Das Unterhaltsrecht in der familienrichterlichen Praxis, § 2 Rdnr. 45 ff.

654 *Scholz*, in: Wendl/Dose, Das Unterhaltsrecht in der familienrichterlichen Praxis § 2 Rdnr. 344 ff.

§§ 5–7 KfzPflichtVers hat sich ein dogmatisch gut aufgearbeitetes und gut abgestimmtes System wechselseitiger Obliegenheiten herausgearbeitet.[655] Ausgehend vom Versicherungsvertragsrecht haben die dogmatischen herausgearbeiteten Grundsätze Einfluss auf die allgemeine Zivilrechtsdogmatik genommen. Es handelt sich demnach um Pflichten, die der Gläubiger nicht einklagen kann und bei deren Verletzung dem Gläubiger kein Schadensersatzanspruch zuwächst. Der Verpflichtete muss lediglich hinnehmen, bestehende (eigene) Rechte zu verlieren oder nicht mehr geltend machen zu können oder keine Rechte zu erhalten, die er bei Wahrnehmung der Obliegenheiten erworben hätte. Dabei wird die Obliegenheit als Rechtsinstitut herrschend aus dem Rechtsgedanken vom Verbot widerspruchsvollen Verhaltens hergeleitet - dem venire contra factum proprium.[656]

Im Familienrecht finden sich, neben der bereits erwähnten Vorschrift des § 1569 Satz 1 BGB, wonach sich die Eigenverantwortung nach geschiedener Ehe darin zeige, dass es jedem Ehegatten *obliege*, selbst für seinen Unterhalt zu sorgen, wechselseitige Rücksichtnahmeanforderungen in § 1618 a BGB und § 1353 Abs. 1 Satz 2 BGB. Historischer und teleologischer Normzweck beider Vorschriften wird jedoch unterschiedlich beantwortet. Die Generalklausel des § 1353 BGB wird nach überwiegendem, heutigem Verständnis (nur noch) als Auslegungsrichtlinie für vorhandene und „Lückenbüßer" für fehlende Eherechtsnormen bzw. Ehevereinbarungen verstanden.[657] Dies resultiere aus der Veränderung der Normqualität durch das erste Eherechtsreformgesetz, auf welches die Sanktionslosigkeit der Verletzung von Pflichten, der Verzicht auf ein gesetzliches Eheleitbild und die Befugnis der Ehegatten zur autonomen Regelung ihrer ehelichen Bedürfnisse zurück zu führen ist.[658] Eine Leitbildfuktion wird teilweise auch der Vorschrift des § 1618 a BGB zugeschrieben.[659] Dies resutiere aus dem Willen des Gesetzgebers, eine Grundnorm für die gegenseitigen Beziehungen der Familienmitglieder zu schaffen, welche im Verhältnis zwischen den Generationen eine mit § 1353 BGB vergleichbare Leitbildfunktion habe.[660] Andere sehen eine mit § 1353 BGB vergleichbare Normqualität nicht, da die Vorschrift lediglich Leitlinien ohne unmittelbare

655 *van Els*, FPR 2005, 348 f.

656 *R. Schmidt*, S. 164 ff.; *Wieling*, AcP 176, 344, zitiert nach *van Els*, FPR 2005, 348, 351 Fn. 21.

657 MüKo-BGB/*Roth* § 1353 Rdnr. 18; *Coester-Waltjen*, in: Gernhuber, Familienrecht, § 18 IV 3.

658 BT-Drucks. 7/4361 S. 7.

659 *van Els*, FPR 2005, 348, 351.

660 Bericht des Rechtsausschusses, BT-Drucks. 8/2788 S. 36, 43.

Rechtsfolgen aufstelle,[661] was für einen programmatischen Charakter mit Appellfunktion spreche. Daher sehen einigen Stimmen den praktischen Nutzen der Vorschrift eher kritisch.[662] Einigkeit besteht aber, dass die Vorschrift auch Rechtspflichten begründet und zur Konkretisierung wechselseitiger Rücksichtnahmepflichten im Unterhaltsrecht dient.[663] So wird die Vorschrift z.B. herangezogen, um im Rahmen des § 1603 BGB das Vorliegen eines unterhaltsrechtlichen Fehlverhaltens beim Wechsel des unterhaltsverpflichteten Elternteiles in eine geringer entlohnte Tätigkeit zu bewerten.[664] Im Folgenden sollen die Kernpunkte der Erwerbsobliegenheit des Verpflichteten im Kindesunterhalt und Ehegattenunterhalt herausgearbeitet werden.

aaa) Kindesunterhalt, § 1603 BGB

Die Unterhaltspflicht bestimmt sich grundsätzlich nach der Leistungsfähigkeit des Verpflichteten, § 1603 Abs. 1 BGB. Die Leistungsfähigkeit bestimmt sich vom Grundsatz her nach dem *tatsächlichen* Einkommen des Unterhaltspflichtigen sowie seiner Arbeits- und Erwerbsfähigkeit.[665] Dem Unterhaltspflichtigen müssen die Mittel verbleiben, die er unter Berücksichtigung seiner sonstigen Verpflichtungen zur Sicherstellung seines angemessenen Unterhalts benötigt. Von der Bedeutung der Unterhaltspflicht und der Rangfolge des Anspruchs im Verhältnis zu anderen Unterhaltsberechtigten hängt es ab, welche Opfergrenze dem Unterhaltspflichtigen zugemutet werden kann.[666] Die Opfergrenze wird durch den sog. Selbstbehalt bestimmt. Darin drückt sich der Geldbetrag aus, der dem Unterhaltspflichtigen nach Abzug aller unterhaltsrechtlich anzuerkennenden Verpflichtungen einschließlich der vor- und gleichrangigen Unterhaltsverpflichtungen verbleiben muss.[667] Der *angemessene*[668] Selbstbehalt gilt i.d.R. gegenüber den Unterhaltsansprüchen von

---

661 Bericht des RA BT-Drucks. 8/2788 S. 36, 43.

662 MüKo-BGB/*v.Sachsen Gessaphe* § 1618 a Rdnr. 2.

663 MüKo-BGB/*v.Sachsen Gessaphe* § 1618 a Rdnr. 10; Beck-OK/*Enders* § 1618 a BGB Rdnr. 1; Staudinger/*Coester* § 1618 a BGB Rdnr. 16; *van Els*, FPR 2005, 348, 351.

664 OLG Karlsruhe, FamRZ 1993, 836 f.

665 BGH FamRZ 1981, 539; BGH FamRZ 1987, 252 f.; Beck-OK/*Reinken*, § 1603 BGB Rdnr. 6.

666 BGH FamRZ 2006, 683, 684 f.

667 Beck-OK/*Reinken* § 1603 BGB Rdnr. 2.

668 Nach Anm 5 der Düsseldorfer Tabelle (Stand: 1.1.2013) beträgt er im Verhältnis zu volljährigen, nicht privilegierten Kindern i.d.R. mindestens 1200 Euro. Darin ist eine Warmmiete bis 450 Euro enthalten. Der angemessene Selbstbehalt/Eigenbedarf gilt auch bei dem Anspruch auf Ausbildungsunterhalt von – nicht privilegierten – volljährigen Kindern (BGH FamRZ 1989, 272 f.).

volljährigen, nicht nach § 1603 Abs. 2 Satz 2 BGB privilegierten Kindern. Auf den notwendigen Selbstbehalt können Unterhaltspflichtige verwiesen werden, die minderjährigen unverheirateten und ihnen nach § 1603 Abs. 2 Satz 2 BGB gleichgestellten volljährigen Kindern gegenüber unterhaltspflichtig sind. Der *notwendige*[669] Selbstbehalt bildet die absolute Opfergrenze, denn dieser Betrag orientiert sich an den Mitteln, die eine Person auch in einfachsten Verhältnissen für den eigenen Unterhalt benötigt und liegt etwas höher als die Bedarfssätze der Sozialhilfe.[670]

Gemäß § 1603 Abs. 1 Satz 2 BGB obliegt den Eltern im Verhältnis zu ihren minderjährigen, unverheirateten Kindern eine so genannte gesteigerte Unterhaltspflicht.[671] Dies bedeutet, dass sie verpflichtet sind, sämtliche verfügbaren Mittel zu ihrem und der Kinder Unterhalt gleichmäßig zu verwenden.[672] Bei Annahme der gesteigerten Unterhaltsverpflichtung sind an die Erwerbsobliegenheit des Unterhaltspflichtigen gesteigerte Anforderungen zu stellen, soweit es um die Deckung des notwendigen *Mindestunterhalts* geht. Es sind im Rahmen der gesteigerten Unterhaltsverpflichtung Zugeständnisse im Hinblick auf die Arbeitsmodalitäten, Arbeitszeiten, Ortswechsel, Umschulungen und Nebentätigkeiten zu machen, ggf. haben auch eigene Interessen, z.B. ein Studium zu absolvieren, zurückzustehen.[673] Im Falle der Arbeitslosigkeit werden besonders intensive Bemühungen um einen Arbeitsplatz verlangt.[674] Von der Rechtsprechung werden teilweise pauschal – 20 bis 30 Bewerbungen pro Monat gefordert.[675] Außerdem

---

669 Bei dem notwendigen Selbstbehalt ist zu unterscheiden: Dem nicht erwerbstätigen Unterhaltspflichtigen steht nach Anm. A 5 der Düsseldorfer Tabelle, Stand: 1.1.2013, ein Betrag von 800 Euro zu. Dem vollschichtig erwerbstätigen Unterhaltspflichtigen müssen 1000 Euro verbleiben (Zur Billigung dieser Differenzierung durch den BGH vgl. BGH, FamRZ 2008, 594 mit Anmerkung *Borth*).

670 BGH FamRZ 1989, 170; BGH, FamRZ 1991, 182: Den Unterhaltspflichtigen treffe nicht die Obliegenheit, Sozialhilfe in Anspruch zu nehmen. Die Unterhaltspflicht dürfe deshalb nicht dazu führen, dass der Unterhaltspflichtige infolge der Unterhaltsleistungen selbst sozialhilfebedürftig werde, BGHZ 111, 194, 198.

671 Dies gelte ebenso für sogenannte privilegierte Volljährige (Volljährige, im Haushalt der Eltern lebend, unverheiratet und sich noch in der allgemeinen Schulausbildng befindend), zu den Einzelheiten: NK- BGB/*Saathoff* § 1603 Rdnr. 15 ff.

672 NK-BGB/*Saathoff* § 1603 Rdnr. 14.

673 NK-BGB/*Saathoff* § 1603 Rdnr. 20 mit umfassenden Nachweisen aus der Rechtsprechung.

674 OLG Köln FamRZ 1997, 1104, 1105; AG Kerpen FamRZ 1999, 1013 m.w.N.; *Raiser*, NJW 1986, 1919.

675 OLG Jena NJW-RR 2004, 76, 77; OLG Naumburg FamRZ 2003, 1022, 1023; OLG Koblenz FamRZ 2000, 313 f.

wird die unterhaltsrechtliche Leistungsfähigkeit nicht nur durch das tatsächlich *erzielte*, sondern auch durch das *mögliche* Einkommen des Pflichtigen bestimmt.[676] Die Rechtsfigur der fiktiven Einkünfte im Unterhaltsrecht stellt sich somit als Rechtsfolge der Verletzung der Erwerbsobliegenheit dar. Die Höhe der anzusetzenden fiktiven Einkünfte hängt von den Umständen des Einzelfalles ab. Ist dem Schuldner Aufgabe oder Verlust der Arbeitsstelle vorzuwerfen, so ist das bisher erzielte Einkommen fiktiv fortzuschreiben.

Ist der Verlust des Arbeitsplatzes dagegen nicht vorwerfbar, kann lediglich – mit zeitlichem Versatz aufgrund notwendiger Suchzeit – ein aus zumutbarer Beschäftigung erzielbares Einkommen zugerechnet werden.

Unter Hinweis darauf, dass ungelernte Hilfskräfte im Regelfall nur befristet eingestellt werden, wird vom fiktiven Einkommen zum Teil ein Abschlag von 10% vorgenommen; hier müsse auch im Einzelfall überprüft werden, ob solche Unterhaltsschuldner auf dem heutigen Arbeitsmarkt überhaupt eine realistische Chance auf eine Vollzeitbeschäftigung mit einem Nettoverdienst oberhalb des notwendigen Selbstbehaltes hätten.[677] Der Schuldner trägt die Beweislast für seine unterhaltsrechtlich nicht vorwerfbare Leistungsunfähigkeit; deshalb ist ein fiktiver Ansatz immer schon dann gerechtfertigt, wenn *nicht auszuschließen* ist, dass bei ausreichenden Bemühungen eine reale Beschäftigungschance bestanden hätte.[678]

bbb) Ehegattenunterhalt

Im Rahmen des Trennungsunterhaltes bilden die Lebensverhältnisse und die Einkommens- und Vermögensverhältnisse der Ehegatten sowohl die Grundlage als auch den Maßstab des Trennungsunterhalts und der seiner Bemessung zugrunde liegenden Obliegenheiten.[679] Die Eigenständigkeit des Trennungsunterhalts entspricht den besonderen Umständen des Getrenntlebens als einem Zwischenstadium zwischen dem ehelichen Zusammenleben und seiner Auflösung durch die Scheidung.

---

676 MüKo-BGB/*Born* § 1603 Rdnr. 77.

677 Vgl. MüKo-BGB/*Born* § 1603 Rdnr. 94 mit zahlreichen Nachweisen aus der Rechtsprechung; vgl. aber auch die Korrekturen durch das Bundesverfassungsgericht für einen ungelernten Hilfsarbeiter (BVerfG FamRZ 2010, 793), für einen später erkrankten Bohrwerksdreher (BVerfG NJW-RR 2008, 1025), einen arbeitslosen Nigerianer (BVerfG FamRZ 2008, 1403), für einen schwerbehinderten Lageristen (BVerfG FamRZ 2007, 273), für einen schwerbehinderten Koch (BVerfG NJW-RR 2007, 649) sowie im Falle des „nordfriesischen Nachtportiers" (BVerfG FamRZ 2006, 469).

678 *Niepmann*, in: Büttner/Niepmann/Schwamb, Die Rechtsprechung zur Höhe des Unterhalts, Rdnr. 718.

679 Beck-OK/*Beutler* § 1361 BGB Rdnr. 4.

Zwischen der Gesamtverantwortung im Familienunterhalt und der Eigenverantwortung im nachehelichen Unterhalt müssen die Obliegenheiten der Parteien neu geordnet werden. Die gegenseitige Verantwortung ist schwächer als während des Zusammenlebens, aber stärker als nach der Scheidung.[680] Im Ehegattenunterhalt gewinnt die Erwerbsobliegenheit des *Berechtigten* an Bedeutung. Geht das Gesetz beim Nachscheidungsunterhalt grundsätzlich von einer Eigenverantwortung der Ehegatten aus, § 1569 BGB, stellen die Vorschriften der §§ 1570 ff. BGB hingegen eine enumerative Ausnahme der allgemeinen Erwerbsobliegenheit dar.[681] Trennungs- und Nachscheidungsunterhalt unterscheiden sich in der systematischen Bedeutung der Erwerbsobliegenheit. Diese wird beim nachehelichen Unterhalt vorausgesetzt, während ihr Umfang beim Trennungsunterhalt von den ehelichen Lebensverhältnissen abhängt.[682] Beim Nachscheidungsunterhalt im Rahmen des Betreuungsunterhaltes gemäß § 1570 BGB besteht bis zur Vollendung des dritten Lebensjahres eines gemeinschaftlichen Kindes keine Erwerbsobliegenheit. Gleichwohl erzieltes Erwerbseinkommen ist überobligatorisch und nach den Umständen des Einzelfalls zu berücksichtigen.[683]

Nach Vollendung des dritten Lebensjahres des Kindes kommt es bei Beurteilung der Frage, ob und inwieweit der betreuende Ehegatte bei einer bestehenden Betreuungsmöglichkeit auf eine Erwerbstätigkeit verwiesen werden kann, auf die Verhältnisse des Einzelfalls an. Bei besonderer Betreuungsbedürftigkeit des Kindes und bei nicht oder nur unzureichender Fremdbetreuung (kindbezogene Gründe, § 1570 Abs. 1 S. 2 BGB) kommt ein Unterhaltsanspruch auch nach Vollendung des dritten Lebensjahres des Kindes in Betracht.

Eine Erwerbstätigkeit des betreuenden Ehegatten kann auch aus Gründen der nachehelichen Solidarität ganz oder teilweise unbillig erscheinen. Hierbei sind das in der Ehe gewachsene Vertrauen in die vereinbarte und praktizierte Rollenverteilung und die gemeinsame Ausgestaltung der Kinderbetreuung sowie die Dauer der Ehe zu berücksichtigen (elternbezogene Gründe, § 1570 Abs. 2 BGB).

Die Erwerbsobliegenheit beurteilt sich auch danach, ob eine Erwerbstätigkeit neben der Betreuung des Kindes zu einer überobligationsmäßigen Belastung

---

680 Beck-OK/*Beutler* § 1361 Rdnr. 2,3.

681 Beck-OK/*Beutler* § 1360 Rdnr. 11.

682 Beck-OK/*Beutler* § 1360 Rdnr. 11; vgl. z.B. die Leitlinien des OLG Düsseldorf, Stand 1.1.2013, Nr. 17.2: In der Regel besteht für den Berechtigten im ersten Jahr nach der Trennung keine Obliegenheit zur Aufnahme oder Ausweitung einer Erwerbstätigkeit.

683 BGH FamRZ 2009, 770, 772 f.; BGH, FamRZ 2009, 1124, 1125 ff.; BGH, FamRZ 2009, 1391, 1393, 1395.

führen würde. Die Darlegungs- und Beweislast für die Umstände, die einer vollen oder teilweisen Erwerbsobliegenheit ab Vollendung des dritten Lebensjahres des Kindes entgegenstehen, trifft den betreuenden Ehegatten. Dies gilt auch, wenn ein Titel über den Basisunterhalt nach § 1570 Abs. 1 Satz 1 BGB abgeändert werden soll. Der monatliche Selbstbehalt gegenüber dem getrennt lebenden und dem geschiedenen Berechtigten beträgt derzeit 1.050 Euro[684], unabhängig davon, ob der Verpflichtete erwerbstätig oder nicht.

b) Vergleich mit der Obliegenheit des § 295 Abs. 2 InsO

Im Gegensatz zur unterhaltsrechtlichen Obliegenheit im Rahmen der gesteigerten Unterhaltsverpflichtung, bei welcher fiktive Einkünfte hinzugerechnet werden, wenn der Verpflichtete seiner Erwerbsobliegenheit nicht nachkommt, wird im Rahmen des § 295 Abs. 2 InsO das fiktive Einkommen aus nicht selbständiger Tätigkeit angesetzt, wenn der Schuldner selbständig *tätig* ist. Es handelt sich hierbei, im Gegensatz zum fiktiven Einkommen des gesteigert Unterhaltsverpflichteten, nicht um eine Sanktion im Sinne einer Rechtsfolge des Verstoßes gegen eine Obliegenheit. Eine solche Sanktion kommt im Rahmen des § 295 Abs. 2 InsO nur durch das Stellen eines Versagungsantrages durch einen Gläubiger in Betracht (§ 296 InsO), wenn der Schuldner das fiktive Einkommen nicht abführt.

Ähnlichkeiten bestehen jedoch bei der Einkommensfiktion. Das Abstellen auf „fiktive" Einkünfte und die damit einhergehende Konstituierung einer Erwerbsobliegenheit beim Verpflichteten ist dem Unterhaltsrecht im Rahmen der gesteigerten Unterhaltspflicht vertraut. Hier kommt dies jedoch in der Regel nur dann in Betracht, wenn der Mindestunterhalt Minderjähriger bzw. privilegiert Volljähriger sichergestellt werden soll.

Im Rahmen des Ehegattenunterhaltes trifft die Erwerbsobliegenheit hingegen den Berechtigten. Dies beruht auf der dogmatischen Herleitung der unterhaltsrechtlichen Obliegenheiten, die sich als *wechselseitige* Rücksichtnahmeverantwortung zeigen. Hierin liegt jedoch der Unterschied zu der Obliegenheit des § 295 Abs. 2 InsO. Im Rahmen der Obliegenheit des § 295 Abs. 2 InsO findet eine *Gesamtabwägung* mit den Interessen der gesamten Insolvenzgläubigerschaft statt, bei der Prüfung des Verschuldens und der Gläubigerbeeinträchtigung. Im Unterhaltsrecht werden hingegen ausschließlich die Interessen der Berechtigten bzw. Verpflichteten gegenübergestellt. Diese unterschiedlichen Funktionen der

---

684 Stand 1.1.2013.

Obliegenheiten (wechselseitige Rücksichtnahmeverantwortung bzw. ausschließliche Schuldnerverantwortung zur bestmöglichen Gläubigerbefriedigung) zeigen sich auch in der umfangreichen, einzelfallbezogenen unterhaltsrechtlichen Judikatur.

Die unterhaltsrechtlichen Selbstbehalte stellen ein *aliud* zu den fiktiv zu zahlenden Beträgen gemäß § 295 Abs. 2 InsO dar. Letztere sind nicht durch einen Selbstbehalt „begrenzt"; der Schuldner ist vielmehr gehalten sich im Falle unauskömmlichen Erwerbs um eine angemessene Arbeit zu bemühen. Die unterhaltsrechtlichen Selbstbehalte sind auf den jeweiligen unterhaltsrechtlichen Tatbestand zugeschnitten und stellen eine Abwägung der konkreten Beteiligten dar; sie sind daher weder mit den Pfändungsgrenzen, noch mit dem sozialrechtlichen Existenzminimum zu vergleichen. Im Gegensatz zur Obliegenheit des § 295 Abs. 2 InsO ist die Einhaltung der gesteigerten Erwerbsobliegenheit durch § 170 Abs. 1 StGB strafbewehrt.

c) Stellungnahme und Lösungsvorschlag

Es spricht dafür, dass die im Rahmen des § 295 Abs. 2 InsO zu leistenden „fiktiven" Beträge auch Eingang in die unterhaltsrechtliche Bedarfsberechnung finden, da das Einkommen des Unterhaltsschuldners anderenfalls in insolvenzrechtlicher Hinsicht anders bewertet wird, als in unterhaltsrechtlicher Hinsicht. Wenn den Unterhaltsverpflichteten die Wiederherstellung der Leistungsfähigkeit durch die Beantragung eines Insolvenz - und Restschuldbefreiungsverfahrens obliegt, so könnte diesem Zweck eine gleiche Bewertung des Einkommens in unterhaltsrechtlicher und insolvenzrechtlicher Hinsicht gerecht werden. Hierfür lässt sich auch anführen, dass die Ausgestaltung des § 295 Abs. 2 InsO als Obliegenheit auch dem Unterhaltsrecht vertraut ist und daher das Abstellen auf „fiktiver Einkünfte" Parallelen aufweist.

Hiergegen spricht aber, dass sich die unterhaltsrechtlichen Obliegenheiten gravierend von der Obliegenheit des § 295 Abs. 2 InsO unterscheiden. Unterhaltsrechtliche Obliegenheiten sind zwar von der Rechtsprechung im Rahmen einer umfassenden Judikatur entwickelt worden. Sie gründen sich aber - im Gegensatz zur Obliegenheit des § 295 Abs. 2 InsO - auf die Generalklauseln der §§ 1618 a und 1353 BGB. Daher treffen unterhaltsrechtliche (Erwerbs)Obliegenheiten Berechtigten und Verpflichteten gleichermaßen. Diese Vorschriften konkretisieren Verhaltensanforderungen im Eltern-Kind Verhältnis bzw. im Verhältnis von (Ex)-Ehegatten untereinander. Rechtsfolge einer Nichtbeachtung ist in der Regel die Zurechnung fiktiver Einkünfte. Diese Wechselseitigkeit in der familienrechtlichen Beziehung führt zu einer Einzelfallbewertung und - Abwägung mit den einzelnen Interessen der Unterhaltsparteien. Hierin liegt der Unterschied zur Obliegenheit des § 295 Abs. 2 InsO. Den Schuldner im Restschuldbefreiungsverfahren trifft die Obliegenheit, sich nach Kräften zu bemühen, die Befriedigung der Gesamtgläubigerschaft sicherzustellen. Im Vordergrund steht die Gläubigerbefriedigung und Gläubigergleichbehandlung. Die Obliegenheit ist keine wechselseitige, sie trifft allein den Schuldner. Rechtsfolge eines Verstoßes ist nicht die Zurechnung fiktiver Einkünfte, sondern die Versagung der Restschuldbefreiung. Die Andersartigkeit der Obliegenheiten zeigt sich auch in dem abgestuften, unterhaltsrechtlichen Anforderungssystem. So kommt eine Hinzurechnung fiktiver Einkünfte beim Verpflichteten in der Regel nur bei der gesteigerten Erwerbsobliegenheit und auch dann in der Regel nur zur Sicherstellung des Mindestunterhaltes in Betracht. Unterschiede zeigen sich auch in den Bedürfnissen der Berechtigten. Den Unterhaltsberechtigten geht es im Fall der Zurechnung fiktiver Einkünfte um die Sicherstellung ihres *laufenden, künftigen* Unterhaltes. Den Insolvenzgläubigern geht es um die Befriedigung ihrer Insolvenzverbindlichkeiten. Gegen eine „Gleichschaltung" dieser Gläubigergruppen durch eine gleichartige Einkommensfiktion lässt sich auch § 40 Satz 1 InsO anführen. Nach dem Willen des Gesetzgebers ist eine unterschiedliche Behandlung der Insolvenzgläubiger mit den familienrechtlichen Unterhaltsgläubigern wegen ihrer künftigen Ansprüche gewollt. Eine Notwendigkeit einer gleichartigen Einkommensfiktion kann daher auch dem Inolvenzrecht nicht entnommen werden.

Fraglich ist jedoch, ob die zu leistenden Beträge i.S.v. § 295 Abs. 2 InsO im Rahmen einer Bedarfsberechnung abzugsfähig sind.

Hierfür spricht die Antragsobliegenheit, die den Verpflichteten trifft. Wenn zur Wiederherstellung der Leistungsfähigkeit für künftige Ansprüche dem Verpflichteten die Beantragung eines Insolvenz – und Restschuldbefreiungsverfahrens obliegt, ergibt sich im Umkehrschluss, dass dem Verpflichteten auch die Beträge unterhaltsrechtlich zu Gute gehalten werden müssen, die er im Rahmen seiner insolvenzrechtlichen Obliegenheit zu leisten hat, um die Restschuldbefreiung zu erlangen, denn diese Beträge sind zur Wiederherstellung der Leistungsfähigkeit gemäß §§ 295, 296 InsO notwendig. Hierfür lässt sich auch anführen, dass für die Bemessung des Unterhaltsbedarfs zwar grundsätzlich auf die ehelichen Lebensverhältnisse, d.h. die Verhältnisse zum Zeitpunkt der Rechtskraft der Ehescheidung, abzustellen ist.[685] Veränderungen der Lebensverhältnisse des

685 BVerfGE 128, 139–224: In der Entscheidung hat das Bundesverfassungsgericht der vom BGH entwickelten Rechtsprechung von den „wandelbaren Lebensverhältnissen" eine Absage erteilt. Der BGH hatte entgegen der Vorstellung des Gesetztgebers gemäß

Unterhaltsschuldners nach Rechtskraft der Ehescheidung können allein im Rahmen der Bemessung der Leistungsfähigkeit des Unterhaltsschuldners berücksichtigt werden. Etwas anderes gilt nur für Entwicklungen, die schon die Ehe geprägt haben und in ihr angelegt worden sind.[686] Anerkannt ist zudem, dass auch nach der Ehe entstandene Verbindlichkeiten anerkannt werden, wenn diese unumgänglich waren[687]. Die Beantragung des Insolvenz – und Restschuldbefreiungsverfahrens im Falle einer mangelnden Leistungsfähigkeit wegen Zahlungsunfähigkeit, stellt eine Obliegenheit dar, wenn der Zweck, die Restschuldbefreiung für künftige Ansprüche, erreicht werden kann.

3. Vollstreckung der unterhaltsrechtlichen Nachinsolvenzgläubiger

a) Zulässigkeit der Vollstreckung

Die Vollstreckung unterhaltsrechtlicher Nachinsolvenzgläubiger ist nicht durch § 294 InsO ausgeschlossen. § 294 InsO schließt die Vollstreckung in der Treuhandperiode allein für Insolvenzgläubiger aus.[688] Dies gilt nach überwiegender, überzeugender Ansicht auch für unterhaltsrechtliche Insolvenzgläubiger,[689] da die Vorschrift des § 292 Abs. 1 Satz 3 InsO auf § 36 Abs. 1 Satz 2 InsO verweist und demnach nichts anderes gilt, als im Insolvenzverfahren, nämlich dass eine Anwendung des § 850 d ZPO für unterhaltsrechtliche Insolvenzgläubiger ausgeschlossen ist. Eine „teleologische Reduktion" des § 850 d ZPO[690] kommt nicht in Betracht, da keine planwidrige Regelungslücke besteht. Die unterhaltsrechtlichen Insolvenzgläubiger haben sich dem Grundsatz des „par creditio creditorum" zu beugen. Einer Vollstreckungskonkurrenz unterliegen die unterhaltsrechtlichen

---

§ 1578 Abs. 1 Satz 1 BGB nicht mehr den Stichtag „Rechtskraft der Scheidung" bei der Bestimmung der ehelichen Lebensverhältnisse beachtet, sondern immer stärker Ereignisse in die Bestimmung des Bedarfs einbezogen, welche nach dem Zeitpunkt der rechtskräftigen Scheidung eintreten.

686 So auch früher der BGH, vgl. FamRZ 1986, 148 f.

687 Vgl. *Götz/Brudermüller*, NJW 2011, 801, 805; *Poppen*, in: Stichwortkommentar Familienrecht, Nr. 227 Rdnr. 3.

688 FK-InsO/*Ahrens* § 294 Rdnr. 8.

689 FK-InsO/*Ahrens* § 294 Rdnr. 11; AG Göttingen ZInsO 2005, 668; MüKo-InsO/*Ehricke* § 294 Rdnr. 6.

690 KS-InsO/*Hintzen*, 2. Aufl., S. 1117 Rdnr. 42, jedoch zur Rechtslage vor InsoÄndG 2001.

Nachinsolvenzgläubiger hingegen – wie bei der Negativerklärung – mit den sonstigen Nachinsolvenzgläubigern.

b) Vollstreckungsobjekte und Zuständigkeiten

Das Vollstreckungsgericht ist nicht zuständig, weder für die Beantragung der Vollstreckung, noch für Einwendungen. Hinsichtlich der Zuständigkeiten ergeben sich ansonsten keine Besonderheiten. Vollstreckungsobjekte können sowohl das Vermögen als auch der Ertrag aus der selbständigen Tätigkeit sein. Zu beachten sind die Pfändungsschutzvorschrift der §§ 811 ff.ZPO bei der Fahrnisvollstreckung sowie § 850 i ZPO bei der Forderungspfändung.

c) Antrag gemäß § 850 i ZPO und § 850 i ZPO i.V.m. § 850 d ZPO analog

Erfolgt der Zugriff auf die Einkünfte aus der selbständigen Tätigkeit, ist auf das unter B) I. 2. b) Festgestellte zu verweisen. Zu beachten ist, dass gemäß § 850 i Abs. 1 Satz 2 ZPO die wirtschaftlichen Verhältnisse des Schuldners, insbesondere seine sonstigen Verdienstmöglichkeiten, frei zu würdigen sind sowie gemäß Satz 3 überwiegende Belange des Gläubigers zu berücksichtigen sind.

aa) Wirtschaftliche Verhältnisse des Schuldners, sonstige Verdienstmöglichkeiten

Die Vorschrift darf nicht als Haftung mit der Arbeitskraft missverstanden werden.[691] Es stellt sich jedoch die Frage, ob als „sonstige Verdienstmöglichkeiten" das als angemessen ermittelte Einkommen i.S.v. § 295 Abs. 2 InsO zu berücksichtigen ist. *Ahrens* schlägt vor, nach den Rechtsgedanken der §§ 295, 296 InsO auf eine angemessene Erwerbstätigkeit abzustellen und eine schuldhafte Verletzung zu verlangen.[692] Hiergegen spricht jedoch, dass eine Zurechnung des i. S. v. § 295 Abs. 2 InsO „fiktiven Einkommens" auf der materiell-rechtlichen Bedarfsebene abgelehnt wurde. Der Aufgabenverteilung zwischen Erkenntnis- und Vollstreckungsverfahren entspricht es aber, dass die materiell-rechtliche Beurteilung des geltend gemachten Anspruchs dem Prozessgericht obliegt, während die Vollstreckungsorgane die formellen Voraussetzungen prüfen, von denen die Durchsetzung des vollstreckbaren Anspruchs abhängt.[693] Würde das Vollstreckungsrecht im

691 P/G-*Ahrens* § 850 i ZPO Rdnr. 41.

692 P/G- *Ahrens* § 850 i ZPO Rdnr. 41.

693 BGH NJW 2013, 239 f. mit Anm. *Ahrens*: allein die materiell-rechtliche Rangfolge gemäß § 1609 BGB sei vom Vollstreckunsgericht zu prüfen; ebenso PG/*Ahrens*

Rahmen der Prüfung der „sonstigen Verdienstmöglichkeiten“ eine Angemessenheitsprüfung i.S.v. § 295 Abs. 2 InsO durchführen, so spricht hiergegen Folgendes: zum einen obliegt es nicht dem Vollstreckungsgericht eine materiell-rechtliche Bedarfsberechnung vorzunehmen, was aber erfolgen würde, wenn es ein bestimmtes Einkommen als „angemessen“ bewerten würde. Zum anderen würde die insolvenzrechtliche Obliegenheit des § 295 Abs. 2 InsO in das Unterhaltsrecht implementiert, was als nicht zulässig erachtet wurde.

Die gemäß § 295 Abs. 2 InsO zu leistenden Zahlungen sind vielmehr im Rahmen der Berücksichtigung der wirtschaftlichen Verhältnisse des Schuldners anzuerkennen, wenn sie tatsächlich geleistet werden. Hat sich der Schuldner (auch) im Interesse seiner Unterhaltsberechtigten für ein Insolvenz – und Restschuldbefreiungsverfahren entschieden, so müssen diese die zu leistenden Beträge auch vollstreckungsrechtlich gegen sich gelten lassen. Die „sonstigen Verdienstmöglichkeiten“ sind daher so zu verstehen, dass die im Rahmen des § 295 Abs. 2 InsO erfolgte Prüfung der Angemessenheit auch im Vollstreckungsrecht anzuerkennen ist, jedoch in der Art, dass die Beträge ausschließlich durch das Insolvenzrecht festzulegen sind. Besteht Streit über die Höhe der zu leistenden Zahlungen, hat der Schuldner, der sich auf die Zahlungen beruft, ein Zwischenfeststellungsverfahren gemäß § 4 InsO i.V.m. § 256 Abs. 2 ZPO beim Insolvenzgericht anhängig zu machen, wozu, wie festgestellt, ein Rechtsschutzbedürfnis besteht.

bb) Überwiegende Gläubigerbelange

Eine Einzelabwägung mit den Interessen des Unterhaltsgläubigers ist zulässig, da dem Schuldner nicht mehr, wie im Insolvenzverfahren, die Gläubigergesamtheit gegenübersteht.

---

§ 850 d ZPO Rdnr. 44 f.; Beck-OK/*Riedel* § 850 d ZPO Rdnr. 33; *Meller-Hannich*, in: Kindl/Meller-Hannich/Wolf, Gesamtes Recht der Zwangsvollstreckung, § 850 d ZPO Rdnr. 33; *Seiler*, in: Thomas/Putzo, ZPO, § 850 d Rdnr. 2; *Kessal-Wulf*, in: Schuschke/Walker, Vollstreckung und vorläufiger Rechtsschutz, § 850 d ZPO Rdnr. 19; *Brehm*, in: Stein/Jonas, ZPO, § 850 d Rdnr. 41.

Teil 3: Familienrechtliche Massegläubiger

Gemäß § 100 Abs. 1 und 2 InsO kann dem Schuldner und seinen Angehörigen Unterhalt aus der Insolvenzmasse gewährt werden. Ist gemäß § 270 Abs. 1 Satz 1 InsO die Eigenverwaltung angeordnet, so ist der Schuldner gemäß § 278 Abs. 1 InsO berechtigt, für sich und seine Angehörigen aus der Insolvenzmasse Mittel zu einer bescheidenen Lebensführung zu entnehmen. In beiden Alternativen ist die Gewährung bzw. Entnahme nicht auf den Neuerwerb beschränkt, da zu Insolvenzmasse alle von § 35 InsO erfassten Vermögenswerte gehören.[694] In beiden Fällen handelt es sich daher um eine Masseverbindlichkeit.[695]

I. Unterhalt aus der Insolvenzmasse gemäß § 100 Abs. 1, 2 InsO

§ 100 Abs. 1 InsO ermächtigt die Gläubigerversammlung zu beschließen, ob und in welchem Umfang dem Schuldner und seiner Familie Unterhalt aus der Insolvenzmasse gewährt werden soll. Bis zur Entscheidung der Gläubigerversammlung kann der Insolvenzverwalter, mit Zustimmung des Gläubigerausschusses, wenn ein solcher bestellt ist, dem Schuldner den notwendigen Unterhalt gewähren, § 100 Abs. 2 Satz 1 InsO.

1. Meinungsstand und Diskussionen

Es stellt sich zunächst die Frage, wer in den berechtigten Personenkreis einzubeziehen ist, d.h. wer „Familie" im Sinne der Vorschrift ist. Kernfrage im Kontext des § 100 InsO ist jedoch, ob die Angehörigen einen gebundenen Anspruch auf Unterhalt aus der Insolvenzmasse haben. Daneben ist die Justiziabilität der Entscheidungen umstritten.

---

694 MüKo-InsO/*Passauer/Stephan* § 100 Rdnr. 18 bzw. MüKo-InsO/*Wittig/Tetzlaff* § 278 Rdnr. 6.

695 Vgl. A/G/R- *Ringstmeier* § 278 Rdnr. 10, 11; im Fall des § 100 InsO handelt es sich um eine nachrangige Masseverbindlichkeit, vgl. § 209 Abs. 1 Nr. 3 letzter HS InsO, im Fall des § 278 InsO ist umstritten, ob § 209 Abs. 1 Nr. 3 letzter HS analog gilt.

a) Familienbegriff des § 100 Abs. 1 und Abs. 2 Satz 2 InsO

Während die Kompetenz der Gläubigerversammlung gemäß § 100 Abs. 1 InsO darin besteht, dem Schuldner und *seiner Familie* Unterhalt gewähren zu dürfen, ist die Kompetenz des Insolvenzverwalters gemäß § 100 Abs. 2 InsO in zwei Richtungen eingeschränkt: zum einen darf er nur über den notwendigen Unterhalt verfügen (vgl. § 100 Abs. 2 Satz 1 InsO). Zum anderen ist der Kreis der berechtigten Angehörigen dahingehend eingeschränkt, dass eine Gewährung nur für die minderjährigen Kinder, den Ehegatten bzw. Lebenspartner sowie Ex-Ehegatten bzw. Ex-Lebenspartner sowie für den anderen Elternteil seines Kindes, soweit der Schuldner diesem zum Unterhalt gemäß § 1615 l, n BGB verpflichtet ist, in Betracht kommt.

Dies hat nach einhelliger Ansicht[696] seinen Grund darin, dass es den Gläubigern schließlich freistehe, wem sie in welcher Höhe Unterhalt gewähren möchten. Der Begriff der „Familie" sei daher, wie in § 132 Abs. 1 KO[697] nicht im Rechtssinne, sondern bewusst weiter gewählt worden.[698] Vom Begriff umfasst seien, neben den gesetzlichen Unterhaltsberechtigten, alle zum Haushalt des Schuldners gehörende Personen,[699] so z.B. auch bedürftige Geschwister und sonstige Verwandte, Stiefeltern oder Pflegepersonen nichteheliche Lebensgefährten und Lebenspartner.[700] Die Gläubigerautonomie erlaube zudem sowohl eine Unterhaltsleistung in Form von Barunterhalt; möglich sei aber auch die Leistung von Naturalunterhalt, z.B. durch Überlassung einer massebefangenen Wohnung zu unentgeltlichen Nutzung.[701]

Demgegenüber stelle sich die Unterhaltsgewährung durch den Verwalter lediglich als „Überbrückung" dar, den „notwendigen" Unterhalt bis zur Beschlussfassung der Gläubigerversammlung sicher zu stellen. Im Gegensatz zu § 129 Abs. 1 KO,

---

696 A/G/R- *Piekenbrock* § 100 InsO Rdnr. 11; Jaeger/*Schilken* § 100 InsO Rdnr. 10; FK-InsO/*App* § 100 Rdnr. 9; Graf-Schlicker/*Voß* § 100 InsO Rdnr. 4; HK-InsO/*Eickmann* § 100 Rdnr. 4; *Lüke*, in: Kübler/Prütting/Bork § 100 InsO Rdnr. 6; MüKo-InsO/*Passauer/Stephan* § 100 InsO Rdnr. 16 f.; Nerlich/Römermann/*Wittkowski* § 100 InsO Rdnr. 11; *Rohleder*, Unterhaltsansprüche in der Insolvenz, S. 30 Rdnr. 107 f.; Uhlenbruck/*Uhlenbruck* § 100 InsO Rdnr. 5; siehe auch Begründung Rechtsausschuss, BT-Drucks 12/7302 S. 167.

697 Vgl. hierzu eingehend: MüKo-InsO/*Passauer/Stephan* § 100 Rdnr. 2 ff.

698 A/G/R-*Pieckenbrock* § 100 InsO Rdnr. 11.

699 Jaeger/*Schilken* § 100 InsO Rdnr. 10; *Lüke*, in: Kübler/Prütting/Bork, § 100 InsO Rdnr. 6; MüKo-InsO/*Passauer/Stephan* § 100 InsO Rdnr. 16; *Rohleder*, Unterhaltsansprüche in der Insolvenz, S. 30 Rdnr. 107; Uhlenbruck/*Uhlenbruck* § 100 InsO Rdnr. 5.

700 Jaeger/*Schilken* § 100 InsO Rdnr. 10.

701 KS-InsO/*Kohte*, 2. Aufl., S. 786 Rdnr. 20.

der den Begriff „Familie“ auch in der Regelung zur vorläufigen Gewährung „notdürftigen Unterhalts“ durch den Konkursverwalter wählte,[702] sei die Einschränkung der Unterhaltsempfänger vor dem Hintergrund der Einbeziehung des Neuerwerbs in die Insolvenzmasse gemäß § 35 InsO zu betrachten. Da prognostiziert wurde, dass § 100 InsO durch diese Regelung mehr praktische Bedeutung gewinnen werde,[703] sollte der Kreis der Berechtigten, jedenfalls hinsichtlich der vorläufigen Gewährung, eingeschränkt werden. Zudem sei der Verwalter in der Höhe der Leistungen beschränkt; dieser könne nur eine der Hilfe zum Lebensunterhalt gemäß § 27 SGB XII oder § 20 SGB II entsprechende Leistung gewähren.[704]

b) Anspruch auf Unterhaltsgewährung

Die Frage, ob der selbständige Schuldner nach Insolvenzeröffnung einen Anspruch auf Partizipation an seinem Neuerwerb hat, wird teilweise unter dem Aspekt „Anspruch auf Unterhalt aus der Insolvenzmasse“ im Rahmen des § 100 InsO geführt. So kann die Gläubigerversammlung gemäß § 100 Abs. 1 InsO beschließen, ob und in welchem Umfang dem Schuldner und seiner Familie Unterhalt aus der Insolvenzmasse gewährt werden soll. Gemäß § 100 Abs. 2 InsO kann der Insolvenzverwalter mit Zustimmung des Gläubigerausschusses, wenn ein solcher bestellt ist, bis zur Entscheidung der Gläubigerversammlung dem Schuldner den notwendigen Unterhalt gewähren. Da es sich dem Wortlaut nach um eine Ermessensvorschrift handelt, werden unterschiedliche Wege vertreten, zu einem gebundenen Anspruch auf „Unterhalt aus der Insolvenzmasse“ zu gelangen. *Smid*[705] betrachtet den Schuldner im Fall einer „Verweigerung der Freigabeerklärung“ als „Mitarbeiter der Masse“. Da die Arbeitskraft des Schuldners zwar nicht vom Insolvenzbeschlag erfasst sei, dieser aber aufgrund seiner Mitwirkungsverflichtung gemäß § 97 Abs. 1 InsO zur Unterstützung der Betriebsfortführung verpflichtet sei, müsse die Vorschrift des § 100 InsO aus Gründen des Art. 12 Abs. 1 GG teleologisch reduziert werden. Da der Schuldner zwar selbständig tätig sei, seine Tätigkeit aber mit Mitteln der Masse und für die Masse ausübe und sämtlicher Erlös der Masse zustehe, sei er insofern jedenfalls wirtschaftlich in einer Lage,

---

702 In der KO stand die Gewährung notdürftigen Unterhalts durch den Verwalter jedoch unter dem Vorbehalt der Genehmigung durch das Insolvenzgericht, vgl. 129 Abs. 1 KO.

703 Vgl. MüKo-InsO/*Passauer/Stephan* § 100 InsO Rdnr. 6, die darauf hinweisen, dass die Regelungen in der KO kaum praktische Bedeutung hatten.

704 A/G/R- *Pieckenbrock* § 100 InsO Rdnr. 15.

705 DZWIR 2008, 133, 138.

die einem abhängig Beschäftigten entspreche. Dem mitarbeitenden Schuldner sei daher jedenfalls der Pfändungsfreibetrag nach Maßgabe des § 850 c ZPO auszukehren, ohne dass der Verwalter diesbezüglich eine Entscheidung der Gläubigerversammlung herbeiführen müsse.

Andere Auffassungen sehen einen Anspruch auf Unterhalt aus der Masse gemäß § 100 InsO unter dem Gesichtspunkt der Gewährung des Existenzminimums. Hierbei wird nicht differenziert, ob es sich um einen selbständigen oder unselbständigen Schuldner handelt.[706] Argumentiert wird, dass sich aus dem Sozialstaatsprinzip der Anspruch auf Sicherung des Existenzminiums ergebe. Die Gläubigerversammlung bzw. der Verwalter seien an das verfassungsrechtliche Gebot aus Artt. 1 Abs. 1, 20 Abs. 1, 3 GG gebunden, da die Rechte der Insolvenzgläubiger auf Befriedigung aus der Insolvenzmasse aus dem hoheitlichen Exekutionsakt des Insolvenzbeschlages herzuleiten seien.[707]

Früher vertretene Auffassungen,[708] die vor der gesetzlichen Klarstellung, dass § 850 i ZPO im Insolvenzverfahren Geltung haben solle, vertreten wurden, unterschieden zwischen der Gruppe der Selbständigen und der Gruppe der nicht Selbständigen. Nur für die Selbständigen müsse sich ein Anspruch auf das Existenzminimum ergeben, da diese keine Möglichkeit hätten, einen Pfändungsschutz im Verfahren zu erlangen. Für die Gruppe der nicht Selbständigen ergebe sich aber aus der Vorschrift des § 100 InsO kein Anspruch auf das Existenzminimum, da es sich dem Wortlaut nach nur um eine Ermessensvorschrift handele.

Die überwiegende Mehrheit lehnt einen Anspruch aus § 100 InsO hingegen nach geltendem Recht ab. Auch für den Fall, dass der Schuldner selbständige sei, lasse sich die Ansicht nicht halten, dem Insolvenzschuldner müssten nach Verfassungsrecht aus der Insolvenzmasse Beträge überlassen werden, die ihm das an den Sozialhilfesätzen orientierte Existenzminimum sichern. Wegen des fehlenden Anspruchscharakters des § 100 InsO diene die Vorschrift nicht der Entlastung öffentlicher Kassen und der Vermeidung von Sozialhilfe.[709]

---

706 *Rohleder*, Unterhaltsansprüche in der Insolvenz, S. 71 Rdnr. 258; KS-InsO/*Kohte*, 2. Aufl., S. 806 Rdnr. 88; *Grote*, Einkommensverwertung, S. 94; Uhlenbruck/*Uhlenbruck* bis zur 12. Aufl., § 100 InsO Rdnr. 2; *Kohte*, *Grote* und *Uhlenbruck* haben ihre Auffassungen jedoch zu einer Zeit publiziert, als die pfändungsgeschützten Beträge unter Sozialhilfeniveau lagen.

707 *Rohleder*, Unterhaltsansprüche in der Insolvenz, S. 55 Rdnr. 195.

708 *Vallender*, InVo 1999, 334, 339 f.

709 OLG Celle, Beschl. v. 21.1.2010, 5 U 90/09, Rdnr. 35 (juris); *Lüke*, in: Kübler/Prütting/Bork § 100 InsO Rdnr. 2; HK-InsO/*Kayser* § 100 Rdnr. 2; *Keller*, NZI 2007, 316, 318; Jaeger/*Schilken* § 100 InsO Rdnr. 15; MüKo-InsO/*Passauer/Stephan* § 100

c) Justiziabilität der Entscheidungen

Ein Rechtsmittel sieht das Gesetz nicht vor. Möglich ist allein, das Insolvenzgericht zum Nachkommen seiner Aufsicht gemäß § 58 InsO anzuregen. Das Insolvenzgericht ist nach herrschender Auffassung jedoch nicht befugt, den Beschluss abzuändern.[710]

Von den Vertretern der Ansicht, dass § 100 InsO einen gebunden Anspruch auf das Existenzminimum ermögliche, wird vertreten, dass das Insolvenzgericht den Insolvenzverwalter gemäß § 58 InsO anweisen könne, bei Gefährdung des Existenzminimums, dem Schuldner bzw. den Unterhaltsberechtigten, Unterhalt zu gewähren.[711] Teilweise[712] wird auch vertreten, § 78 InsO sei zu Gunsten des Schuldners bzw. seiner Angehörigen analog anzuwenden und diesen ein Beschwerderecht zuzubilligen.

2. Stellungnahme

Es ist mit der herrschenden Meinung davon auszugehen, dass die Kompetenz der Gläubigerversammlung, im Vergleich zum Insolvenzverwalter, dahingehend erweitert ist, dass diese über den Empfängerkreis der gesetzlichen Unterhaltsberechtigten hinaus Unterhaltsempfänger bestimmen könne. Dies entspricht dem Grundsatz der Gläubigerautonomie und entspricht auch dem Willen des historischen Gesetzgebers und Reformgesetzgebers. Bereits § 132 Abs. 1 KO stellte die Unterhaltsgewährung sowohl hinsichtlich des Adressatenkreises als auch hinsichtlich der Höhe in das Ermessen der Gläubiger. Hieran sollte sich nach dem Willen des Gesetzgebers durch die Insolvenzordnung nichts ändern.[713] Zwar hatte in § 129 Abs. 1 KO auch der Insolvenzverwalter bei der vorläufigen Gewährung das Recht, den Empfängerkreis nicht nur auf die gesetzlichen Berechtigten zu

---

Rdnr. 20; FK-InsO/*App* § 100 Rdnr. 9; Uhlenbruck/*Uhlenbruck*, ab der 13. Auflage, § 100 InsO Rdnr. 2.

710 A/G/R-*Pieckenbrock* § 100 InsO Rdnr. 17; MüKo-InsO/*Passauer/Stephan* § 100 InsO Rdnr. 24; Jaeger/*Schilken* § 100 InsO Rdnr. 17.

711 *Rohleder*, Unterhaltsansprüche in der Insolvenz, S. 70 Rdnr. 256.

712 Uhlenbruck/*Uhlenbruck*, § 100 InsO Rdnr. 3 (bis zur. 9. Aufl.), ab der 10. Aufl: keine Anwendbarkeit des § 78 InsO, § 100 InsO Rdnr. 3.

713 Zwar sollte im Referentenentwurf des BMJ zunächst das Ermessen der Gläubiger insofern eingeschränkt werden, als ein Anspruch des Schuldners bzw. seiner Angehörigen begründet werden sollte, vgl. RegE BT-Drucks. 12/2443 S. 9, diese Vorschläge sind aber nicht Gesetz geworden.

begrenzen. Diese Entscheidung stand jedoch unter dem Vorbehalt der Zustimmung des Insolvenzgerichtes.

Auch in der Konkursordnung gab es die Möglichkeit des Schuldners, für sich und seine Familie Unterhalt zu erlangen. § 129 Abs. 1 und § 132 Abs. 1 KO sahen demnach, wie heute § 100 Abs. 1 und Abs. 2 InsO vor, dass für eine Entscheidung über eine Unterhaltsgewährung grundsätzlich die Gläubigerversammlung zuständig ist (§ 132 KO, jetzt § 100 Abs. 1 InsO); gemäß § 129 Abs. 1 KO (heute § 100 Abs. 2 InsO) konnte der Verwalter jedoch bis zur Entscheidung einen „notwendigen Unterhalt" gewähren. Ein gebundener Anspruch auf Unterhalt wurde aus den §§ 129, 132 KO jedoch nicht hergeleitet.[714] Das spricht dafür, auch aus dem auf die §§ 129, 132 KO zurückzuführenden § 100 InsO einen solchen Anspruch nicht herzuleiten. Allerdings ist die Rechtslage in der Insolvenzordnung insofern anders, als dem Schuldner zur Zeit der Geltung der Konkursordnung die Insolvenzmasse gemäß § 1 KO auf das zur Zeit der Eröffnung des Verfahrens bestehende Vermögen beschränkt wurde, während § 35 Abs. 1 Satz 2 InsO auch den Neuwerb haftungsrechtlich der Masse zuerkennt. Zur Zeit der Geltung der Konkursordnung konnte daher der selbständig Tätige auf seinen Neuerwerb zugreifen und seinen Unterhalt hieraus bestreiten.

Gegen einen Anspruch des Schuldners auf Sicherung seines Existenzminimums über § 100 InsO spricht, dass die heutigen Pfändungsfreigrezen über dem sogenannten Existenzminimum liegen. Im Fall einer abhängigen Beschäftigung kann der Schuldner für sich und seine Angehörigen daher gemäß §§ 35, 36 Abs. 1 Satz 2 InsO, 850 Abs. 2, 850 c ZPO unpfändbares Einkommen oberhalb des Existenzminimums erlangen. Was den selbständigen Schuldner anbelangt, so ist die rechtliche Begründung, dass diesem gemäß § 100 InsO sein Existenzminimum gewährt werden müsse, insofern überholt, da über § 36 Abs. 1 Satz 2 InsO nunmehr § 850 i ZPO Anwendung findet. Wie oben festgestellt, ist diese Regelung, dass dem selbständigen Schuldner kein ex ante - Schutz seines unpfändbaren Neuerwerbs zugebilligt wird, gemäß Art. 3 Abs. 1 GG verfassungswidrig. Hieraus ergibt sich jedoch die gesetzgeberische Notwendigkeit, das Einkommen aus selbständiger Tätigkeit dem Arbeitseinkommen gleichzustellen. Bis zur Beseitigung des verfassungswidrigen Zustands hat der Schuldner im Wege einer verfassungsfonformen Auslegung gemäß Art. 3 Abs. 1 GG im Antragsverfahren gemäß § 36 Abs. 1 Satz 2 InsO i.V.m. 850 i ZPO einen Anspruch auf Gleichbehandlung mit dem nicht selbständigen Schuldner. Dies führt, wie ausgeführt, einerseits zur Unanwendbarkeit der Ermessensgesichtspunkte gemäß §§ 850 i Abs. 1 Satz 2 und 3

---

714 *Kilger*, § 129 Rdn. 132 KO.

ZPO. Um eine Gleichstellung auch in verfahrensrechtlicher Hinsicht zu erreichen, muss andererseits die planwidrige Regelungslücke des fehlenden „ex ante-Schutzes“ durch eine analoge Anwendung des § 940 ZPO in der Form der Leistungsverfügung geschlossen werden. Es widerspricht demnach nicht dem Sinn und Zeck der Vorschrift des § 100 InsO, einen gebundenen Anspruch auf Sicherung des Existenzminimums des Schuldners und seiner Angehörigen im Sinne eines Anspruches gegen die Masse auszuschließen, da dieses bereits aus dem Neuerwerb zu sichern ist. Hierfür spricht auch die fehlende Regelung, gegen die Entscheidung gemäß § 100 InsO Rechtsmittel einzulegen. Eine solche Möglichkeit soll sich von den Vertretern einer Ermessensverdichtung ebenfalls über den Wortlaut hinaus ergeben. Nach dem ausdrücklichen Willen des Gesetzgebers ist demnach weder ein gebundener Anspruch, noch ein Rechtsweg gegen die Entscheidung der Gläubigerversammlung gewünscht.

Da § 100 InsO demnach keine existenzsichernde Wirkung beizumessen ist, ist die Bedeutung des § 100 InsO auf die Fälle zu beschränken, in denen dem Schuldner – über den unpfändbaren Anteil hinaus - massebefangenes Vermögen oder Neuerwerb zugebilligt werden sollen. So kann es im Interesse der Gläubiger sein, dem Freiberufler zu Motivationszwecken mehr als den Pfändungsfreibetrag zuzubilligen.[715] Dieser Normzweck ist einerseits mit dem fehlenden Anspruchscharakter der Norm in Einklang zu bringen. Andererseits spricht hierfür auch die *de lege lata* nicht bestehende Justiziabilität der Entscheidung gemäß § 100 InsO.

II. Familienrechtliche Gläubiger in der Eigenverwaltung

Nach dem Willen des Gesetzgebers sollen die Gläubiger aufgrund der ihnen vom Gesetz eingeräumten Autonomie darüber bestimmen können, ob dem Schuldner im Einzelfall die Insolvenzabwicklung selbst überlassen werden kann.[716] Gleichwohl setzt die Anordnung zwingend einen entsprechenden Antrag des Insolvenzschuldners voraus; ohne einen solchen kann das Insolvenzgericht die Eigenverwaltung nicht anordnen.[717] Im Gegensatz zur Regelabwicklung bleibt dem Schuldner

---

715 Vgl. PK-H-W-F/*Schmerbach* § 100 InsO Rdnr. 12: „Ein Zahnarzt bohrt nicht zehn Stunden für den Pfändungsfreibetrag.“

716 BT-Drucks.12/2443 S 269.

717 Nerlich-Römermann/*Riggert* § 270 InsO Rdnr. 18; Andres/Leithaus/*Andres* § 270 InsO Rdnr. 2.

die Verwaltungs- und Verfügungsbefugnis nach § 270 Abs. 1 Satz 1 InsO erhalten. Der Schuldner wird hierdurch in die Lage versetzt wird, selbst verfahrensleitende Entscheidungen zu treffen und erhält daher in der Eigenverwaltung eine starke Position.[718] So ist der Schuldner gemäß § 278 Abs. 1 InsO berechtigt, für sich und die in § 100 Abs. 2 Satz 2 InsO genannten Familienangehörigen aus der Insolvenzmasse die Mittel zu entnehmen, die unter Berücksichtigung der bisherigen Lebensverhältnisse des Schuldners eine bescheidene Lebensführung gestatten. Im Gegensatz zu § 100 InsO liegt die Kompetenz der Unterhaltgewährung weder bei den Gläubigern noch bei Verwalter oder Gericht. Diese ist vielmehr dem Schuldner selbst in die Hände gelegt.

1. Meinungsstand und Diskussionen

Hinsichtlich des Entnahmerechtes des Schuldners für sich und seine Berechtigten ist von Bedeutung, in welcher Höhe und für welchen Personenkreis Unterhalt entnommen werden darf. Ferner ist aus Sicht der Berechtigten von Belang, ob sie ein eigenes Entnahmerecht haben und wie sie ihre Rechte ggf. durchsetzen können.

a) Entnahmerecht des Schuldners und Unterhaltshöhe

Ringstmeier[719] misst § 278 Abs. 1 InsO nur eine Bedeutung für den über den unpfändbaren Anteil hinausgehenden Unterhalt bei, da der „unpfändbare Anteil des Neuerwerbes" im Rahmen der Eigenverwaltung erst gar nicht Insolvenzmasse werde. Auf einen Antrag gemäß § 36 Abs. 1 Satz 2 InsO i.V.m. § 850 i ZPO komme es nicht an. Die Höhe müsse nach einem individuellen Maßstab bemessen werden, bei welchem weder auf den Vergleichsmaßstab der Pfändungsfreigrenzen noch der SGB-II- Regelsätze abgestellt werden könne.[720]

Ein anderer Teil der Lehre sieht in § 278 Abs. 1 InsO eine Art „Freigabe".[721] Die Bestimmung müsse mit § 35 InsO harmonisiert werden. Es handele sich bei

718 vgl. A/G/R-*Ringstmeier* § 270 InsO Rdnr. 1: diese löse bei Gerichten und Gläubigern „Unbehagen" aus; vgl auch FK-InsO/*Foltis* § 278 Rdnr. 6 der auf den geringen Praxiswert der Eigenverwaltung hinweist sowie eingehend zu den „Gefahren" des Entnahmerechts in der Eigenverwaltung Rdnr. 3.

719 A/G/R- *Ringstmeier* § 278 InsO Rdnr. 3.

720 Hess/*Hess* § 278 InsO Rdnr. 3: A/G/R- *Ringstmeier* § 278 InsO Rdnr. 3.

721 FK-InsO/*Foltis* § 278 Rdnr. 7; Nerlich/Römermann/*Riggert* § 278 InsO Rdnr. 3; PK-H-W-F/*Schmerbach* § 278 InsO Rdnr. 10.

der Entnahme letztlich um einen Zugriff auf den Neuerwerb, welcher gemäß § 35 InsO Bestandteil der Insolvenzmasse sei. Innerhalb dieses Ansatzes wird die Höhe der Entnahme unterschiedlich bewertet. Teilweise wird vertreten, der Begriff der „bescheidenen Lebensführung" habe hierbei keine rechtlich durchsetzbare Bedeutung, sondern sei nur „Orientierungshilfe" für den Schuldner. Die Bestimmung des § 278 Abs. 1 InsO sei ferner subsidiär; die Mittel der bescheidenen Lebensführung soll der Schuldner zunächst von dem unpfändbaren Teil seines Einkommens bestreiten.[722] Teilweise wird dem Schuldner sogar zugebilligt, auf die Lebensverhältnisse vor dem Insolvenzfall abstellen zu dürfen: Im Ergebnis habe dies zur Konsequenz, dass derjenige Schuldner, der vor dem Insolvenzantrag eine großzügige Lebensführung gewohnt war, Entnahmen in größerem Umfang tätigen dürfe, als der schon bisher eher bescheiden lebende Schuldner. Als allgemeine Untergrenze gelte aber, dass dem Schuldner jedenfalls mehr verbleiben müsse als der notwendige Unterhalt.[723]

Nach einem weiteren Teil der Lehre könne es im Rahmen des § 278 Abs. 1 InsO sowohl um Entnahmen für einen Spitzenbedarf gehen, der über die Pfändungsfreigrenzen hinausgehe, als auch um einen Bedarf im Rahmen der Pfändungsfreigrenzen, der aber mangels unpfändbaren Vermögens nicht aus solchen gedeckt werden könne.[724] Den Schuldner treffe bei der Entnahme eine Obliegenheit, das Recht nicht zu missbrauchen; der Verstoß gegen diese Obliegenheit zöge jedoch keine Sanktion nach sich.[725] Auch innerhalb dieses dogmatischen Ansatzes ist die Höhe des Unterhalts umstritten. Während einerseits davon ausgegangen wird, dass der Schuldner befugt sei, der Höhe nach mehr als den SGB-II-Regelsatz zu entnehmen, jedoch nicht mehr als ihm im Regelinsolvenzverfahren zustände, da der Schuldner nicht besser gestellt sein solle,[726] sei der Schuldner nach anderer Auffassung berechtigt, deutlich mehr zu beanspruchen als den „notwendigen Unterhalt" i.S.v.§ 100 Abs. 2 Satz 1 und des Sozialhilferechts.[727]

---

722 MüKo-InsO/*Wittig-Tetzlaff* § 278 Rdnr. 11.

723 Nerlich/Römermann/*Riggert* § 278 Rdnr. 3.

724 MüKo-InsO/*Wittig-Tetzlaff* § 278 Rdnr. 6.

725 MüKo-InsO/*Wittig-Tetzlaff* § 278 Rdnr. 9.

726 MüKo-InsO/*Wittig-Tetzlaff* § 278 Rdnr. 11.

727 Uhlenbruck/*Uhlenbruck* § 278 InsO Rdnr. 7; HK-InsO/*Landfermann* § 278 Rdnr. 2; Graf-Schlicker/*Graf-Schlicker* § 278 InsO Rdnr. 3.

b) Entnahmerecht der Unterhaltsberechtigten

Nach dem Wortlaut der Norm ist der Schuldner zudem berechtigt, für seine in § 100 Abs. 2 Satz 2 InsO genannten Unterhaltsberechtigten den Unterhalt zur bescheidenen Lebensführung zu entnehmen. Die Regelung wird nach allgemeiner Auffassung dahingehend ausgelegt, dass die in der Vorschrift genannten gesetzlichen Unterhaltsberechtigten nur dann ein „Unterhaltsrecht" haben, wenn sie nicht aufgrund einer vertraglichen Regelung im Unternehmen mitarbeiteten und hierdurch bereits Ansprüche herleiten könnten.[728] Ein eigenes Entnahmerecht der Berechtigten wird einhellig abgelehnt; die Regelung diene allein der Bemessung der Entnahmehöhe durch den Schuldner.[729]

2. Stellungnahme

Soweit *Ringstmeier* einerseits die grundsätzliche Notwendigkeit eines Antrages nach § 36 Abs. 1 Satz 2 InsO i.V.m. § 850 i ZPO bejaht, andererseits jedoch konstatiert, dass es auf einen solchen im Rahmen der Eigenverwaltung nicht ankomme, erscheint dies insofern inkonsequent, als die Regelungen zum Neuerwerb gemäß § 35 InsO durch die Eigenverwaltung nicht aufgehoben werden. Allein die Vermögens – und Verfügungsbefugnis des § 80 Abs. 1 InsO obliegt - abweichend zur Regelabwicklung – dem Schuldner.[730] Dogmatisch stringenter erscheint daher die Auffassung, wonach sich das Entnahmerecht als „Freigabe" eines Teiles der Insolvenzmasse darstellt, über das der Schuldner entscheiden darf. Gegen die Auffassung, die das Entnahmerecht als eine Art „Freigabe" ansieht, spricht aber, dass hier offenbar von einer Gesetzesanalogie des § 35 Abs. 2 InsO ausgegagen wird. Es fehlt aber bereits an einer Gesetzeslücke, da nach dem bereits festgestellten Ergebnis die Regelung, dass dem selbständigen Schuldner kein ex ante- Schutz seines unpfändbaren Neuerwerbs zugebilligt wird, gemäß Art. 3 Abs. 1 GG verfassungswidrig ist. Hieraus ergibt sich jedoch die gesetzgeberische Notwendigkeit, das Einkommen aus selbständiger Tätigkeit dem Arbeitseinkommen gleichzustellen. Eine Notwendigkeit einer analogen Anwendung des § 35 Abs. 2 InsO besteht demnach nicht. Genau wie § 100 InsO dient die Unterhaltsgewährung im Rahmen des § 278 Abs. 1 InsO nicht der Existenzsicherung des Schuldners. § 278 Abs. 1 InsO

728 FK-InsO/*Foltis* § 278 Rdnr. 11 m.w.N.; das gleiche gelte für den Schuldner, vgl. *ders.*, a.a.O. Rdnr. 8.

729 FK-InsO/*Foltis* § 278 Rdnr. 11; Uhlenbruck/*Uhlenbruck* § 278 InsO Rdnr. 10.

730 Karsten Schmidt/*Undritz* vor § 270 InsO Rdnr. 1.

kann daher – genau wie § 100 InsO in der Regelabwicklung – nicht bezwecken, den unpfändbaren Teil des Lebensunterhaltes des Schuldners und seiner Berechtigten sicherzustellen. Es geht vielmehr darum, ggf. Beträge zu Motivationszwecken (im Interesse der Gesamtgläubigerschaft) zusätzlich dem Schuldner zu überlassen. Dies spricht dafür, § 278 Abs. 1 InsO auch hinsichtlich der Höhe der Beträge als Parallelvorschrift zu § 100 Abs. 1 InsO auszulegen. In § 100 Abs. 1 InsO kann die Gläubigerversammlung den Umfang und den Empfängerkreis nach ihrem Ermessen beschließen. § 278 Abs. 1 InsO verleiht dem Schuldner zwar nicht die Kompetenz, den Empfängerkreis frei zu bestimmen; insofern ist das Ermessen des Schuldners eingeschränkt. Dieses ist gleichlautend mit der Entscheidungskompetenz des Insolvenzverwalters zur vorläufigen Gewährung nach § 100 Abs. 2 InsO.

Dem Schuldner wird jedoch gestattet, auch sonstige Mittel aus der Insolvenzmasse zu entnehmen, die *unter Berücksichtigung der bisherigen Lebensverhältnisse des Schuldners eine bescheidene Lebensführung* ermöglichen. Hierin ist in die Hände des Schuldners ein Ermessen gelegt, die Höhe des Unterhaltes anhand von Ermessenkriterien frei bestimmen zu dürfen. Dies ergibt sich einerseits aus der systematischen Parallelität zu § 100 Abs. 1 InsO und dem Sinn und Zweck beider Vorschriften: Beiden Vorschriften ist gemein, dass es sich um Masseverbindlichkeiten handelt; bei beiden Vorschriften stammen die Mittel der Gewährung nicht (nur) aus dem Neuerwerb, sondern aus der Masse „im Ganzen“; beide Vorschriften bezwecken nicht, die Existenz des Schuldners und seiner Angehörigen sicher zu stellen. Beide Vorschriften bezwecken vielmehr, dem Schuldner und seinen Berechtigten zu Motivationszwecken einen „Spitzenunterhalt“ zu gewähren.

Hierfür ist auch anzuführen, dass es sich anderenfalls als Ungleichbehandlung des eigenverwaltenden Schuldners mit dem Schuldner der Regelabwicklung darstellen würde, wenn dieser allein einen Anspruch auf „Sozialhilfeniveau“ erhielte, was er, wie festgestellt, auch nicht benötigt, da sein Lebensunterhalt bereits gesichert ist.

Möglicherweise spricht für die restriktiven Auslegungsvorschläge zur Höhe des Unterhaltes, dass eine solche Entscheidungskompetenz des eigenverwaltenden Schuldners ein enormes Risiko für die Masse darstellt. Als Sanktionsmöglichkeit für unberechtigte Entnahmen kommt lediglich die Aufhebung der Eigenverwaltung gemäß § 272 InsO in Betracht sowie die Anordnung der Zustimmungsbedürftigkeit, § 277 InsO.[731] Wegen des Verbleibs der Vermögens – und Verfügungsbefugnis

731 A/G/R-*Ringstmeier* § 278 InsO Rdnr. 9; FK-InsO/*Foltis* § 278 Rdnr. 15; Uhlenbruck/*Uhlenbruck* § 278 InsO Rdnr. 12.

bleiben jedoch schädigende Rechtshandlungen wirksam.[732] Eine Rückzahlung in die Masse dürfte an der Vermögenslosigkeit des Schuldners scheitern.[733] Dies lässt aber gleichwohl nicht den Schluss zu, die Entnahmebefugnis des Schuldners so zu begrenzen, dass ein Abstellen auf die „bisherigen Lebensverhältnisse" nicht zulässig sei oder dann entfallen soll, wenn der Schuldner seine unpfändbaren Einkünfte schon anderweitig habe decken können.[734] Eine derartige teleologische Reduktion, gegen den eindeutigen Wortlaut der Norm, scheitert daran, dass die Vorschrift erst an Bedeutung gewinnt, *über die unpfändbaren* Einkünfte hinaus, hinsichtlich eines Spitzenunterhaltes. § 278 Abs. 1 InsO würde anderenfall praktisch keine Bedeutung haben. Wenn diese Auffassung auf den Willen des Gesetzgebers, wie er in der Gesetzesbegründung zum Ausdruck kommt, abstellt,[735] so muss hierzu vorgebracht werden, dass dies im Gesamtzusammenhang mit der Einbeziehung des gesamten Neuerwerbs in die Insolvenzmasse zu sehen ist. Die Begründung ist bereits deshalb nicht stimmig, da sie auf einen „unpfändbaren Teil des laufenden Einkommens" des Schuldners abstellt. Einen solchen gibt es nach dem Willen des Gesetzgebers aber nur beim Arbeitnehmer. Der Gesetzgeber hat nach Einführung der Insolvenzordnung auch erkannt, dass die Existenz der selbständigen Schuldner keinesfalls, wie die der Arbeitnehmer, gesichert war, was er durch die Klarstellung in § 36 Abs. 1 Satz 2 InsO, dass § 850 i ZPO auch im Insolvenzverfahren gelte, auch deutlich gemacht hat. Im Übrigen ist nach dem Willen des Gesetzgebers das Institut der Eigenverwaltung für Kleininsolvenzverfahren bzw. Verbraucherinsolvenzverfahren gemäß § 312 Abs. 3 InsO ausdrücklich ausgeschlossen, was ebenfalls gegen eine existenzsichernde Wirkung des § 278 Abs. 1 InsO spricht.

Der Gesetzgeber wollte eine § 56 VerglO vergleichbare Lösung schaffen.[736] § 56 erlaubte dem Schuldner ebenfalls die – eigenständige - Mittelentnahme für sich und seine Berechtigten; jedoch nur im Rahmen „bescheidener Lebensführung" ohne Abstellen auf die bisherigen Lebensumstände des Schuldners. Dennoch kann dies nicht eine restriktive Auslegung der Mittelentnahme im Rahmen der Eigenverwaltung begründen. § 56 VerglO sah verbesserte Sanktionsmöglichkeiten gegen unberechtigte Entnahmen vor: So konnte das Gericht Sicherungsmaßnahem gemäß § 12

---

732 FK-InsO/*Foltis* § 278 Rdnr. 12.

733 A/G/R-*Ringstmeier* § 278 InsO Rdnr. 9.

734 *Pape*, in: Kübler/Prütting/Bork § 278 InsO Rdnr. 6 f.; MüKO-InsO/*Wittig-Tetzlaff* § 278 Rdnr. 5.

735 Vgl. Begr. RegE zu § 339, BT-Drucks 12/2443 S. 224: „Häufig werden diese Mittel aus dem unpfändbaren Teil seines Einkommens bestritten werden können; insofern entfällt ein Recht auf Entnahme aus der Insolvenzmasse."

736 Vgl. Begr. RegE zu § 399, BT-Drucks. 12/2443 S. 224.

VerglO anordnen, bei einem Verstoß nach der Eröffnung des Vergleichsverfahrens (§ 20 VerglO) war das Verfahren nach § 100 Abs. 1 Nr. 5 VerglO einzustellen und über die Eröffnung des Anschlusskonkurses zu entscheiden (§ 101 VerglO). Im Anschlusskonkursverfahren unterlagen z.B. pflichtwidrige Schenkungen, anders als in der geltenden Rechtslage, der Anfechtung, § 32 Nr. 1 KO. Es sollte mit dem Hinweis auf § 56 VerglO jedoch nur eine „Anlehnung" an die frühere Rechtslage geschaffen werden. Der Gesetzgeber hat mit der Regelung der Eigenverwaltung vielmehr ein neues Rechtssystem geschaffen; insbesondere die Regelung zum Neuerwerb war völlig anders geregelt. Zweck des § 56 InsO war zudem ein völlig anderer. Während es bei der Eigenverwaltung um die gemeinschaftliche Befriedigung der Gläubiger geht (§ 1 InsO),[737] bezweckte § 56 VerglO die eigene Sanierung des Schuldners.[738] Der Gesetzgeber hat sich bei der Eigenverwaltung nunmehr ausdrücklich dafür entschieden, auf die früheren Lebensverhältnisse im Rahmen der Eigenverwaltung abzustellen, um den bisherigen Unternehmer bei Fortführungsfällen zu motivieren, sein Wissen und seine Fähigkeiten zu Gunsten der verbesserten Massegenerierung gewinnbringend einzusetzen.[739] Eine vergleichende, restriktive Auslegung der Kompetenz des Schuldners, Mittel zu entnehmen, ist daher nicht zulässig.

Der Schuldner darf in seine Ermessensentscheidung daher ausdrücklich auch seine bisherigen Lebensumstände einbeziehen; allerdings müssen diese noch im Rahmen der „bescheidenen Lebensführung" liegen. Nach den bisherigen Feststellungen dürfen diese über den pfändungsfreien Beträgen anzusiedeln sein. Die Ermessenskriterien müssen beide Zielsetzungen des Eigenverwaltungsverfahrens (gemeinschaftliche Gläubigerbefriedigung, § 1 InsO sowie Motivation des Schuldners, seine Arbeitskraft bestmöglich einzubringen) einbeziehen. Eine Entnahme entfällt, wenn Masseunzulänglichkeit gemäß § 208 InsO vorliegt.[740]

---

737 Vgl. FK-InsO/*Foltis* § 278 Rdnr. 6.

738 FK-InsO/*Foltis* § 278 Rdnr. 6.

739 BT-Drucks. 12/2443 vor § 331.

740 A/G/R-*Ringstmeier* § 278 InsO Rdnr. 10; sowie zum Meinungsstreit, ob die Entnahme im Fall der Masseunzulänglichkeit den Rang des § 209 Abs. 1 Nr. 3 letzter HS InsO einnimmt.

Teil 4: Familienrechtliche Gläubiger im Insolvenzplanverfahren

Das Insolvenzplanverfahren gemäß §§ 217 ff. InsO stellt eine gleichberechtigte Alternative zum Regelinsolvenzverfahren dar[741] und sollte das Kernstück des neuen Insolvenzrechts darstellen.[742] Es ist eine der wesentlichen Neuerungen, die mit der Insolvenzordnung eingeführt wurden. Der Insolvenzplan gestattet eine vom Insolvenzverfahren abweichende Art der Verwertung und Verteilung. Dabei wird den Gläubigern die Entscheidung über eine wirtschaftlich bestmögliche Insolvenzverwaltung selbst überlassen. Zugleich werden aber auch die Rechtmäßigkeit des staatlichen Vollstreckungsverfahrens und die Interessen von Minderheiten gewahrt. Die Verfahrensbeteiligten sollen ohne Vorgaben des Gesetzgebers die aus ihrer Sicht beste wirtschaftliche Lösung suchen und verbindlich festlegen.[743]

Die beteiligten Gläubiger müssen den beabsichtigten Regelungen gemäß §§ 235–244 InsO grundsätzlich zustimmen. Gemäß § 245 InsO kann das Gericht jedoch unter den dort genannten Voraussetzungen auch die Zustimmung ersetzen. Hierbei ist umstritten, inwiefern eine solche Zustimmungsersetzung gegen den Willen der familienrechtlichen Gläubiger zulässig und rechtswirksam ist.

I. Familienrechtliche Insolvenzgläubiger

Unterhaltsrechtliche Insolvenzgläubiger sind Beteiligte[744] des Planverfahrens, deren Rechtsstellung und Befriedigung auch gegen ihren Willen durch einen Plan geändert werden können. Die Wirkung eines rechtskräftig bestätigten Plans kann

---

741 Uhlenbruck/*Lüer* § 217 InsO Rdnr. 1.

742 KS-InsO/*Maus*, 2. Aufl., S. 931 Rdnr. 1; in der Praxis stellt er jedoch im Vergleich zum Regelinsolvenzverfahren die Ausnahme dar, vgl. HambK-InsO/*Thies* vor § 217 Rdnr. 14, vgl. auch: *Frege/Keller/Riedel*, Teil 4 Rdnr. 1913 a, die darauf hinweisen, dass die Akzeptanz des Planverfahrens zunehme, da prominentere Großinsolvenzen mit Planverfahren reguliert worden seien; an nahezu allen Insolvenzgerichten seien Planverfahren erfolgreich durchgeführt worden.

743 *Frege/Keller/Riedel* Teil 4 Rdnr. 1908.

744 Vgl. die Begrifflichkeit in § 217 InsO und hierzu MüKo-InsO/*Eidenmüller* § 217 Rdnr. 58, der die Beteiligten, deren Rechte auch gegen ihren Willen zu ihren Lasten geändert werden können treffend als „zwangsweise Planunterworfene“ bezeichnet.

auch gegenüber solchen Gläubigern eintreten, die dem Plan widersprochen haben (§ 254 Abs. 1 Satz 3 InsO).[745] Nach einhelliger Auffassung können die Rechte der unterhaltsrechtlichen Insolvenzgläubiger durch einen Insolvenzplan beschnitten werden.[746]

Hierfür spricht, dass unterhaltsrechtliche Insolvenzforderungen auch in der Regelabwicklung nicht besser gestellt sind als sonstige Insolvenzforderungen. Im Insolvenzplanverfahren, als Alternative zum Insolvenzverfahren, gilt daher nicht anderes, da die Regelungen der Massezuweisung der §§ 35, 36, 38, 40 InsO durch das Planverfahren nicht geändert werden. „Zwangsweise" Planunterworfene sind demnach einerseits die familienrechtlichen Gläubiger mit ihren bis zur Insolvenzeröffnung fällig gewordenen Ansprüchen „familienrechtlicher Natur" i.S.v. § 40 Satz 1 InsO. Darüber hinaus sind es die familienrechtlichen Gläubiger mit ihren ererbten Ansprüchen i.S.v. § 40 Satz 1 HS 2 InsO, sowie mit ihren nach Insolvenzeröffnung fällig werdenden Ansprüchen „nicht familienrechtlicher Natur" gemäß §§ 46, 41, 38 InsO. Das Schlechterstellungsverbot (§ 251 Abs. 1 Nr. 2 InsO) gilt ebenso für diese Gläubiger; ebenso steht ihnen das Rechtsmittel des § 253 InsO offen.[747]

II. Familienrechtliche Neugläubiger

Umstritten ist, ob ein Insolvenzplan auch in die Rechte der unterhaltsrechtlichen Gläubiger „familienrechtlicher Natur" i. S.v. § 40 Satz 1 InsO eingreifen kann hinsichtlich ihrer nach Insolvenzeröffnung fällig werdenden Ansprüche.

1. Meinungsstand

Uhlenbruck[748] hat bereits vor Einführung der Insolvenzordnung dazu Stellung bezogen und die Ansicht vertreten, dass der Insolvenzplan auch Regelungen hinsichtlich laufender und künftiger Ansprüche i.S.v. § 40 Satz 1 InsO enthalten könne, wenngleich es sich bei diesen Gläubigern nicht um „Beteiligte" i.S.v. §§ 217 ff. InsO

---

745 MüKo-InsO/*Eidenmüller* § 217 Rdnr. 59.

746 Jaeger/*Henckel* § 40 InsO Rdnr. 8; Uhlenbruck/*Hirte* § 40 InsO Rdnr. 13; *Paul*, DZWIR 2009, 186, 188.

747 Vgl. zur Problematik von „Nachzüglern" im Insolvenzplanverfahren, *Otte/Wiester*, NZI 2005, 70 ff.

748 FamRZ 1998, 1473, 1474; Uhlenbruck/*Uhlenbruck*, 9. Aufl. 2003, § 40 InsO Rdnr. 6.

handele. Ebenso hat das OLG Düsseldorf[749] entschieden, dass eine entsprechende Regelung im rechtskräftig gerichtlich bestätigten Insolvenzplan als Verzicht des unterhaltsberechtigten Gläubigers auf laufende Unterhaltsansprüche ab Eröffnung des Insolvenzverfahrens zu bewerten sei, auch wenn der Unterhaltsgläubiger dem Plan in der Gläubigerversammlung widersprochen und das Insolvenzgericht daraufhin seine Zustimmung fingiert habe.

Nach überwiegender Ansicht kann die Rechtsstellung der Unterhaltsgläubiger „familienrechtlicher Natur" hinsichtlich nach Insolvenzeröffnung fällig werdender Ansprüche jedoch durch die Regelungen im gestaltenden Teil eines Insolvenzplans nur dann geändert werden, wenn sie hierzu gemäß § 230 Abs. 2 InsO analog ihr Einverständnis gegeben haben.[750] Werde in die Rechte dieser Gläubiger eingegriffen, so stehe diesen ein Beschwerderecht zu.[751]

2. Stellungnahme

Zunächst einmal muss konkretisiert werden, was unter einem „Eingriff in die Rechte der Unterhaltsgläubiger" zu verstehen ist. Enthält der Insolvenzplan Regelungen über künftigen Unterhalt, so wird einerseits eine materiell-rechtiche Bestimmung über den Unterhaltsanspruch getroffen. Zugleich ergibt sich hieraus jedoch auch eine verfahrensrechtliche Wirkung. Denn die Rechtsnatur des Insolvenzplans ist eine doppelte; einerseits handelt es sich um einen materiell-rechtlichen Vertrag zwischen Gläubigern und Schuldner, andererseits stellt er sich aber auch als Prozessvertrag dar.[752] Für die Sichtweise, dass mit dem Plan auch materiell-rechtliche Regelungen über künftigen Unterhalt bestätigt werden können, spricht, dass § 217 Satz 1 InsO von der Insolvenzordnung abweichende Regelungen ausdrücklich vorsieht. Gegen einen Eigriff in diesem Sinne spricht aber, dass eine Mehrheitsentscheidung bzw. Zustimmungsersetzung dem Schlechterstellungsverbot des § 251 Abs. 1 Nr. 2 InsO entsprechen muss. Eine Regelung, nach der die Unterhaltsberechtigten „familienrechtlicher Natur" mit ihren

749 ZInsO 2008, 1142 f.

750 A/G/R-*Ahrens* § 40 InsO Rdnr. 9; Jaeger/*Henckel* § 40 InsO Rdnr. 5; *Paul*, DZWIR 2009, 186, 188; Uhlenbruck/*Hirte* § 40 InsO Rdnr. 13; Karsten Schmidt/*Thonfeld* § 40 InsO Rdnr. 17.

751 BGH NZI 2008, 110 f. für den Fall, dass in die Rechtsstellung eines Aussonderungsgläubigers eingegriffen wurde; ebenso MüKO-InsO/*Eidenmüller* § 218 Rdnr. 194.

752 MüKo-InsO/*Eidenmüller* § 217 Rdnr. 31 m.w.N.; eingehend zur Dogmatik der Rechtsnatur des Insolvenzplanes, *ders.*, a.a.O. Rdnr. 7 ff.

laufenden bzw. künftigen Ansprüchen möglicherweise zu einem „Zwangsverzicht“ gebracht werden, wäre jedoch eine außerordentliche Schlechterstellung im Vergleich zur Regelabwicklung. Hier sieht § 40 Satz 1 InsO gerade den Masseausschluss dieser Gläubiger und somit auch vor, dass diese, nach Insolvenzeröffnung fällig werdenden Ansprüche, nicht der Restschuldbefreiung unterfallen. Etwas anderes kann nur dann gelten, wenn über den Wortlaut des § 217 InsO hinaus, nach dem Sinn und Zweck der Vorschrift, auch eine Beteiligung von Neugläubigern anzunehmen ist. Ein solcher Zweck ist aber den Gesetzesmaterialien nicht zu entnehmen.[753] Hiergegen spricht bereits, dass das Planverfahren bei Einführung der Insolvenzordnung im vereinfachten Verfahren keine Anwendung finden sollte und unterhaltsrechtliche Neuverbindlicheiten in den beiden Verfahrensarten für natürliche Personen nach dem Willen des Gesetzgebers, wie er sich in den Materialien zeigt, nicht unterschiedlcih geregelt werden sollten. Ebenso wie in der Regelabwicklung gelten darüber hinaus auch im Planverfahren die Regelungen zur Massezuweisung, da es sich hierbei nicht um plandispositive Regelungen handelt.[754] Zwar können im Plan Abweichungen hinsichtlich der Verwertung und Verteilung der Insolvenzmasse getroffen werden.[755] Die Frage, *wer* an dieser Masse partizipert, kann durch einen Plan hingegen nicht abweichend geregelt werden, da dies eine unzulässige Disposition hinsichtlich der Massezuordnungsregelungen bedeuten würde. Neben einem nicht zu erkennenden gesetzgeberischen Willen fehlt es für die Annahme einer analogen Anwendung des § 217 Satz 1 InsO auch für Neugläubiger zudem an einer Regelungslücke. § 40 Satz 1 InsO sieht für künftige familienrechtliche Unterhaltsansprüche vor, dass diese gerade nicht an der Insolvenzmasse beteiligt werden, sondern gemäß § 89 Abs. 2 Satz 2 InsO auf den für die übrigen Gläubiger unzugänglichen Bereich zugreifen sollen. Für eine erweiternde Auslegung des § 217 InsO dahingehend, dass auch unterhaltsrechtliche Neugläubiger „zwangsweise Beteiligte“ des Planverfahrens darstellen, besteht somit keine Notwendigkeit.

---

753 BT-Drucks. 12/7302 S. 181.

754 MüKo-InsO/*Eidenmüller* § 217 Rdnr. 105; Karsten Schmidt/*Spliedt* § 217 Rdnr. 2.

755 MüKo-InsO/*Eidenmüller* § 217 Rdnr. 105; Karsten Schmidt/*Spliedt* § 217 Rdnr. 2.

Teil 5: Ergebnisse

I.

In Teil A wurde der Frage nachgegangen, welche familienrechtlichen Ansprüche nach der Insolvenzeröffnung über das Vermögen des Verpflichteten allein nach den Regelungen des Insolvenzrechts gemäß § 87 InsO geltend zu machen sind und dem insolvenzrechtlichen System der Gläubigergleichbehandlung und Restschuldbefreiung unterfallen. Von besonderem Interesse waren hierbei Ansprüche, die wiederkehrend geschuldet werden, da das Insolvenzrecht auch für nach Insolvenzeröffnung fällig werdende, wiederkehrende Leistungen die Teilnahme am Verfahren gemäß §§ 38, 41, 45, 46 InsO vorsieht. Im Gegensatz dazu bestimmt § 40 Satz 1 InsO, dass familienrechtliche Unterhaltsansprüche, soweit der Schuldner für sie nicht als Erbe haftet, für die Zeit nach der Eröffnung des Insolvenzverfahrens gerade nicht im Insolvenzverfahren geltend gemacht werden können. Hierbei wurde herausgestellt, dass sich § 40 Satz 1 InsO als spezielle Massezuordnungsregelung im Sinne einer „Masseausschlussregelung" für familienrechtliche Unterhaltsansprüche darstellt. Der Gesetzgeber der Insolvenzordnung hat durch die Regelung des § 40 Satz 1 InsO insofern den Willen des historischen Gesetzgebers nicht revidieren wollen, als eine vermögensrechtliche Verbundenheit zwischen Berechtigtem und Verpflichtetem anhand des Kriteriums der Leistungsfähigkeit Voraussetzung eines familienrechtlichen Unterhaltsanspruches ist. § 40 Satz 1 InsO ist daher - ebenso wie § 3 Abs. 2 KO - als Masseausschlussregelung jedoch (in Abkehr zur Konkursordnung) ohne Privilegierungsabsicht der familienrechtlichen Unterhaltsgläubiger zu verstehen. Denjenigen familienrechtlichen Gläubigern soll die Masse daher *nicht* dienen, deren Ansprüche aufgrund einer Bedarfsberechnung (Bedarf und Bedürftigkeit des Berechtigten und Leistungsfähigkeit des Unterhaltsverpflichteten) ermittelt wurden, soweit diese nach Insolvenzeröffnung entstehen. Diese Gläubiger werden mit ihren Ansprüchen „familienrechtlicher Natur" mit ihren nach Insolvenzeröffnung entstehenden, d.h. fällig werdenden Ansprüchen, Neugläubiger und keine Massegläubiger.

Die Regelung des § 40 Satz 1 HS 2 InsO, wonach familienrechtliche Unterhaltsansprüche im Insolvenzverfahren geltend gemacht werden können, wenn der Schuldner als Erbe des Verpflichteten haftet, wurde als Ausnahmevorschrift zur Grundregel des § 40 Satz 1 InsO erkannt. Passiv vererbbaren Unterhaltsansprüchen, die nach der Insolvenzeröffnung fällig werden, wird ebenfalls die

Insolvenzmasse zugewiesen. Passiv vererbbare Unterhaltsansprüche werden durch den Übergang auf den Erben jedoch nicht zu vermögensrechtlichen Ansprüchen, es handelt sich nach wie vor um Ansprüche „familienrechtlicher Natur". An die Stelle der Leistungsfähigkeit des Verpflichteten tritt der Haftungsumfang des Nachlasses. Die Vorschrift ist trotz der Einbeziehung des Neuerwerbs in die Insolvenzmasse systemgerecht, da die von § 40 Satz 1 HS 2 InsO erfassten Ansprüche von der Wirkung der Restschuldbefreiung erfasst werden.

Auf andere, möglicherweise vergleichbare Sachverhalte eines „Fälligwerdens eines familienrechtlichen Unterhaltsanspruches nach Insolvenzeröffnung" (z.B. im Hinblick auf die gesetzlich geregelten Fälle eines „Unterhalts für die Vergangenheit"), mit dem Ziel, diese Ansprüche ebenfalls der Restschuldbefreiung zu unterwerfen, kann die Vorschrift im Wege einer erweiternden Auslegung nicht erstreckt werden. Der *ratio legis* des § 40 Satz 1 HS 2 InsO können keine Schuldnerschutzgedanken entnommen werden.

Gläubiger „nicht familienrechtlicher Natur" partizipieren auch mit ihren nach Insolvenzeröffnung fällig werdenden Ansprüchen gemäß §§ 38, 46, 45, 41 Abs. 1 InsO an der Insolvenzmasse, indem ihre Forderungen gemäß § 41 Abs. 1, 46 InsO kapitalisiert werden. Diese Forderungen sind auch grundsätzlich von der Restschuldbefreiung erfasst, da der Gesetzgeber mit der Bestimmung des § 302 InsO abschließend bestimmt hat, *wann* eine Forderung als von der Restschuldbefreiung ausgenommen zu gelten hat.

Familienrechtliche Unterhaltsansprüche, die - da sie vor Insolvenzeröffnung entstanden sind - als Insolvenzforderungen anzusehen sind, unterliegen ebefalls sowohl dem insolvenzrechtlichen Grundsatz des *par condito creditorum* als auch der Restschuldbefreiung.

II.

Kapitel 2 der Arbeitet widmete sich den familienrechtlichen Neugläubigern des selbständigen Insolvenzschuldners in der Insolvenz - und Treuhandperiode. Hierbei wurde zunächst unterschieden, ob der Insolvenzverwalter gemäß § 35 Abs. 2 Satz 1 InsO erklärt hat, dass das Vermögen aus der selbständigen Tätigkeit zur Insolvenzmasse gehört („Positiverklärung") oder ob er dies nicht erklärt hat („Negativerklärung"). Für den Fall einer Positiverklärung wurde zunächst dargestellt, dass der Grundsatz der Einbeziehung des Neuerwerbs gemäß § 35 Abs. 1 2. Alt. InsO dazu führt, dass den unterhaltsrechtlichen Neugläubigern der Neuerwerb - im Gegensatz zur Regelung des § 3 Abs. 2 KO - als Zugriffsobjekt nicht zur Verfügung steht, sondern den Insolvenzgläubigern zugewiesen wird. Hierzu wurde festgestellt, dass die Insolvenzordnung den Neuerwerb des selbständigen Schuldners im Vergleich zum nicht selbständigen Schuldner insofern ungleich behandelt, als dem nicht Selbständigen der unpfändbare Anteil seines (Arbeits) Einkommens gemäß §§ 850 Abs. 2 ZPO, 850 c ZPO ex ante zugebilligt wird. Nach heutigem Recht kann der Selbständige zwar ex post gemäß § 36 Abs. 1 Satz 2 InsO i.V.m. § 850 i ZPO beantragen, dass ihm ein dem § 850 c ZPO vergleichbarer Anteil zugebilligt wird. Die Regelung gemäß §§ 35, 36 Abs. 1 Satz 2 InsO i.V.m. § 850 i ZPO, wonach nicht selbständige Schuldner im Gegensatz zu selbständigen Schuldnern ex ante ein unpfändbares Einkommen erhalten, während nicht selbständige Schuldner durch ein aufwändiges Antragsverfahren hierum „kämpfen" müssen, stellt jedoch nach wie vor eine Ungleichbehandlung des selbständigen mit dem unselbständigen Schuldner dar. Dies gilt auch, nachdem der Gesetzgeber mit dem Gesetz zur Reform des Kontopfändungsschutzes klargestellt hat, dass sich der Pfändungsschutz im Rahmen des § 850 i ZPO am Arbeitseinkommen auszurichten hat und nicht mehr auf den „notwendigen Unterhalt" zu beschränken ist. Diese Ungeichbehandlung ist weder dem Willen des Gesetzgebers, wie er sich in den Gesetzesmaterialien zum „Gesetz zur Reform des Kontopfändungsschutzes" und zum „Gesetz zur Neustrukturierung und Modernisierung des Pfändungsschutzes" (GNeuMoP) zeigt, noch der *ratio legis* der Pfändungsschutzbestimmungen zu entnehmen. Zudem verstößt diese Ungleichbehandlung gegen Art. 3 Abs. 1 GG, da kein sachlicher Grund für eine solche Ungleichbehandlung gegeben ist und die modifizierte Verhältnismäßigkeitsprüfung ergibt, dass insbesondere den Rechten der mittelbar Betroffenen, von Art. 6 Abs. 1 GG geschützten Unterhaltsberechtigten, hierdurch nicht hinreichend Rechnung getragen wird. Denn diese sind durch die Tatsache, dass die unmittelbare Befriedigung ihrer Ansprüche ungewiss ist, ebenfalls existentiell gefährdet. Zur Beseitigung des verfassungswidrigen Zustands wird die Einbeziehung der Einkünfte aus selbständiger Tätigkeit in den Schutzbereich der §§ 850 Abs. 2, 850 c ZPO vorgeschlagen; alle wiederkehrenden Leistungen sind demnach vom Drittschuldner nach der Tabelle des § 850 c ZPO zu berechnen. Darüber hinausgehende Beträge, die dem Selbständigen anerkannt werden sollen, sind im Antragsverfahren gemäß § 850 i ZPO darzutun.

Bis zur Beseitigung des verfassungswidrigen Zustands hat der Schuldner im Wege einer verfassungskonformen Auslegung gemäß Art. 3 Abs. 1 GG im Antragsverfahren gemäß § 36 Abs. 1 Satz 2 InsO i.V.m. 850 i ZPO einen Anspruch auf Gleichbehandlung mit dem nicht selbständigen Schuldner. Dies führt zur Unanwendbarkeit der Ermessensgesichtspunkte des § 850 i Abs. 1 Satz 2 und 3 ZPO.

Um eine Gleichstellung auch in verfahrensrechtlicher Hinsicht zu erreichen, muss die planwidrige Regelungslücke des fehlenden „ex ante-Schutzes" durch eine analoge Anwendung des § 940 ZPO in der Form der Leistungsverfügung geschlossen werden.

Auch die Unterhaltsberechtigten sind antragsbefugt gemäß § 36 Abs.1, 4 InsO i.V.m. § 850 i ZPO, so dass der unterhaltsverpflichtete Selbständige neben dem Grundfreibetrag auch den Freibetrag für die unterhaltsberechtigte Person, bis zur Beseitigung des verfassungswidrigen Zustands auch im Wege einer Leistungsverfügung analog § 940 ZPO, zugebilligt erhält. Die Zahlung des unterhaltsrechtlichen Freibetrages hat jedoch nur zu Händen des Schuldners zu erfolgen.

Die unterhaltsberechtigte Person kann ihre Neuverbindlichkeiten im Rahmen einer Pfändung gemäß § 850 i ZPO i.V.m. § 89 Abs. 2 Satz 2 InsO i.V.m. § 850 d ZPO analog gegen den Verpflichteten mit Einkommen aus selbständiger Tätigkeit pfänden lassen.

Zuständig für die Vollstreckung ist aus Gründen der Sachnähe das Insolvenzgericht, funktionell als Vollstreckungsgericht. Dies gilt auch für die Zuständigkeit für Einwendungen, auch wenn diese keinen insolvenzspezifischen Hintergrund haben.

In materiell-rechtlicher Hinsicht wurde festgestellt, dass die Obliegenheit zur Einleitung eines Insolvenzverfahrens aus der Gegenwartsbezogenheit der Unterhaltsschuld herzuleiten ist. Ermöglicht werden muss die Befriedigung *künftiger* Ansprüche. Diese Gegenwartsbezogenheit gilt grundsätzlich für alle gesetzlichen Unterhaltsansprüche. Die Obliegenheit setzt ein, wenn der Zweck (Befriedigung künftiger Ansprüche) nicht mehr erreicht werden kann, also mit Eintritt des Mangelfalls. Sie ist unzumutbar, wenn der Zweck nicht mehr erreicht werden kann, weil das Unterhaltsbedürfnis endet, bevor die Leistungsfähigkeit des Berechtigten durch Erteilung der Restschuldbefreiung wieder endgültig hergestellt ist. Dann ist das Berufen auf die Pfändungsfreigrenzen des Verpflichteten ausreichend. Im Fall einer verfassungskonformen Auslegung der §§ 35, 36 Abs. 1 Satz 2 InsO i.V.m. § 850 i ZPO gilt die Obliegenheit für den nicht Selbständigen genauso wie für den Selbständigen.

Eine Obliegenheit zur Beantragung gemäß § 36 Abs. 1 Satz 2 InsO i.V.m. § 850 i ZPO, mit der Folge zurechenbarer Einkünfte des Verpflichteten, ist hingegen abzulehnen. Die Berechtigten sind selbst in der Lage, einen solchen Antrag zu stellen.

Hat der Insolvenzverwalter hinsichtlich der selbständigen Tätigkeit des Schuldners eine sogenannte „Negativerklärung" gemäß § 35 Abs. 2 InsO abgegeben, so können unterhaltsrechtliche Nachinsolvenzgläubiger, wie sonstige Nachinsolvenzgläubiger, auf das gemäß § 35 Abs. 2 InsO von der Insolvenzmasse herausgelöste Vermögen zugreifen. Da es sich bei der Erklärung nicht nur um eine Gesamterklärung über die Herauslösung des Vermögens, sondern auch um eine Enthaftungserklärung hinsichtlich der Vertragverhältnisse des Schuldners handelt, kann eine „Sachnähe" des Insolvenzgerichtes für eine Vollstreckungs - oder Einwendungskompetenz nicht anzunehmen sein. Die Vollstreckung des Einkommens aus der „freigegeben" Tätigkeit erfolgt daher durch einen Antrag gemäß § 850 i ZPO beim Vollstreckungsgericht. Unberührt bleibt zudem das Recht der unterhaltsrechtlichen Nachinsolvenzgläubiger gemäß § 850 d ZPO analog, in den für die übrigen Nachinsolvenzgläubiger unzugänglichen, bevorrechtigten Ertrag aus selbständiger Tätigkeit zu pfänden.

Hinsichtlich der Abführungspflicht des Selbständigen nach erfolgter Negativerklärung ist die sich aus § 35 Abs. 2 Satz 3 InsO folgende, „entsprechende" Anwendung des § 295 Abs. 2 InsO so zu verstehen, dass Bemessungsgrundlage nicht ein fiktiver Verdienst, sondern der tatsächliche Gewinn des Schuldners darstellt. *Entsprechend* § 850 c ZPO hat er hiervon den pfändbaren Anteil an die Masse zu entrichten. Es handelt sich hierbei um eine insolvenzrechtliche Abführungsverpflichtung i.S.v. § 97 InsO, die im Falle der Verletzung gemäß § 290 Abs. 1 Nr. 5 InsO zu einer Versagung der Restschuldbefreiung führen kann. Diese Wertung entspricht den unterschiedlichen Prinzipien und Anforderungen in der Insolvenz - und Treuhandphase im geltenden Recht; denn durch § 35 Abs. 2 Satz 3 InsO sollte für den Selbständigen im Insolvenzverfahren keine Erwerbsobliegenheit begründet werden. Konsequenterweise darf dem Schuldner, der sanktionslos auch untätig sein darf, kein fiktiver Verdienst aufgrund einer abstrakten Erwerbsaussicht zugerechnet werden, was zudem zu einer gemäß Art. 3 Abs. 1 GG unzulässigen Ungleichbehandlung des selbständigen mit dem nicht selbständigen Schuldner führen würde. Nach erfolgter Negativerklärung ist das Einkommen des unterhaltsverpflichteten Schuldners aus dem Ertrag aus der selbständigen Tätigkeit in die Bedarfsberechnung einzustellen. Entsprechend § 850 c ZPO haben die Berechtigten die Bereinigung des Einkommens um die Pfändungsbeträge hinzunehmen, wie es auch beim nicht Selbständigen der Fall ist.

Hieran ist auch im künftigen Recht festzuhalten, da der Gesetzgeber mit § 287 b InsO n.F. keine *Abführungs*obliegenheit, sondern eine *Erwerbs*obliegenheit begründet hat.

Abschließend widmete sich Teil 2 der Arbeit den familienrechtlichen Neugläubigern in der Treuhandphase. Hier ist nun nicht der tatsächliche Verdienst, sondern der fiktive Erwerb des Schuldners alleinige Grundlage für die Bemessung des Abführungsbetrages. Hierbei wurde festgestellt, dass das Merkmal der „Angemessenheit" nach den im Rahmen des § 295 Abs. 1 Nr. 1 InsO entwickelten Kriterien zu ermitteln ist, da sich die Obliegenheit des § 295 Abs. 2 InsO als lex specialis zur Erwerbsobliegenheit des § 295 Abs. 1 Nr. 1 InsO darstellt. Zu berücksichtigen ist beim selbständigen Schuldner demnach auch, ob ihm ein hypothetisches Vollzeitarbeitsverhältnis wegen Kinderbetreuung ggf. nicht zumutbar ist.

Um entscheiden zu können, ob das als „angemessen" i.S.v. § 295 Abs. 2 InsO bewertete „fiktive Einkommen" des Selbständigen diesem auch im Rahmen einer unterhaltsrechtlichen Bedarfsermittlung zugerechnet werden kann, wurde die dogmatische Herleitung und Entwicklung unterhaltsrechtlicher Erwerbsobliegenheiten eingehend untersucht und der Obliegenheit des § 295 Abs. 2 InsO gegenübergestellt. Hierbei wurde festgestellt, dass durchaus Ähnlichkeiten bestehen, z.B. bei der Einkommensfiktion im Rahmen der gesteigerten Unterhaltspflicht. Unterhaltsrechtliche Erwerbsobliegenheiten sind aber auf die Generalklauseln der §§ 1618 a und 1353 BGB zurückzuführen. Daher treffen unterhaltsrechtliche (Erwerbs)Obliegenheiten Berechtigten und Verpflichteten gleichermaßen. Diese Wechselseitigkeit in der familienrechtlichen Beziehung führt zu einer Einzelfallbewertung und Abwägung, worin der Unterschied zur Obliegenheit des § 295 Abs. 2 InsO besteht. Normzweck des § 295 Abs. 2 InsO ist die Gläubigerbefriedigung und Gläubigergleichbehandlung; diese Obliegenheit trifft allein den Schuldner. Rechtsfolge eines Verstoßes ist nicht die Zurechnung fiktiver Einkünfte, sondern die Versagung der Restschuldbefreiung. Die Andersartigkeit der Obliegenheiten zeigt sich auch in dem abgestuften, unterhaltsrechtlichen Anforderungssystem. So kommt eine Hinzurechnung fiktiver Einkünfte beim Verpflichteten in der Regel nur bei der gesteigerten Erwerbsobliegenheit und auch dann in der Regel nur zur Sicherstellung des Mindestunterhaltes in Betracht. Unterschiede zeigen sich auch in den Bedürfnissen der Berechtigten. Den Unterhaltsberechtigten geht es im Fall der Zurechnung fiktiver Einkünfte um die Sicherstellung ihres *laufenden, künftigen* Unterhaltes. Den Insolvenzgläubigern geht es um die Befriedigung ihrer Insolvenzverbindlichkeiten. Gegen eine „Gleichschaltung" dieser Gläubigergruppen durch eine gleichartige Einkommensfiktion spricht auch § 40 Satz 1 InsO. Nach dem Willen des Gesetzgebers ist eine unterschiedliche Behandlung der Insolvenzgläubiger mit den familienrechtlichen Unterhaltsgläubigern wegen ihrer künftigen Ansprüche gewollt.

Die zu leistenden Beträge i.S.v. § 295 Abs. 2 InsO sind jedoch im Rahmen einer Bedarfsberechnung abzugsfähig, da den Verpflichteten eine Antragsobliegenheit zur Sicherstellung *künftiger Ansprüche* trifft. Im Umkehrschluss müssen dem Verpflichteten auch die Beträge unterhaltsrechtlich zu Gute gehalten werden, die er im Rahmen einer insolvenzrechtlichen Obliegenheit zu leisten hat, um die

Restschuldbefreiung zu erlangen. Denn die Beträge sind zur Wiederherstellung der Leistungsfähigkeit gemäß §§ 295, 296 InsO notwendig.

Eine Vollstreckung durch die unterhaltsrechtlichen Nachinsolvenzgläubiger ist gemäß § 850 i ZPO und § 850 i ZPO i.V.m. § 850 d ZPO nach allgemeinen Regeln zulässig. Im Rahmen der wirtschaftlichen Verhältnisse und sonstigen Verdienstmöglichkeiten gemäß § 850 i Abs. 1 Satz 2 InsO sind allein die im Rahmen des § 295 Abs. 2 InsO zu leistenden Zahlungen zu berücksichtigen.

III.

In Kapitel 3 der Arbeit ging es um Masseverbindlichkeiten. Für den Fall der Regelabwicklung sieht § 100 InsO die Unterhaltsgewährung durch die Gläubigerversammlung (§ 100 Abs. 1 InsO) bzw. durch den Insolvenzverwalter (§ 100 Abs. 2 InsO) vor; bei der Eigenverwaltung ist der Schuldner gemäß § 278 Abs. 1 InsO berechtigt, Mittel aus der Insolvenzmasse für sich und seine Angehörigen zu entnehmen. Hierbei wurde festgestellt, dass sich aus § 100 InsO, über den Wortlaut der Norm, ein gebundener Anspruch auf Gewährung des Existenzminimums des Schuldners und seiner Angehörigen nach dem Sinn und Zweck der Norm nicht ergeben kann. Da die Regelungen zum Neuerwerb gemäß § 35 InsO durch die Eigenverwaltung nicht aufgehoben werden sondern allein die Vermögens – und Verfügungsbefugnis gemäß § 80 Abs. 1 InsO - abweichend zur Regelabwicklung – beim Schuldner verbleibt, ist § 278 InsO derselbe gesetzgeberische Zweck wie dem § 100 InsO zu entnehmen, dem Schuldner zu Motivationszwecken einen „Spitzenunterhalt“ zu gewähren. Um den bisherigen Unternehmer bei Fortführungsfällen zu motivieren, sein Wissen und seine Fähigkeiten zu Gunsten der verbesserten Massegenerierung gewinnbringend einzusetzen, darf dieser im Rahmen seines Ermessens auch auf die früheren Lebensverhätnisse abstellen.

IV.

Im Insolvenzplan können die Rechte der familienrechtlichen Insolvenzgläubiger auch gegen ihren Willen abweichend geregelt werden, wenn die Regelungen des Minderheitenschutzes und Schlechterstellungsverbotes beachtet werden. Die Rechte der unterhaltsrechtlichen Gläubiger „familienrechtlicher Natur“ i. S.v. § 40 Satz 1 InsO dürfen hinsichtlich ihrer nach Insolvenzeröffnung fällig werdenden Ansprüche jedoch nicht abweichend von der Insolvenordnung geregelt werden, indem die Unterhaltsberechtigten „familienrechtlicher Natur“ mit ihren laufenden bzw. künftigen Ansprüchen möglicherweise zu einem „Zwangsverzicht“ gebracht werden. Neben einem nicht zu erkennenden gesetzgeberischen Willen fehlt es für die Annahme einer analogen Anwendung des § 217 Satz 1 InsO auch für Neugläubiger zudem an einer Regelungslücke. Die Frage *wer* an dieser Masse partizipert, ist nicht plandisponibel.

Schriften zum Zivilverfahrensrecht und Insolvenzrecht

Herausgegeben von Martin Ahrens

www.peterlang.com